ÉTICA, CRIME e LOUCURA

Reflexões sobre a dimensão ética no trabalho profissional

EDITORA AFILIADA

Coordenadora do Conselho Editorial de Serviço Social
Maria Liduína de Oliveira e Silva

Conselho Editorial de Serviço Social
Ademir Alves da Silva
Dilséa Adeodata Bonetti *(in memoriam)*
Elaine Rossetti Behring
Ivete Simionatto
Maria Lúcia Carvalho da Silva *(in memoriam)*
Maria Lucia Silva Barroco

Dados Internacionais de Catalogação na Publicação (CIP)
(Câmara Brasileira do Livro, SP, Brasil)

Forti, Valeria
 Ética, crime e loucura : reflexões sobre a dimensão ética no trabalho profissional / Valeria Forti. — 5. ed. — São Paulo : Cortez, 2020.

 ISBN 978-65-5555-020-7

 1. Assistentes sociais - Ética profissional 2. Ética profissional 3. Pobreza - Aspectos sociais 4. Trabalho - Aspectos sociais I. Título.

20-44071   CDD-361.301

Índices para catálogo sistemático:
1. Ética profissional : Serviço social   361.301

Maria Alice Ferreira - Bibliotecária - CRB-8/7964

Valeria Forti

ÉTICA, CRIME e LOUCURA
Reflexões sobre a dimensão ética no trabalho profissional

5ª edição

São Paulo – SP
2020

ÉTICA, CRIME E LOUCURA: REFLEXÕES SOBRE A DIMENSÃO ÉTICA NO TRABALHO PROFISSIONAL
Valeria Forti

Capa: de Sign Arte Visual
Preparação de originais: Ana Paula Luccisano
Revisão: Marta Almeida de Sá
Editora-assistente: Priscila F. Augusto
Diagramação: Linea Editora
Coordenação editorial: Danilo A. Q. Morales

Esta obra em sua 4ª edição (2016) foi publicada pela editora Lumen Júris, do Rio de Janeiro.

Nenhuma parte desta obra pode ser reproduzida ou duplicada sem autorização expressa da autora e do editor.

© 2020 by Valeria Forti

Direitos para esta edição
CORTEZ EDITORA
R. Monte Alegre, 1074 — Perdizes
05014-001 — São Paulo-SP
Tel.: +55 11 3864 0111 | 3611 9616
cortez@cortezeditora.com.br
www.cortezeditora.com.br

Impresso no Brasil — novembro de 2020

GRÃO DE CHÃO

[...] Grão de areia, quase nada,
Inútil quando sozinho.
Mas que é terra,
Quando é grão fazendo Parte do chão,
Esta coisa firme
Por onde o homem caminha.

(Trecho do poema "Grão de chão", de autoria de Thiago de Mello)

*Aos queridos Yolanda Clara, Roberto, Lorena, Nathan e David;
aos trabalhadores que constroem a riqueza social e, lembrando W. Benjamin,
aos desesperançados que podem nos permitir esperança.*

Sumário

Prefácio à 1ª edição ❯ *Yolanda Guerra* 11
Prefácio à 5ª edição ❯ *Eunice T. Fávero* 15

Introdução 23

Capítulo 1 ❯ O Ser Social e a ética 37
    1.1 Considerações iniciais sobre ontologia 37
    1.2 Ontologia do Ser Social e a ética 54

Capítulo 2 ❯ O capitalismo pretende o controle da
    totalidade?! 75
    2.1 Considerações acerca do modo de produção
        capitalista 75
    2.2 Focalizando questões da realidade brasileira 96
    2.3 Considerações sobre ética e economia 112
    2.4 Criminalização da pobreza 133

Capítulo 3 ❭ Ética e Serviço Social 145

3.1. Breve histórico 145

3.2 O cotidiano profissional e a referência dos Princípios do Código de Ética do Assistente Social 181

    3.2.1 Considerações acerca dos Hospitais de Custódia e Tratamento Psiquiátrico no estado do Rio de Janeiro.. 182

    3.2.2 Considerações acerca do Serviço Social no Sistema Penal do estado do Rio de Janeiro: a inserção do "pessoal do social" 200

    3.2.3 Os Princípios do Código de Ética Profissional vigente e a questão da sua materialização no trabalho cotidiano dos Assistentes Sociais dos Hospitais de Custódia e Tratamento Psiquiátrico do estado do Rio de Janeiro 210

Considerações finais.. 317
Referências 331

PREFÁCIO À 1ª EDIÇÃO

A obra que ora se apresenta vem adensar o pensamento crítico das ciências humanas e sociais aplicadas, no que se refere às produções sobre a concepção ontológica da ética, compreendida a partir do rico solo do capitalismo e de complexos problemáticos, tais como: a Política, o Estado e o Direito.

Partindo de uma concepção de ética ontologicamente fundada, como reflexo da objetividade social, a autora se confronta com as concepções abstratas e formais que a tomam como um campo da filosofia, um código ou uma teoria do comportamento moral, desvelando seus fundamentos. No âmbito das profissões, seu embate é com a redução dessa rica concepção a uma de ontologia — um conjunto de deveres profissionais estabelecidos em códigos morais, cujo conteúdo formal e abstrato baseia-se numa perspectiva transistórica e universalista.

Ao contrário, apoiada na ontologia do Ser Social, que se constrói pelo trabalho e pela práxis através de ações teleologicamente postas, legado das elaborações lukacsianas, aqui a ética é concebida como uma determinação real da existência do Ser Social no seu processo de reprodução de valores social e historicamente situados.

A partir desses fundamentos, a autora analisa o contexto econômico-social do capitalismo contemporâneo, examinando as formas de expressão da "questão social" na realidade brasileira, no que se refere ao desvendamento da relação (tensa, contraditória e até mesmo antagônica) entre a ética e o capitalismo. Nesse âmbito, decifra nexos entre um projeto de sociedade e formas de enfrentamento da chamada "questão social", além de expor a configuração contemporânea do Estado Penal e suas práticas de criminalização da pobreza, tendências que vêm se ampliando como parte do neoconservadorismo que se instaurou no Brasil nos últimos anos, sendo um arcabouço teórico necessário para seu investimento ulterior.

Fazendo "a viagem de volta", conforme precisa expressão de Iamamoto (2007, p. 463),[1] Valeria Forti, cuja contribuição não se encerra nos campos da docência e da administração acadêmica, dado que possui uma larga e fecunda trajetória profissional como Assistente Social de diversas áreas, retorna ao Serviço Social, buscando no sistema sociojurídico seu campo de investigação: os Hospitais de Custódia e Tratamento Psiquiátrico do estado do Rio de Janeiro — instituição negligenciada até então pelos estudiosos e que se constitui na síntese de determinações políticas, sociais e culturais, demandando a intervenção de diversos atores sociais. Nisso reside a valiosa contribuição deste livro, cuja relevância e complexidade o tornam exemplar.

Aferrada à preocupação, comum a um grupo de intelectuais, com o desvelamento das condições objetivas e subjetivas do Serviço Social na contemporaneidade no que diz respeito à direção e à materialização de valores e princípios contidos no Código de Ética que se objetivam no cotidiano profissional, a autora atesta que todos os atos cotidianos resultam de uma opção consciente ou não por valores genéricos e individuais, os quais influenciam o desenvolvimento social que se realiza no âmbito da reprodução social, como resultado dessa contradição entre valores.

Incomum na bibliografia, é leitura obrigatória aos profissionais que buscam uma prática qualificada e compromissada, tendo o mérito de conceber uma ética encarnada, como capacidade humana

---

1. IAMAMOTO, Marilda V. *Serviço Social em tempos de capital fetiche*: capital financeiro, trabalho e questão social. 2. ed. São Paulo: Cortez, 2007.

objetivadora da consciência e da liberdade, expressa em princípios incorporados pelos profissionais no seu cotidiano. Torna-se um texto que passa a compor o acervo bibliográfico sobre a polêmica acerca dos limites e das possibilidades de um projeto ético e político fundamentalmente crítico no interior do capitalismo e de sua hegemonia, enriquecido pela pesquisa de campo, a qual retrata que a conjuntura atual incide não apenas nas condições de trabalho, redimensionando o "tipo de prática" e o "vínculo ocupacional", como também modifica igualmente os princípios sobre os quais se sustentam respostas às expressões da "questão social" (MONTAÑO, 2002, p. 248), colocando "à prova" o projeto profissional de ruptura.

Yolanda Guerra[2]

---

2. Professora da Escola de Serviço Social (ESS) da Universidade Federal do Rio de Janeiro (UFRJ), ex-coordenadora da Pós-Graduação em Serviço Social da ESS/UFRJ, mestre e doutora em Serviço Social pela Pontifícia Universidade Católica de São Paulo (PUC-SP).

PREFÁCIO À 5ª EDIÇÃO

Um instigante estudo sobre a ética profissional e a relação teoria-prática num espaço de contenção e punição de "criminosos e loucos"

Percorrer os caminhos, assim como desvelar a materialização de princípios e valores éticos no trabalho de assistentes sociais que lidam cotidianamente com vidas sentenciadas/diagnosticadas por crime e loucura, vidas escondidas atrás de muros de hospitais de custódia e tratamento psiquiátrico e que, na lúcida expressão de uma das entrevistadas, são "nada" — na perspectiva do mercado —, é um dos desafios — e o maior deles — que Valeria Forti se propôs a enfrentar neste denso, consistente e instigante estudo, evidenciando sua permanente preocupação com a indissociabilidade entre teoria e prática. Um estudo pelo qual não passamos indiferentes, pois seu conteúdo, agora disponibilizado pela Cortez Editora pela sua atualidade, nos provoca a indagar sobre valores, princípios e fundamentos que imprimimos no nosso trabalho em áreas das ciências humano-sociais, nos provoca o tempo todo a indagar se, afinal, temos consciência, além de compromisso com a finalidade de um trabalho direcionado, de fato, por princípios e valores assumidos pelo Serviço Social no seu Código de Ética Profissional.

Com a sabedoria e a segurança advindas de sua vasta experiência no exercício profissional cotidiano como assistente social em instituições e como docente em Serviço Social, adensadas permanentemente pelo estudo e pela pesquisa, em especial no diálogo com a ética profissional, a autora enfrenta esse desafio corajosa e criticamente. E, assim, nos leva a conhecer os caminhos e os achados de sua pesquisa, iluminando-nos com a ontologia do Ser Social, com as peculiaridades e o percurso histórico da sociedade burguesa, com a ética profissional no Serviço Social, com o Serviço Social no Sistema Prisional e, particularmente, em hospitais de custódia e tratamento psiquiátrico. E, aqui, nos trazendo expressões dessa realidade pela fala de assistentes sociais, trabalhadoras que vivenciam o dia a dia dessa/nessa realidade, assistentes sociais que sofrem, esperançam, resistem, alienam-se. É sobretudo por meio da fala dessas profissionais que esta obra nos aproxima um pouco da realidade social dos sujeitos "criminosos e loucos", na quase totalidade formada por pobres/pretos. Como observa uma das entrevistadas, "no microcosmo" do Hospital de Custódia, "é possível ver o reflexo de toda a sociedade". Uma sociedade que banaliza a vida humana e de maneira "escancarada na sociabilidade contemporânea, na sociedade delineada pela globalização, pela 'onda neoliberal', cujo ideário propagado confronta-se com a lógica dos direitos sociais e das políticas sociais, pois os valores prioritariamente difundidos assentam-se na desigualdade, no individualismo e na concorrência", como sabiamente Valeria observa.

Iniciando este percurso pela instigante tematização histórica da Ontologia, já começa nos provocando com a fundamental pergunta sobre "o que é a realidade". Aqui, vai se descortinando o caminhar da autora no campo da filosofia, na busca da "verdade" dada pelos caminhos da ciência. Em tempos de avanços do irracionalismo e do (neo)conservadorismo, em um movimento que valoriza o imediato e a prática irrefletida em detrimento do conhecimento da "essência das coisas", da capacidade de o ser humano "fazer a sua História", Valeria Forti mobiliza-nos a apreender e refletir sobre a perspectiva marxista de análise da realidade, que nos possibilita captar "as contradições da vida em sociedade e, por conseguinte, captar as contradições das relações sociais no mundo capitalista".

Prosseguindo, com segurança e densidade, a autora nos leva a pensar sobre a ontologia e a ética, tendo por referência — com apoio especialmente em Lukács — o trabalho como "categoria fundante do mundo humano". E, assim, vai nos guiando e nos exigindo a articulação do pensamento sobre o projetar finalidades, inerente a todo trabalho — e, neste caso, ao trabalho realizado por assistentes sociais —, suscitando em nós inúmeras questões: afinal, temos projetado conscientemente a finalidade do trabalho que realizamos no cotidiano como assistentes sociais? Quais valores e concepções guiam-nos nesse trabalho? Quais os meios que empregamos para e no movimento de apreensão do real objetivar o nosso trabalho — como "captação de uma porção (necessária) da totalidade"? Temos buscado captar as determinações do real para contribuirmos com transformações da realidade, na perspectiva do projeto ético-político do Serviço Social, em especial referenciado pelos princípios do Código de Ética Profissional?

Continuando a nos instigar, a autora, com base em Lukács, nos alerta de que a ética "atua no interior da contradição gênero/particular, visando à superação da relação dicotômica entre indivíduos e sociedade". Portanto, nos provoca a refletir sobre como estamos lidando com as contradições da sociabilidade burguesa postas na nossa realidade de trabalho: nossas escolhas guiam-se pelo "reconhecimento coletivo das necessidades postas pelo humano-genérico", ou apostamos, com apoio na aparente contradição entre indivíduos e sociedade, no "individualismo" e na "meritocracia", desconectando nosso pensamento da construção histórica e das determinações do real?

Adensando o percurso trilhado no primeiro capítulo, a sociedade burguesa em terras brasileiras, em sua permanente valorização e expansão do capital em busca da "produção/realização" de mais-valia, é exposta com maestria no segundo capítulo. Nesse caminho, a autora vai elucidando a relação antagônica entre classes sociais no interior dessa "formação social regida pela lei geral da acumulação do capital", na qual a riqueza que uma classe monopoliza é inseparável do pauperismo daquela que a produz. Nessa realidade, as particularidades do Brasil são expostas com rigor, destacando o avanço neoliberal e, com ele, a financeirização do país, a perda de direitos trabalhistas e sociais, o desemprego, o descaso e o não investimento na política social ou o Estado mínimo para a população trabalhadora, tudo isso e outros aspectos que, também, vão contribuindo para recrudescer a violência urbana.

Seguindo por essas reflexões e passando pelo debate sobre ética e economia, a autora nos leva a refletir sobre a questão social na atualidade, assim como nos conduz a pensar sobre a criminalização da questão social/criminalização dos pobres, no interior dos processos de desresponsabilização pública em relação aos direitos conquistados pela classe trabalhadora, que tem evidenciado o Estado Penal que, neste país, cada vez mais estabelece, ou restabelece, uma ditadura sobre os pobres — conforme pensamento de Wacquant, tão bem discutido pela autora.

Entrelaçando o debate sobre ética, crime e loucura, Valeria Forti principia o capítulo 3 nos apresentando a discussão da ética profissional, do caminho e dos rumos do Projeto Ético-Político do Serviço Social. Avançando pela investigação da instituição *locus* da pesquisa, adentra seus muros, estabelece o debate sobre crime e loucura e o Serviço Social no Sistema Prisional, dialogando com as profissionais que lá trabalham — que nos contam e nos fazem pensar sobre o dia a dia do trabalho profissional e da vida de "loucos e presos".

Esse extenso e denso capítulo nos possibilita adentrar a história do Serviço Social no Brasil: os processos históricos que foram gerando as diferentes perspectivas de profissão, os valores e os princípios que foram moldando-a, as formas de aparecer da ética profissional em seus vários códigos, as marcas da hegemonia conservadora, do tecnicismo, do comunitarismo, além do percurso crítico de ruptura com o conservadorismo e de renovação da profissão, até a definição e a escolha por um projeto profissional que tem como norte a emancipação humana. Um projeto que veio conquistando hegemonia, ainda que ao longo da história também se apresentem "vertentes conservadoras e neoconservadoras", numa correlação de forças entre projetos de profissão distintos. Nessas reflexões, a autora aposta nos valores que "apontem para a necessidade de desenvolvimento da generalidade humana e a possibilidade de emancipação humana, em vez de privilegiarem o corporativismo, os interesses apenas particulares de grupos sociais ou indivíduos". E, sob essa perspectiva, guia sua pesquisa sobre o trabalho profissional e, nele, busca saber sobre possibilidades e limites da concretização do Projeto Ético-Político do Serviço Social, inserido que está na crise capitalista contemporânea. Isto é, busca captar e analisar "a percepção que os Assistentes Sociais têm da materialização no cotidiano do seu trabalho profissional dos princípios contidos no seu Código de Ética Profissional" — como síntese que expressa o projeto ético-político na atualidade. Convencida de que esses princípios só ganham significado no cotidiano de trabalho profissional, chama a atenção para o fato de que, se isso não for considerado, "incorreremos nos limites do formalismo, cuja lógica do 'dever ser' obscurece a importância dos elementos materiais, transformando a ética em mero conteúdo prescritivo desvinculado da realidade concreta (do ser) ou de um plano ideal que sustenta uma ética da intencionalidade, no qual a intenção do ato constitui critério decisivo".

Com essa questão central, Valeria adentra os muros e a história de hospitais de custódia e tratamento psiquiátrico do estado do Rio de Janeiro, de início nos alertando, com base em Carrara (1998, p. 26), de que esse espaço articula "duas das realidades mais deprimentes das sociedades modernas — o asilo de alienados e a prisão — e dois dos fantasmas mais trágicos que nos 'perseguem' a todos — o criminoso e o louco". Sujeitos (ou objetos?) aos quais deverão ser destinados a contenção, o isolamento, a ordem e a disciplina. E, para tal, o "pessoal do social" será chamado a "colaborar". "Pessoal" que, no caso do Serviço Social, especialmente com a Lei de Execuções Penais, em 1984, se mostraria, em tese, "relevante frente à política penitenciária do estado", na medida da ampliação, por lei, de suas possibilidades de trabalho nessa realidade do sistema prisional.

Para captar essa realidade de trabalho, a fala das profissionais contando sobre a materialização no cotidiano, ou não, do Projeto Ético-Político do Serviço Social, e sua análise articulada a concepções sobre o trabalho profissional e sobre a ética, adensadas também pela pesquisa bibliográfica, pela observação da rotina dos hospitais e pelo saber acumulado pela autora nos seus longos anos de exercício profissional e docência, se fazem presentes em mais de cem páginas que compõem esse terceiro capítulo. Partindo da exposição e da análise dos princípios que abrem e sustentam o Código de Ética Profissional, Valeria Forti caminha para um rol de muitas questões-guias das entrevistas com as profissionais e sua análise, começando com dados sobre seu perfil e sua trajetória de formação e de exercício profissional, seguindo para indagações reveladoras do cotidiano de trabalho, entre elas a autonomia relativa da/o assistente social. Sempre tendo o cuidado de observar a ética na pesquisa e à luz do pensamento marxiano, no sentido de que as nossas escolhas se dão em condições determinadas; portanto, a História "não é mero fruto da nossa vontade".

Nesse "falar" dos sujeitos, evidenciam-se muitos aspectos, entre eles alguma dificuldade de apreensão do objeto de "estudo/intervenção", assim como de objetivos profissionais e institucionais, a ausência de projeto de trabalho documentado, a sobrecarga de trabalho e as urgências de respostas aí implicadas, assim como o ter de "fazer tudo" — aspectos estes que incidem na superficialidade da realização do trabalho e na dificuldade de investimento em estudos que poderiam qualificá-lo. Por outro lado, também é sinalizada, ainda que em menor expressão, a consciência de possibilidades aí existentes, a depender do "engajamento" e do compromisso do profissional "em não se deixar incorrer na 'rotinização'", em ter clareza da finalidade de seu trabalho, do ponto de vista profissional.

A indignidade das condições em que os presos vivem nesses espaços institucionais, marcados pela precariedade das condições materiais e físicas, pela não higienização, pelo não oferecimento de escolarização e esportes, é descortinada pela pesquisa. Muitos presos/loucos estão aí há décadas, sem qualquer ideia de como "está o mundo lá fora", muitos sem qualquer contato com familiares, evidenciando-se a "inclusão dramática" da maioria, que só acessa algum direito, como um tratamento de saúde, por exemplo, quando "chega à instituição penal". Enfim, a pesquisa revela, de várias formas, a criminalização dos pobres e a inclusão perversa "daqueles que são totalmente inaceitáveis pelo mercado" ou, recorrendo à expressão de uma das entrevistadas, aqueles que são "nadas" [para o mercado], conforme já mencionado.

A minuciosa, qualificada e densa pesquisa exposta neste livro nos mostra que, ainda que a maior parte das assistentes sociais tenha afirmado a materialização dos princípios do Código de Ética no cotidiano de trabalho, a realidade observada e apresentada pelas suas falas leva a autora a uma conclusão diferente. O desconhecimento ou a não compreensão de valores e fundamentos que dão direção ao Projeto Ético-Político, a "relação empobrecida, pouco refletida, superficial e rotineira com a realidade", as precárias condições de trabalho, reveladas em significativos momentos das falas das entrevistadas — que sofrem, evidentemente, ingerências da conjuntura social e da política institucional —, respaldam a importante questão apontada nas páginas finais do livro: na medida em que "o trabalho pressupõe teleologia, finalidade consciente da ação", como "seria possível realizarmos uma ação sendo orientados por algo que desconhecemos, algo cujos fundamentos e valores, ou seja, cuja direção social que nos está sendo apontada não compreendemos?".

Com essa perspectiva provocadora, em todo o conteúdo do livro a autora nos faz pensar na necessidade e na importância da produção do conhecimento sobre a concretização do trabalho profissional cotidiano, aí buscando captar os limites e as possibilidades de efetivação do Projeto Ético- Político do Serviço Social, em meio às contradições postas por uma sociedade moldada e gerida pelo capitalismo predador e desumanizante. E apostando, claro, no "entendimento de que essa realidade, por mais árida que possa parecer, não é inquestionável, insuperável, refratária às ações profissionais qualificadas".

Leitura necessária para quem deseja ser partícipe de uma profissão e de uma sociedade que aposta nos valores civilizatórios, este livro nos convida a fazer perguntas à realidade e nos ilumina na construção de respostas sobre o dia a dia do trabalho profissional na perspectiva crítica. Boa leitura!

São Paulo, janeiro de 2020.

Eunice T. Fávero[1]

---

1. Assistente social e doutora em Serviço Social. Coordenadora do Núcleo de Estudos e Pesquisas sobre Crianças e Adolescentes: Ênfase no Sistema de Garantia de Direitos (NCASGD), do Programa de Pós-Graduação em Serviço Social (PPGSS) da PUC-SP. Pesquisadora sobre Serviço Social na área sociojurídica.

INTRODUÇÃO

Esta obra que ora se oferece ao público, em sua 5ª edição pela Cortez Editora, é versão com alguma atualização, mas sem alterações substanciais da tese de doutorado que apresentamos ao Programa de Pós-Graduação em Serviço Social da Universidade Federal do Rio de Janeiro.[1] Tivemos preocupação com o desvelamento das condições objetivas e subjetivas do Serviço Social na atualidade. Para isso, consideramos o trabalho profissional, em face da direção e da materialização de valores e princípios contidos no Código de Ética vigente, o que, em consequência, significa voltarmos nosso foco para o atual projeto profissional crítico do Serviço Social — o Projeto Ético-Político do Serviço Social.

Todavia, mais precisamente, esta obra é fruto de uma vida que tem grande parte de sua trajetória dedicada ao trabalho profissional na área de Serviço Social, seja atuando em Instituição como Assistente Social, propriamente,[2] seja no campo acadêmico, como docente

---

1. Tese intitulada *Ética e Serviço Social: formalismo, intenção ou ação? Um estudo nos Hospitais de Custódia e Tratamento Psiquiátrico do estado do Rio de Janeiro*, defendida em novembro de 2008.

2. Atuamos como Assistente Social, propriamente, por duas décadas, pela Secretaria Municipal do estado do Rio de Janeiro, e há 42 anos estamos na docência da faculdade de Serviço Social, sendo 32 deles na Uerj. Apesar de nos dedicarmos a diferentes disciplinas do Serviço Social, a maior parte desse período da docência vinculou-se ao ensino da disciplina Ética

na Faculdade de Serviço Social — são mais de 40 anos de trabalho nessa área profissional.[3] Podemos dizer, de maneira geral, que se trata de um percurso em que contrastam dores e alegrias, algumas poucas (mas apesar disso) certezas, muitos desafios e inquietações, além de inúmeras dúvidas, muitas delas aqui colocadas, bem como, logicamente, parte das certezas.

Nascemos e vivemos na sociedade brasileira, o que significa dizer que escolhemos e exercemos nossa profissão em uma das organizações sociais que compõem o bloco do chamado capitalismo periférico. Portanto, sem o intuito de destacarmos particularidades, podemos dizer que nosso trabalho profissional é efetivado em uma realidade em que a exploração econômica dos trabalhadores, a concentração de renda, a violência contra as chamadas "minorias" — pessoas do segmento LGTBI, negros, índios etc. — estão presentes no cotidiano e vêm paulatinamente sendo intensificadas e banalizadas. Assim como ocorre com os maus-tratos e/ou as matanças de crianças pobres — que, sem qualquer proteção social, residem nas ruas dos centros urbanos e cometem infrações —, também se observa a violência contra outras pessoas pobres e inimputáveis, como portadores de transtornos mentais, a exemplo daqueles que serão focalizados[4] neste texto — basicamente, aqueles pertencentes às classes populares —, que, assim como as crianças que citamos, podem perambular pelas ruas das cidades. Enfim, podemos dizer que a banalização da vida em nossa sociedade — limitando-nos a falar de vida humana —, se já era algo que merecia ser observado, tornou-se escancarada na sociabilidade contemporânea, na sociedade delineada pela globalização, pela "onda

---

Profissional no Serviço Social — 25 anos sequenciais, contando, apenas, o tempo de trabalho na Uerj — e a projetos de pesquisa e extensão nessa mesma área.

3. Considerando o que foi dito, avaliamos que a presente obra expressa vigor e atualidade em seus fundamentos e polêmicas teórico-práticas.

4. Devido à nossa área de estudo e aos objetivos desta obra, focalizaremos em parte os Internados dos Hospitais de Custódia e Tratamento Psiquiátrico do estado do Rio de Janeiro. Além disso, destacamos, respeitosamente, que poderão ser mencionados os termos transtorno mental/psiquiátrico ou doença mental/psiquiátrica, indistintamente.

neoliberal", cujo ideário propagado confronta-se com a lógica dos direitos sociais e das políticas sociais, pois os valores prioritariamente difundidos assentam-se na desigualdade, no individualismo e na concorrência. Portanto, uma sociedade que sustenta a possibilidade de substituição de políticas sociais pelas ações do chamado *Terceiro Setor* — seus projetos sociais e suas ideias de relevância da iniciativa privada, civismo, solidarismo[5] etc.

Em nossa sociedade, o fenômeno da alienação — focalizado aqui no sentido de tornar o outro um estranho, não identificar o outro como um ser igualmente moral, não identificar o outro como sujeito com igualdade de direitos — mostra-se proporcional ao vulto que toma a expansão das relações mercantis, as quais vêm sendo generalizadas em consonância com a mundialização do capital no País e atingem os espaços mais profundos, mais recônditos da vida social, e costumam, assim, influenciar desde os aspectos estruturais até os interpessoais. São relações que atravessam o trabalho e seus desdobramentos imediatos, tais como a produção, a distribuição de bens e serviços, mas afetam igualmente o Estado, a cultura e o cotidiano dos cidadãos. Então, podemos experimentar, em escala menor, relações desqualificadas nos planos familiar e interpessoal e uma espécie de insensibilidade ou apatia em relação ao que é do outro e da coletividade e, em escala mais ampla, conviver com a atrofia do Estado no sentido das políticas sociais e a consequente perda de direitos sociais. Dessa maneira, nos deparamos com a configuração de alteração nos espaços de atuação de diversos profissionais, como os que se dirigem ao trato das expressões da "questão social", como é o caso do Assistente Social,[6] um profissional, trabalhador assalariado, que surge em decorrência de necessidades típicas de certa fase do capitalismo — a

---

5. Concepção de solidariedade que se limita às relações interpessoais e, obscurecendo a possibilidade de apreensão das contradições da sociedade capitalista, descontextualiza os sujeitos envolvidos.

6. Em toda obra, utilizamos letra maiúscula ao nos referir a diferentes categorias pela importância que têm neste contexto: Assistente Social, Internado, Instituição, Princípios Fundamentais do Código de Ética dos Assistentes Sociais (vigente) etc.

era dos monopólios —, volta-se para a "questão social" por meio das políticas sociais e que, apesar de certas particularidades, está, como os demais trabalhadores, sujeito às injunções impostas pela conjuntura definida pela crise contemporânea do capital.

Por meio do exposto, pensamos esclarecer, em linhas gerais, as razões de nosso interesse por essa profissão, pelo estudo da ética e pelo rumo que tomamos na realização deste estudo. Ou seja, pensamos ter deixado claro nosso interesse pelos problemas que marcam nossa realidade social e o nosso consequente vínculo com o estudo do que se convencionou chamar "questão social", da política social/ Serviço Social e da ética, entendendo que estudar esses elementos significa buscar compreendê-los em seus nexos político-econômicos, entendendo também a importância de captar como vêm ocorrendo o planejamento e a execução de políticas sociais e a discussão dos valores que sedimentam determinados conceitos, determinados projetos e posicionamentos políticos e econômicos.

Ao nos dedicarmos ao desenvolvimento deste texto, o qual discutiu a materialização dos Princípios Fundamentais do Código de Ética dos Assistentes Sociais no exercício cotidiano de trabalho nos Hospitais de Custódia e Tratamento Psiquiátrico do estado do Rio de Janeiro,[7] observamos que a ética profissional é uma forma particular de materialização ou, de outro modo, de expressão da vida moral em sociedade. Nela, encontramos o conjunto de valores que fundamentam e legitimam a profissão, o rumo social escolhido por determinada categoria profissional frente às demais alternativas, ou seja, frente aos diferentes projetos em disputa na sociedade. Cabe aos estudos, nesse âmbito, apreender os nexos entre as profissões e as diferentes esferas da vida em sociedade, considerando-se os diversos projetos societários, uma vez que a ética profissional é uma forma particular de

---

7. Ao discutirmos estes Princípios Fundamentais, consideramos discutir também o atual projeto profissional crítico, chamado no meio profissional dos Assistentes Sociais "Projeto Ético-Político do Serviço Social" [brasileiro]. Além disso, esclarecemos avaliar o Código de Ética vigente elemento destacado no que se refere a este Projeto, uma vez que se vincula diretamente ao trabalho do Assistente Social, ou seja, é referência e parâmetro para o exercício profissional.

materializar ou de expressar a vida moral em sociedade. Além disso, temos de salientar que não entendemos a ética como um "código de castração" ou como algo que meramente sirva para cercear — como podem querer fazer crer, por exemplo, certas posições assentadas em bases doutrinárias e/ou religiosas. A ética, como basicamente qualquer outra produção humana/social, é um campo do conhecimento que dá origem a (e se assenta em) ideias e concepções que indicam determinadas direções sociais e históricas, condicionadas em suas alternativas pela estrutura econômica e política na vida social.

É relevante citar que esta obra também possibilita acesso, mesmo que em parte, a um contexto institucional bastante complexo, ou seja, focaliza uma Instituição que articula duas realidades deprimentes das sociedades modernas — o "abrigo de loucos" e a prisão —, uma vez que traz resultados de pesquisa realizada com profissionais dos Hospitais de Custódia e Tratamento Psiquiátrico do estado do Rio de Janeiro.

A respeito do Serviço Social, conforme Iamamoto (2007), pode-se dizer que é a profissão que participa de um mesmo movimento que possibilita a continuidade da sociedade de classes e cria as possibilidades para a sua transformação. A sociedade é atravessada por projetos sociais distintos e aí se encontra o solo sócio-histórico para a construção de projetos profissionais também diversos, vinculados aos projetos sociais mais amplos para a sociedade. Dessa maneira, pode-se inferir que o Serviço Social é uma profissão permeada por relações de poder, com clara dimensão política, o que, como bem esclarece a autora, não é decorrência de mera intenção pessoal do Assistente Social, pois depende dos condicionantes histórico-sociais, dos contextos em que esse profissional se insere e atua.

Essas foram questões centrais que nos impulsionaram a realizar este texto, acrescidas do nosso compromisso e responsabilidade profissionais de transmissão, mesmo que parcial, do que pudemos aprender com a experiência de quase 20 anos ininterruptos de trabalho como Assistente Social, das constantes e relevantes indagações de nossos alunos, dos debates que com eles travamos, e dos debates e embates que em geral são travados quanto à possibilidade de materialização dos Princípios do Código de Ética Profissional e, por conseguinte, do Projeto Ético-Político do Serviço Social, referências importantes não apenas para essa categoria profissional, uma vez que são referências voltadas para os interesses dos trabalhadores, transcendendo interesses corporativos. O Projeto Profissional assim como os Princípios contidos no Código de Ética dos Assistentes Sociais, que o expressam, são elementos que podem ser apreciados e tomados como norte por todos aqueles que pretendem ser força política resistente aos ditames neoliberais.

Cabe citarmos aqui, também, que alguns estudos acerca de trabalhos no campo institucional, principalmente aqueles cujo tom crítico é ferrenho, mas nada propõem ou realizam para o aprimoramento desses trabalhos e/ou para a qualificação dos profissionais que os desenvolvem, tampouco possibilitam vínculos com os diferentes sujeitos envolvidos, podem trazer prejuízos importantes. São realizações que, comumente, geram impactos e desestímulo aos profissionais e, desse modo, contribuem para intensificar a desqualificação da intervenção profissional no campo, uma vez que contribuem para afastá-la ainda mais do necessário vínculo com a pesquisa e com o rigoroso fundamento teórico. Ou seja, são estudos que, mesmo que se dirijam ao "campo operacional" — o que a princípio significa sua valorização e consequente enriquecimento —, paradoxalmente, tendem a provocar ou a reforçar a "separação entre a teoria e a prática". Dessa maneira, melhor dizendo, por essa compreensão, buscamos tomar rumo distinto disso.[8]

---

8. Considerando que não cabe ao pesquisador apenas a constatação dos fatos sociais, mas o seu desvendamento e também a responsabilidade de contribuir, caso necessário, para sua alteração. Ou seja, compreendendo que os fatos sociais que surgiram no decorrer da realização da nossa investigação empírica são sinais que merecem, além da busca do seu desvendamento, ações (dos diferentes sujeitos envolvidos) que visem a contribuir para alterá-los, realizamos curso de capacitação profissional com os Assistentes Sociais e estagiários de Serviço Social dos Hospitais de Custódia e Tratamento Psiquiátrico do estado do Rio de Janeiro. Esse curso foi promovido pela autora deste texto, professora Valeria L. Forti, coordenado por ela e sua orientadora de tese, professora Yolanda D. Guerra, e realizado no Conselho Regional de Serviço

Voltando nosso foco para o Serviço Social, pode-se dizer que este teve sua gênese a partir das alterações inerentes ao modo de produção capitalista, com coadjuvação do projeto de recuperação da hegemonia ideológica católica. É uma profissão cuja origem se encontra no tecido da ordem societária do capitalismo monopolista. Os Assistentes Sociais foram agentes requisitados pelos interesses burgueses, sendo suas ações dirigidas à população subalternalizada. No Brasil, o Serviço Social surgiu na década de 1930. Contudo, a institucionalização da profissão só ocorreria anos mais tarde. Interessa-nos, porém, destacar que, durante um longo período de seu percurso histórico, essa profissão assegurou a hegemonia de projetos que não punham em questão, substancialmente, a ordem capitalista.

Em decorrência do declínio econômico, após um período de crescimento da economia capitalista mundial, assegurado desde a Segunda Guerra Mundial, acrescido da Revolução Cubana — com sua ameaça pelo ideário libertário — e da mobilização da juventude norte-americana em torno da guerra do Vietnã, além de outros movimentos de tons críticos que reverberaram em questionamentos da lógica burguesa, os quais atingiram em dimensões e patamares, diferentes e específicos, os países da América Latina, nos quais o Assistente Social contava com um nível de inserção significativa na estrutura sócio-ocupacional, emergiram no Serviço Social indagações quanto à sua funcionalidade.

Social — 7ª R. O curso de capacitação contou, com exceção da ausência de um profissional, com a presença de todos os outros Assistentes Sociais e todos os estagiários. Teve como palestrantes as professoras de Serviço Social: Fátima Grave (UFRJ) — atual Presidente do Conselho Regional — 7ª R. — Tema: Projetos societários e o Projeto Profissional; Yolanda D. Guerra (UFRJ) — Tema: Gênese e instrumentalidade do Serviço Social; Valeria L. Forti (UERJ) — Tema: Os códigos de ética profissional no percurso histórico do Serviço Social brasileiro e o atual Projeto Profissional; Marlise Vinagre (UFRJ) — Tema: Adensando o debate sobre os códigos de ética dos Assistentes Sociais brasileiros — ou seja, uma continuidade do tema desenvolvido pela professora Valeria, por meio de exercícios em sala de aula e dinâmica de grupo; Cleier Marconsin (UERJ) — Tema: Direitos sociais e o atual Projeto Ético-Político do Serviço Social brasileiro; Larissa D. Pereira (UFF) — Tema: Política Social e o atual Projeto Ético-Político do Serviço Social brasileiro; Silvina V. Galízia (UFRJ) — Tema: Como realizar um trabalho científico? — esta professora responsabilizou-se pela realização do trabalho final dos participantes; e a professora de Direito Maria Celeste Marques (PUC-Rio) — Tema: Os direitos humanos, apreciando a Constituição brasileira.

Ou seja, a ambiência de contestação daquele período, que repercutiu em diferentes práticas profissionais historicamente ligadas à ordem burguesa, incidiu também no Serviço Social. Surgiu daí um movimento crítico que, apesar de não poder ser observado como unidimensional, é chamado de Movimento Latino-Americano de Reconceituação do Serviço Social. No Brasil, esse movimento viabilizou que uma parcela dos profissionais absorvesse novos aportes teóricos. Em consequência, houve incorporação na profissão de novas concepções de Homem, sociedade e Estado, alicerçando um diferente referencial teórico e ético. Assim, a partir de 1986, como desdobramento do Movimento de Reconceituação, temos o primeiro Código de Ética Profissional do Assistente Social, que marca a busca de rompimento com o conservadorismo na profissão. Como veremos aqui, essa afirmação não significa isenção de equívocos nesse percurso, mas apenas consideração histórica da importância que tem esse novo rumo na trajetória dessa profissão, a qual, até então, não havia assumido um projeto substancialmente crítico da sociedade vigente. Em 1993, tivemos o último Código de Ética, que buscou ampliar e garantir as conquistas profissionais impressas no Código anterior. Pode-se dizer que, com este último Código, buscou-se depurar e ampliar as referências para o exercício profissional que se encontravam no Código de 1986. O Código atual representa um dos elementos do Projeto Profissional, como discutiremos no corpo do presente texto. É, a nosso ver, um elemento destacado do Projeto Ético-Político do Serviço Social, uma vez que orientação para ação profissional que revela, por meio dos seus Princípios, os fundamentos dos compromissos assumidos pelo Serviço Social brasileiro nas últimas décadas.

Dessa maneira, consideramos aqui a relevância das referências contidas no Código Profissional em face do Projeto Ético-Político do Serviço Social — os seus Princípios Fundamentais. Entendemos que essas referências, que asseguram o conteúdo do documento, só podem ser materializadas no cotidiano do trabalho profissional, em situações concretas, pois é aí, nesse cotidiano, que os sujeitos decidem e agem. Isso significa que, para pensarmos na efetivação dessas referências, devemos ter clareza de que elas não dependem apenas das intenções pessoais do profissional, mas das condições sócio-históricas. Sem pretender desresponsabilizar os sujeitos, pode-se afirmar que a possibilidade dessas materializações depende também das condições concretas que incidem na ambiência institucional, no contexto de inserção e atuação profissionais. E se assim não considerarmos, e não efetuarmos investigações de campo, poderemos cair nas armadilhas do *formalismo* que destitui de importância a materialidade das análises no campo da ética, como se pudéssemos processar essas análises na lógica do *"dever ser"*, obscurecendo os seus elementos materiais, transformando o campo da ética em algo prescritivo, desvinculado da realidade ou colocando a ética no patamar idealista que sustenta a ética da intencionalidade, como se a *intenção do ato* bastasse como critério decisivo.

Nessa lógica de raciocínio, conforme já mencionado, nosso estudo se dirige aos Hospitais de Custódia e Tratamento Psiquiátrico do estado do Rio de Janeiro, por serem um campo de ação do Serviço Social que conta com exígua produção acadêmica,[9] não obstante a sua complexidade e a relevância de suas características, as quais, a nosso ver, os tornam parâmetros para outras apreciações ou estudos desse gênero, e nos fazem selecioná-los como campo de investigação. Ou seja, elegemos para captação de elementos empíricos um campo de ação que conta com o Assistente Social como um de seus profissionais no quadro funcional e que evidencia a interseção de diferentes faces da política social. Pode-se, com isso, dizer que se mostra como um tipo de "campo-síntese" — mais especificamente, esse campo contempla a política penitenciária e a política de saúde (mental) — e abarca um contingente populacional significativamente estigmatizado, na medida

---

9. Como produções referentes aos Hospitais de Custódia e Tratamento Psiquiátrico nas pós-graduações em Serviço Social, salvaguardada nossa possibilidade de erro, verificamos apenas duas dissertações de mestrado, uma apresentada à PUC do Rio Grande do Sul, a que fizemos referência neste texto, e a outra apresentada à PUC do Rio de Janeiro, em 2006, de autoria de Andréa S. Medeiros, intitulada *Criminosas, loucas e perigosas: um estudo de representações sociais sobre internas nos Hospitais de Custódia e Tratamento Psiquiátrico do estado do Rio de Janeiro*.

em que representa a relação de aspectos como pobreza, transtorno mental e criminalidade. É população significativamente estigmatizada, tomada como uma ameaça para a sociedade, pois, além de ser considerada improdutiva no mundo do trabalho, traz à baila a associação do transtorno mental com o delito, retratando diferentes nuanças da "questão social". Todavia, diante de tudo isso, importa destacar que se trata de um segmento populacional *inimputável* que necessita de política social — fato irrefutável até para o "senso comum", uma vez que estamos nos referindo a pessoas oficialmente portadoras de enfermidade mental e que, para retornarem ao convívio à sociedade, fora dos muros institucionais, requerem tratamento. Além de estarmos focalizando pessoas portadoras de transtorno mental oficialmente diagnosticado, elas parecem merecer um tratamento "bem estruturado", pois, pela própria "lógica jurídico-social", são pessoas doentes que não têm responsabilidade sobre o ato violento que cometeram e que, por isso, estão sob a guarda do Estado em uma Instituição específica. Ou seja, até para o senso comum, fica claro que esse tipo de Instituição não pode prescindir da prestação de tratamento de saúde, uma vez que a ausência de tratamento poderá redundar em prejuízos (futuros) para a sociedade e, logicamente, para as próprias pessoas internadas. Esses argumentos inviabilizam a hipótese de que essas pessoas sejam incluídas no rol daqueles sujeitos que, em decorrência de seus atos de violência, são, às vezes, equivocadamente, considerados merecedores apenas de punição, ou seja, destituídos de direitos. Aqui, portanto, referimo-nos a sujeitos institucionalizados — sob a guarda do Estado — com direito à política social. Isso define a necessidade (e a relevância) do trabalho profissional, particularmente do Assistente Social, o qual tem como fundamento as referências para o trabalho profissional constantes no seu Código de Ética Profissional — um instrumento cujos Princípios e a direção social são progressistas e democráticos, relacionados a projetos societários, consoantes com as conquistas mais avançadas da Constituição de 1988 e, portanto, colidentes com as diretrizes propaladas e efetivadas pelo ideário neoliberal.

A esse respeito, é importante destacarmos que, como alegou Elisabete Borgianni, ex-presidente do Conselho Federal de Serviço Social, em entrevista publicada no jornal do Conselho Regional,[10] os avanços contidos no Projeto Ético-Político do Serviço Social, expressos no Código de Ética vigente e em outros marcos normativos da profissão, estão na contramão das diretrizes impostas pela atual conjuntura, a qual, muitas vezes, determina condições de trabalho adversas para o Assistente Social, a exemplo do Sistema Penitenciário.[11]

Dessa maneira, considerando que o Serviço Social participa do mesmo movimento que permite a continuidade ou a superação da sociedade em que vivemos; considerando que o Serviço Social conta com profissionais que podem estabelecer estratégias político-profissionais, visando ao reforço dos interesses das classes subalternas; considerando os limites do *formalismo*, do *idealismo* e do *critério da intencionalidade* no campo ético; e salientando a dissonância das diretrizes do Projeto Ético-Político do Serviço Social e, por conseguinte, dos Princípios Fundamentais do Código de Ética atual diante do contexto (da "globalização") neoliberal e de suas repercussões no âmbito de trabalho dos Assistentes Sociais,[12] discutimos, como já exposto, a materialização desses Princípios Fundamentais no cotidiano do trabalho profissional dos Assistentes Sociais dos Hospitais de Custódia e Tratamento Psiquiátrico do Rio de Janeiro, partindo das entrevistas realizadas com esses profissionais.

Desse modo, utilizando o material possibilitado pelas entrevistas e pelas observações realizadas em visitas ao local, visando a captar

---

10. Serviço Social e consolidação do Projeto Ético-Político. *Práxis*: Conselho Regional de Serviço Social — 7ª Região, Rio de Janeiro, n. 39, p. 4, nov./dez. 2006.

11. Além do que foi mencionado, nos cabe destacar que, como orientação metodológica, partimos da ideia de que "a anatomia do homem é a chave da anatomia do macaco", conforme explicação de Marx em "O método da economia política". Ou seja, consideramos que abordar um espaço sócio-ocupacional, cuja elevada complexidade é indubitável, poderia ser a chave para a compreensão crítica de outros espaços de menor complexidade (mais simples).

12. Como explicitado, essa discussão pode embasar discussões similares em outras áreas profissionais. Este texto é uma versão revista da nossa tese de doutorado apresentada na Pós-Graduação em Serviço Social da UFRJ, o que nos leva a registrar agradecimentos — sem referência nominal, por se tratar de elevado número — àqueles cujas contribuições para sua realização foram fundamentais: familiares, amigos, professores (orientadora e bancas de examinadores), colegas de trabalho, alunos e entrevistados.

as contradições e os conflitos expressos no cotidiano institucional, as condições de trabalho no espaço sócio-ocupacional, as palavras dos entrevistados como fenômenos ideológicos, mergulhamos na elucidação de aspectos referentes ao campo e à sua relação com a estrutura social. Lógico que, para isso, contamos também com os recursos acumulados por meio de nossa experiência profissional e com pesquisa bibliográfica ampliada. Assim, desvendamos a dimensão das ideias, da consciência dos profissionais entrevistados, dos seus valores e da ética na sua profissão — ou seja, pudemos, em parte, analisar a relação da expressão do entrevistado com a vida social e com o Serviço Social, aproximando-nos do nosso objeto de estudo.

Para exposição do nosso estudo, este texto será dividido em três capítulos acrescidos de considerações finais.

No Capítulo 1, tecemos considerações sobre ontologia. Tratamos esse tema à luz de uma perspectiva histórica, buscando traçar uma síntese que comportasse sua origem, sua relação com a metafísica clássica e seu perfil no campo marxista — ou seja, a superação que o campo marxista operou no sentido ontológico. Por ser a materialização de princípios éticos o nosso objeto de investigação, não poderíamos prescindir da discussão da ontologia do Ser Social, que é alicerce para o estudo da ética, pois supõe argumentos fundamentais sobre a constituição do mundo humano (genérico) e sobre a questão da sociabilidade.

No Capítulo 2, considerando os fundamentos ontológicos já problematizados, discutimos a sociedade burguesa — solo histórico do Serviço Social —, focalizando seu percurso histórico, suas peculiaridades em terras brasileiras, a crise contemporânea do capital e algumas de suas repercussões na vida em sociedade. Prosseguindo, e em consonância com o nosso objeto de estudo — discutir a materialização de princípios éticos no cotidiano do trabalho profissional do Assistente Social, fato que supõe considerar as condições de trabalho, que se definem em determinadas condições sócio-históricas —, abordamos a polêmica relação entre a ética e a economia, como também problematizamos a "questão social", porém aqui enfocada por meio da discussão do fenômeno da criminalização da pobreza, algo que não é novo, mas que, a nosso ver, mostra-se hoje diferente, pela insólita proporção que assume.

No Capítulo 3, iniciamos por uma visão panorâmica da ética no Serviço Social, uma discussão teórica que, além de nos permitir compreender a profissão de modo geral, nos possibilita entender a origem e o rumo social do atual Projeto Ético-Político do Serviço Social e, portanto, do Código de Ética Profissional e seus Princípios Fundamentais — observando os significativos avanços que essa profissão experimentou, seja no plano intelectual, seja em nível organizativo, nas últimas três décadas. Em seções posteriores, caracterizamos a Instituição e o Serviço Social no Sistema Prisional, e, para isso, fizemos algumas considerações sobre a loucura e o crime. Por fim, e em decorrência do conteúdo tratado até então, mostramos e analisamos o material de campo selecionado e apresentamos as considerações finais. Nestas, objetivamos destacar que materializar os Princípios do Código de Ética dos Assistentes Sociais significa não aceitarmos a abstração no campo ético — ou seja, significa trabalharmos no cotidiano profissional norteados por esses Princípios, cujas orientações humanizam a vida, em vez de nos limitar, como explicita Iamamoto (2007, p. 227), à defesa de interesses corporativos voltados unicamente para a obtenção de *status* da categoria profissional na sociedade. Esses Princípios Fundamentais se relacionam com o nosso atual Projeto Ético-Político, que, segundo a autora, não obstante defender prerrogativas profissionais e de trabalhadores especializados, tem dimensão universal, estabelecendo uma orientação para a maneira de operar o trabalho cotidiano que o impregna de interesses coletivos, possibilitando que isso se torne um momento de afirmação da teleologia e da liberdade na práxis social. Dessa maneira, se trata de um material relevante para apreciação de diferentes profissionais e estudiosos. Acrescente-se o fato de aqui estar sendo considerado em face de local cuja complexidade do seu objeto de intervenção nos possibilita verificar a interseção de diferentes faces da política social e, logicamente, inserções de profissionais de diferentes áreas — o que o torna, no nosso entender, parâmetro para outros estudos, seja no Serviço Social, seja em outras áreas do conhecimento. Portanto, este texto, não obstante particularizar o trabalho do Assistente Social, pelos aspectos que toca, inclusive pelos seus fundamentos teóricos, não é apenas do seu interesse, mas também de significativo contingente de outros profissionais e/ou estudiosos.

Capítulo 1
O Ser Social e a ética

1.1. Considerações iniciais sobre ontologia

O que é a realidade?

Essa questão é comumente considerada o fulcro original da filosofia. A propulsora do movimento de busca da verdade (*alétheia*), a qual suplanta as explicações mágicas e as opiniões (*dóxa*) que são instáveis, mutáveis e efêmeras. Inicialmente, a filosofia constitui um conhecimento racional acerca do mundo e das causas de sua forma, de suas repetições, transformações, origem e término. A procura de explicação racional para o cosmo — o mundo ordenado — suscitou a filosofia e caracterizou-a, a princípio, como investigação dirigida à estrutura do universo, ou seja, como cosmologia, e a preocupação com o *devir* foi o que levou os pensadores à distinção entre a aparência (do mundo) e a essência.

Desse modo, conforme Chaui (1995, p. 209), a cosmologia pode ser entendida como a "busca do princípio que causa e ordena tudo quanto existe na Natureza [...] e tudo quanto nela acontece [...] busca de uma força natural perene e imortal, subjacente às mudanças, denominada pelos primeiros filósofos *physis*".

A filosofia nasce no contexto da *pólis,* da cidade-estado grega, superando as formulações mágicas dos Mestres da Verdade da Grécia arcaica (poetas, adivinhos e reis de justiça) que não mais davam conta de explicar satisfatoriamente a realidade. Surge como forma de diálogo humano, racional, em busca da verdade, que, a princípio, se dirige à Natureza e, paulatinamente, em função das grandes mudanças econômicas, sociais e políticas da *pólis,* volta-se fundamentalmente para a discussão das instituições, dos valores, da ética, da política, por constituírem focos de preocupação na vida da cidade.

> No período arcaico, quando nasce a filosofia, são os mitos que já não dão conta de explicar satisfatoriamente a realidade, e a filosofia ocupará o lugar que eles não conseguem preencher [...].
> No período clássico, ao contrário, as grandes mudanças sociais, econômicas e políticas que consolidaram a *pólis* tornaram questionáveis e problemáticos os ensinamentos da tradição [...] (CHAUI, 2002, p. 50).

Embora recorrente e proeminente no âmbito filosófico, a questão que abre este texto apresenta-se diferentemente ao longo da História, seja em decorrência da apreciação do grau de sua pertinência/importância, seja pelos rumos intelectuais que tomam os estudiosos no intuito de responder a ela. Como explicitaremos, essa questão é também a fonte do que ora designamos ontologia: "o estudo ou conhecimento do Ser, dos entes ou das coisas tais como são em si mesmas, real e verdadeiramente" (CHAUI, 2002, p. 210).

Por volta do ano 50 a.C., Andrônico de Rodes recolheu e classificou obras de Aristóteles que haviam ficado dispersas e perdidas e, por se tratar de um conjunto de escritos que se localizava após os tratados sobre a física ou sobre a natureza, denominou-as *Metafísica*. Isso porque a palavra grega *meta* quer dizer *depois de*, e a palavra *ta* significa, em grego, *aqueles*. Desse modo, esses escritos, que foram denominados pelo seu autor — Aristóteles — Filosofia Primeira, uma vez que decorrentes de estudos acerca do "ser enquanto ser", tornaram-se conhecidos como *Metafísica*.

Não obstante, o filósofo alemão Jacobus Thomasius, no século XVII, considerou que a palavra ontologia seria a mais adequada para designar os estudos da Filosofia Primeira, pois, ao defini-la, Aristóteles explicitou que se referia ao ser das coisas, a *ousia*, ou seja, a *essentia* em latim, a essência. Portanto, Thomasius, entendendo que Aristóteles definira essa sua obra como o estudo do ser das coisas, avaliou que nela se encontrava a busca da essência de um ente ou de uma coisa, ou seja, o estudo da *ousia*, que possibilita o alcance do ser real e verdadeiro de um ente ou de uma coisa, o *on* íntimo e perene.

Metafísica, por conseguinte, passaria, no entender do referido filósofo, a definir apenas a localização da parte da obra aristotélica que se encontrava depois dos escritos sobre a física e era voltada para o "estudo do ser enquanto ser", e a palavra ontologia nomearia o próprio estudo. Isso, porém, não expressava nem passou a significar entendimento majoritário/unânime a esse respeito, pois a palavra metafísica foi a mais consagrada pela tradição filosófica, em função de Aristóteles ter feito referência também à Filosofia Primeira como o estudo dos primeiros princípios ou causas primeiras de todos os seres ou de todas as essências, isto é, algo que é condição de todos os outros, os antecede. O que trazia a ideia de antecedência como sinônimo de superioridade, como um estar além do que vem depois — além das coisas físicas e naturais. "*Metafísica,* nesse caso, quer dizer: aquilo que é condição e fundamento de tudo o que existe e de tudo o que puder ser conhecido" (CHAUI, 1995, p. 210, grifo nosso)

Apesar da referência a Aristóteles, Parmênides de Eleia é considerado um marco na passagem da cosmologia à ontologia, como filósofo que abre uma discussão sistemática acerca da questão do "Ser e Não Ser".

Em verdade, Heráclito de Éfeso, com suas formulações acerca da *alétheia* (verdade), do *logos* (razão) e do *devir* (mudança — o mundo como devir incessante, eterno), e Parmênides podem ser vistos como os fundadores da filosofia, por terem ambos trazido à baila questões, respostas e impasses que definiram os rumos das reflexões filosóficas nos séculos posteriores. Quanto à emersão da ontologia, o pensamento parmenidiano tem posição destacada por apontar como ilusórias as formulações restritas aos estudos do cosmos (cosmologia), uma vez que dedicadas ao *devir* (Não Ser) e não ao imutável, ao eterno, ao pleno, ao indivisível, ao visível apenas para o pensamento (inacessível aos sentidos) e sempre idêntico (Ser-verdadeiro). Com esse pensamento, a Escola Eleata, contrapondo-se à cosmologia, propagou a concepção de Ser como identidade, não transformação, não contradição, em contraposição ao Não Ser — o nada.

A esse respeito, cabe destacar, a título de ilustração, pequeno trecho de um dos poemas de Parmênides dedicado ao Ser:

> Que o ser não é engendrado, e também é imperecível: Com efeito, é um todo, imóvel, sem fim e sem começo. Nem outrora foi, nem será, porque é agora tudo de uma só vez, uno, contínuo.[1]

Como dissemos, as formulações de Heráclito e Parmênides foram fundamentais para a origem e o percurso da filosofia. Delas decorreram inúmeras tendências filosóficas e, como explica Chaui (2002, p. 106),

> Os que vieram depois de Heráclito e Parmênides já não podiam aceitar que a razão ou o pensamento — *o lógos* — coincidisse diretamente com a experiência sensível, como supunham os que haviam filosofado antes deles. [...]. A tarefa dos sucessores realizou-se quebrando o postulado fundamental da cosmologia jônica e itálica e da ontologia eleata: a unidade da *phýsis*. Doravante, a *phýsis* será concebida como pluralidade originária. Assim como a *pólis* democrática [...] é constituída pela diversidade e pluralidade de seus cidadãos [...].

Platão identificou o mundo material, sensível, como o mundo das aparências. Um mundo mutável, no qual não poderíamos encontrar as verdades eternas, o verdadeiro Ser, que, assim como em Parmênides,

---

[1]. Trechos extraídos de Marilena Chaui, *Introdução à História da Filosofia*. São Paulo: Companhia da Letras, 2002, p. 92-93.

é por ele entendido como uno, imutável, perene, idêntico a si mesmo, inteligível.

Assim, em sua filosofia, coube a existência de dois mundos, o mundo sensível e o mundo das ideias. O primeiro, o que flui e é imperfeito, é uma cópia deformada do mundo das ideias; portanto, onde se encontram as aparências, o Falso-Ser — o mundo do Não Ser, mas não como o *nada* de Parmênides, e sim como Pseudosser. O outro é o mundo das essências — o mundo do Ser, o superior, o verdadeiro. Portanto, à filosofia cabe passar do modo imperfeito (as cópias), ou seja, abandonar as aparências pela essência.

Desse modo, em Platão, a ontologia é a própria filosofia, uma vez que o "[...] conhecimento do Ser, isto é, das ideias, é a passagem das opiniões sobre as coisas sensíveis mutáveis rumo ao pensamento sobre as essências imutáveis" (CHAUI, 2002, p. 217).

Como observamos no platonismo, a ideia é preeminente, é essência, é a realidade, uma entidade ontológica.[2] Aristóteles difere de Platão em sua filosofia, discordando da dualidade platônica, posto que não considera o mundo sensível como mundo das aparências, das ilusões.

Aristóteles entende que o mundo sensível é real e a multiplicidade dos seres e o devir são a essência. No seu pensamento, apesar de a matéria ser a causa que singulariza o ser, a forma é o que há de universal no indivíduo (sensível), aquilo que determina a identidade da coisa (ser ele e não o outro), ou seja, determina a sua essência, encontrada na própria coisa. O pensamento é via de distinção intelectual entre a materialidade e a forma, ou melhor, entre o singular e o universal.

Não obstante, se Aristóteles evidencia discordância com o pensamento de Platão acerca do mundo sensível, dele se aproxima no que se refere à existência de uma essência perfeita e imutável, à qual denominou Primeiro Motor Imóvel do Mundo. Ser que sem ação

---

2. Quanto à concepção de Ideia no pensamento de Platão, é interessante consultar Marilena Chaui em *Introdução à História da Filosofia*, 2002. Há nessa obra interessantes considerações acerca desse tema que, em consequência das polêmicas que suscita, é avaliado como uma difícil e interminável ou "interminada" discussão.

direta sobre as coisas as atrai e é desejado por elas. Trata-se do motivo do *devir*, pois as coisas mudam e mudarão eternamente em busca do alcance da perfeição, atraídas pela essência perfeita e imutável.

Ainda com relação à discordância de Aristóteles em face da Teoria das Ideias de Platão, cabe destacar que ele considerou que tal teoria não assegura conhecimento universal e necessário da realidade, uma vez que imputa estatuto ontológico às formas e as separa em um mundo inteligível à parte, o que impossibilita a explicação do mundo sensível, pois nela "o sensível se reduz a uma aparência degradada [...] e o filósofo é convidado a abandoná-lo em lugar de compreendê-lo [...]" (CHAUI, 2002, p. 352).

A visão de Aristóteles difere da perspectiva filosófica de Platão, o que o fez envidar esforços em busca de compreensão do mundo sensível, pois o considerou passível de entendimento, sendo o seu sentido encontrado nele mesmo.

Referindo-se a Aristóteles e a Platão, Jean Bernhardt (*apud* CHAUI, 2002, p. 355-356) afirma que:

> A grande diferença entre os dois filósofos encontra-se no fato de que Platão desejava explicar por que o mundo sensível é tal como é, encontrando a resposta fora dele; Aristóteles, ao contrário, deseja compreender como o mundo é, o que é, por que funciona como funciona, encontrando seu sentido nele mesmo [...] Aristóteles afasta a reminiscência como causa da busca da verdade que nos arrastaria para fora e para longe de nosso mundo, único real. Para Aristóteles, trata-se de mostrar, em primeiro lugar, que o próprio movimento é racional e pode ser explicado de modo universal e necessário, e, em segundo, que, no mundo sensível, o particular (que muda sem cessar) e o universal e necessário (que permanece sempre idêntico a si mesmo) estão entrelaçados, sendo tarefa da filosofia demonstrar como esse laço é possível, qual sua causa e qual sua significação racional.

Com o advento do cristianismo, as filosofias platônica e aristotélica não perderam vigor, pois foram, por vias indiretas (vertentes neoplatônicas, estoicismo etc.) ou, posteriormente, por acesso às fontes, adaptadas a essa religião como mecanismo necessário à evangelização — conversão dos não cristãos e universalização da religião. Mais especificamente, foi a necessidade de convencer/converter os "homens de Estado" e os intelectuais gregos e romanos, orientados por outras religiões e educados na tradição racionalista da filosofia, da superioridade do cristianismo (da verdade cristã), que levou os estudiosos cristãos a recorrerem a tais filosofias, ou seja, a se dirigirem à metafísica.

Embora surja como uma adaptação da filosofia grega, a metafísica cristã traz em si significativas diferenças do que lhe possibilitou origem, por se tratar de formulação que, partindo da necessidade de evangelização, busca unir preceitos racionais e fé. Nos termos de Chaui (1995, p. 225), a metafísica cristã "reuniu novamente aquilo que ao nascer a filosofia havia separado, pois separara razão e mito".

Inúmeras são as dessemelhanças entre as citadas formas de metafísica. Entretanto, em uma abordagem sucinta, faremos referência ao que avaliamos como ponto central, por ter implicado muitos outros: na filosofia grega, o Ser existia de diferentes maneiras, mas com um único sentido no que se refere à realidade e à essência de todos os entes. Esse aspecto, fundamental nessa forma de metafísica, não poderia ser mantido na metafísica cristã, pois o cristianismo, pregando Deus como o criador de tudo, estabelece distinção entre o Ser do criador e o Ser das criaturas, entre o Ser infinito e imaterial que produz uma natureza diferente da sua, finita e material, o que era impensável no racionalismo grego, partindo da inerência dos princípios da identidade e da não contradição, os quais sempre demonstraram que um efeito advém de uma causa de igual natureza.

Na modernidade, a recusa da tradição medieval trouxe à tona a incompatibilidade entre razão e fé, o que não significou, porém, generalizada aquiescência com exposições contrárias às verdades e aos dogmas religiosos. A esse respeito, basta lembrarmos o controle contundente exercido pela Inquisição e pelo Santo Ofício, criados pela Igreja católica, do qual são exemplos de vítimas pensadores do porte de Giordano Bruno e Galileu Galilei.

Nesse período, a questão da substância foi abordada de outro ângulo. Surgiu uma concepção de substância diferente da formulada pelo pensamento cristão e limitada a três tipos de seres definidos pelos seus atributos principais: *Deus* (substância infinita), cujo atributo é a infinitude; a *alma* (substância pensante), cujos atributos são o intelecto e a vontade; e o *corpo* (substância extensa), de atributos geométricos e físicos (movimento/repouso, massa, figura e volume).

Essa redefinição de substância simplificou o campo de investigação da metafísica e foi acompanhada por sua "requalificação". A metafísica moderna, tendo como objetos de estudo as essências do infinito, do pensamento, da extensão, passou a ser basicamente concebida como teoria do conhecimento, como possibilidade de se conceituar, de se produzirem ideias rigorosamente racionais acerca dos seus objetos de estudo. E nisso a existência do real foi condicionada à capacidade racional humana de conhecê-lo. A esse respeito, Marilena Chaui (1995) explica que o ponto de partida da metafísica é a teoria do conhecimento — a investigação sobre a capacidade humana para conhecer a verdade. Só é real o que a razão humana puder conhecer. Assim, a metafísica não começa com a pergunta "O que é a realidade?", mas com a questão "Podemos conhecer a realidade?".

Todavia, se tal condicionamento à capacidade do sujeito cognoscente possibilitou distorções em face da captação do real, também atribuiu valor destacado à racionalidade, engendrando o antropocentrismo do mundo moderno e sua perspectiva humanista, historicista e de emancipação humana.

Quanto ao período em pauta, Lukács (1979a, p. 14) entende que o Iluminismo deu prosseguimento a tendências, originárias no Renascimento, que tiveram "como meta construir uma ontologia unitária imanente, para com ela suplantar a ontologia transcendente-teleológica-teológica".

Essa forma de pensamento prevalente na modernidade representou a busca do sujeito por se libertar das forças heterônomas, situando o seu papel como sujeito autônomo — valorização da subjetividade —, mas fez trajetória, produziu ramificações que, com múltiplas distinções, chegam a vertentes do pensamento contemporâneo. Chega a tendências filosóficas que podem até ser tidas como "subjetivistas", dado o privilégio excessivo do sujeito em face do real — como se esse fosse produto da consciência do Sujeito, ou seja, não possuísse qualquer independência e legalidade própria.

Ademais, é importante lembrarmos que, nesse contexto, temos também a emersão da ciência moderna em seu vínculo com as determinações postas pelo ascenso das forças capitalistas, o que representará a busca pela autonomia do indivíduo, pelo domínio da natureza e pela ampliação da eficiência no trabalho — ou seja, um giro no foco do conhecimento, pois os esforços prioritários, nesse sentido, tornam-se dirigidos para um saber aplicável na prática imediata, direcionado à ação avaliada como produtiva, um "saber de resultado", desvinculando ciência e filosofia. Desse modo, o saber ontológico — a preocupação com a essência das coisas e das ações humanas — é, em grande parte, desvalorizado em favor do saber racional funcional à ciência moderna, aos métodos e às técnicas. E, em vez da preocupação com a essência das coisas, o enfoque filosófico passa a ser dado com maior peso à forma como as coisas se mostram para a consciência.

Diante disso, é importante destacar, conforme Lukács (*apud* LESSA, 1997), que a modernidade é um período de raro valor, um período, por assim dizer, de libertação humana das amarras divinas, por trazer a afirmação teórica e prática de que o homem é capaz de fazer a sua História porque essa é criação do próprio homem. Não podemos deixar de ter em conta, também, o que o nosso pensador esclarece quanto às relações mercantis que a partir daí passaram a existir, pois essas relações, contrapondo cotidianamente a existência individual e o gênero humano, fizeram da acumulação privada o impulso determinante da vida das pessoas e efetivaram o individualismo burguês, refluindo o sentido revolucionário inicial desse período. Esse refluxo do caráter revolucionário da burguesia desenhou a sua decadência, pois não era mais força revolucionária em luta contra o absolutismo feudal, mas classe dominante em defesa de interesses particulares, em defesa, agora, de um projeto de manutenção do poder e, consequentemente, com ideais dissonantes da razão dialética ou, melhor, em acordo com o formalismo e o irracionalismo, pois capazes de obscurecer as contradições e a transitoriedade do modo de produção capitalista.

Conforme Coutinho (1972), é possível distinguir, com certa nitidez, na história da filosofia burguesa, duas etapas principais: a primeira, caracterizada por um movimento progressista, que vai desde os pensadores renascentistas até Hegel; a segunda, surgida por volta de 1830-1848, caracterizada pelo traço decadente, pelo significativo abandono de conquistas efetivadas no período anterior, representando, assim, o declínio do humanismo, do historicismo e da razão dialética. Trata-se da descontinuidade da evolução filosófica que corresponde à própria descontinuidade do desenvolvimento capitalista.

> Na época em que a burguesia era o porta-voz do progresso social, seus representantes ideológicos podiam considerar a realidade como um todo racional, cujo conhecimento e consequente domínio eram uma possibilidade aberta à Razão humana [...]. Ao tornar-se uma classe conservadora, interessada na perpetuação e na justificação teórica do existente, a burguesia estreita cada vez mais a margem para uma apreensão objetiva e global da realidade; a Razão é encarada com um ceticismo cada vez maior, renegada como instrumento do conhecimento ou limitada a esferas progressivamente menores ou menos significativas da realidade (COUTINHO, 1972, p. 8).

Hume e Kant são dois dos expoentes do pensamento moderno, da época de ascensão da modernidade. O primeiro, partindo da teoria do conhecimento, contrapôs-se à ideia da existência do Ser em-si e à possibilidade de o intelecto humano conhecer a realidade tal como é em si mesma, ou seja, contrapôs-se não só à ontologia clássica, mas também à própria afirmação do seu tempo sobre a possibilidade de conhecimento da realidade por operações intelectuais produtoras de conceitos (rigorosamente racionais) sobre as coisas. Para ele, o sujeito do conhecimento opera sensações, impressões e percepções recebidas pelos órgãos dos sentidos e retidas na memória. Esse é o modo pelo qual as ideias são formadas e nada mais representam do que hábitos mentais de associação de impressões. A perspectiva de que as ideias produzidas pela razão humana não passavam de hábitos mentais do sujeito do conhecimento instituiu uma crise na metafísica, uma vez que desestabilizou a sua base fundamental, ou seja, colocou em xeque a sua competência para investigar a realidade e produzir ideias rigorosamente racionais e verdadeiras.

Kant, por sua vez, considerando ter sido despertado por Hume do "sono dogmático", ou seja, da ideia da existência da realidade em-si, prosseguiu, refinou e adensou o seu pensamento, formulando um vigoroso sistema filosófico, com proeminência para o sujeito do conhecimento — o Sujeito Transcendental.

Em Kant, a teoria do conhecimento consolida-se como metafísica — como estudo das condições de possibilidade do conhecimento e da experiência humanos. Além disso, o pensador buscou demonstrar que o sujeito do conhecimento possui uma estrutura universal, diferentemente do sujeito psicológico e individual de Hume, uma vez que focalizou a razão como uma propriedade humana — de todos os humanos em todos os tempos e espaços — e como faculdade *a priori* de conhecimento.

A respeito de Kant, cabe observarmos também que:

> Kant distinguiu duas modalidades de realidade [...] **fenômeno** [...] **nôumeno**.
> O fenômeno é a coisa para nós ou o objeto do conhecimento propriamente dito, é o objeto enquanto sujeito do juízo. O nôumeno é a **coisa em si** ou o objeto da metafísica, isto é, o que é dado por um pensamento puro, sem relação com a experiência. Ora, só há conhecimento universal e necessário daquilo que é organizado pelo sujeito do conhecimento nas formas de espaço e do tempo e de acordo com os conceitos do entendimento. Se o nôumeno é aquilo que nunca se apresenta à sensibilidade, nem ao entendimento, mas é afirmado pelo pensamento puro, não pode ser conhecido. E se o nôumeno é o objeto da metafísica, esta não é um conhecimento possível (CHAUI, 1995, p. 233, grifos da autora).

Como vimos, em Kant, nunca conheceremos a realidade em-si, separada e independente de nós (Sujeito do conhecimento). A realidade só é acessível ao sujeito como fenômeno, que o organiza segundo as formas do espaço e tempo (estrutura a *priori* da razão), segundo os conceitos do entendimento. Assim, a realidade torna-se idealizada por ser construção efetuada pelo sujeito, pelas ideias do sujeito, como se o conhecimento viesse das ideias para as coisas e não o contrário.

Com Kant, na medida da impossibilidade do conhecimento da coisa-em-si, o problema desloca-se para: O que é conhecer? O que podemos conhecer? Esse ceticismo kantiano terá a discordância de Hegel, pois:

> Para ele, enquanto as coisas-em-si estiverem fora do alcance da razão, esta continuará a ser mero princípio subjetivo, privado de poder sobre a estrutura objetiva da realidade, e o mundo se separa em duas partes: a subjetividade e a objetividade. [...]. O papel da filosofia, nesse período de desintegração geral, deveria ser o de evidenciar o princípio que restauraria a perdida unidade e totalidade. [...]. Assim, a forma verdadeira da realidade, para Hegel, é a razão, onde todas as contradições sujeito-objeto se integram, constituindo, desse modo, uma unidade e uma universalidade genuínas (HEGEL, 1988, p. XI).

Citar a questão do Ser no pensamento hegeliano é fazer referência à dialética. Hegel, segundo Lukács (1979a, p. 10):

> Não é de modo algum o primeiro dialético consciente entre os grandes filósofos. Mas é o primeiro — após Heráclito — para quem a contradição forma o princípio ontológico último, e não algo que de algum modo deva ser filosoficamente superado [...]. A contraditoriedade como fundamento da filosofia e, em combinação com isso, o presente real como realização da razão constituem, por conseguinte, os marcos ontológicos do pensamento hegeliano. Essa combinação faz com que lógica e ontologia se explicitem e se articulem em Hegel num grau de intimidade e de intensidade até então desconhecido.

Além disso, Lukács (1979a) também ressalva que a filosofia de Hegel deve ser compreendida considerando-se as implicações concretas da Revolução Francesa — a condição da Europa frente à ascensão burguesa e à revelação daí decorrente de inadequação do reino iluminista da razão, como centro do pensamento filosófico. Isso redundou em perspectivas de negação da relevância ontológica da razão ou de defesa da realidade presente como período de transição para um autêntico reino da razão. Portanto, perspectivas alinhadas a propostas teórico-filosóficas, assentadas seja no resgate do passado (romantismo), seja no futuro (como as propostas "utopistas"), as quais Hegel não só não endossou como também buscou demonstrar, por meio de sua filosofia, a pertinência do presente como reino da razão, com isso elevando a contradição à categoria ontológica e lógico-gnosiológica central.

O comentário de Marcuse sobre Hegel é importante para a nossa reflexão, pois destaca que a classe média alemã, fraca e dispersa em numerosos territórios e interesses divergentes, não era capaz de projetar uma revolução como fez a França. Desse modo, passou a ter como objetivo, fosse apenas no plano moral, preservar a dignidade e a autonomia humanas, pelo menos na vida privada. Com efeito, para nosso pensador, enquanto a Revolução Francesa começou assegurando a realização da liberdade, à Alemanha coube apenas se ocupar da ideia da liberdade. E Hegel, como um dos expoentes da filosofia clássica alemã, produziu um sistema que constitui "a última grande expressão desse idealismo cultural, a última grande tentativa para fazer do pensamento o refúgio da razão e da liberdade" (HEGEL, 1988, p. VII-VIII).

Coutinho (1972) salienta que o mérito essencial de Hegel reside na capacidade de sintetizar e elevar aspectos progressistas do pensamento burguês revolucionário, os quais podem ser resumidos em três núcleos:

1. Humanismo — teoria de que o homem é um produto de sua própria atividade, de sua história coletiva.
2. Historicismo concreto — a afirmação do caráter ontologicamente histórico da realidade, com a consequente defesa do progresso e do melhoramento da espécie humana.

3. A razão dialética em seu duplo aspecto, seja o de uma racionalidade objetiva imanente ao desenvolvimento da realidade (que se apresenta sob a forma da unidade dos contrários), seja aquele das categorias capazes de apreender subjetivamente essa realidade objetiva.

Como já aludido, em Hegel, o Ser é concebido como manifestação dinâmica e contraditória, Ser/Nada (momento do): vir a ser, tornar-se. Desse modo, o real para o filósofo não se limita ao meramente dado, por ser dinâmico. Além disso, no pensamento do filósofo, a aparência não significa o nada, o imperfeito, o não confiável ou qualquer outra coisa que não o momento imprescindível do movimento que constitui a própria essência. Isso porque Hegel desvela o caráter processual da realidade.

Na obra *Fenomenologia do espírito*, Hegel afirma que a verdade é o Todo. Formulação que marcará significativamente as pesquisas de Marx e que, como explicita Lukács (1979a, p. 70):

> Significa o entendimento de "uma totalidade que se constrói com inter-relações dinâmicas de totalidades relativas, parciais, particulares [...]. Mas apenas como sua forma esotérica [...] na realização concreta — esse princípio vem profundamente sepultado sob raciocínios logicistas-hierárquicos".

Assim, não obstante a importância e a amplitude da temática que é tratada nesta seção, considerando o exposto e os nossos objetivos gerais, tomaremos rumo conclusivo e, logicamente, voltado à parte seguinte deste texto, destacando que, em seu idealismo,[3] o pensamento hegeliano

---

3. Segundo exposição sobre a vida e obra de Hegel, na coleção Os Pensadores (1988), com consultoria de Paulo Eduardo Arantes, esse pensador formulou um sistema filosófico que pretendia se apresentar como a própria expressão da realidade, extinguindo a diferença entre a ideia e o real. Ou seja, ambos seriam facetas de uma mesma coisa, daí a sua conhecida afirmação "o que é real é racional e o que é racional é real".

comportou inovações e trouxe elementos fundamentais à gênese e à construção do pensamento marxista e, portanto, à ontologia nessa tradição filosófica. As concepções de totalidade — unidade dos diversos — e de dialética do real como processo e contradição exemplificam isso. Contudo, em Marx, o legado hegeliano sofreu profundas revisões.[4]

> A dissolução da filosofia de Hegel, na qual a identidade do real e do racional encontra a sua mais radical expressão nos quadros do pensamento burguês, segue duas orientações, uma "de esquerda" e outra "de direita". Pode manifestar-se como desenvolvimento superior do "núcleo racional" do pensamento hegeliano, ou então implicar um abandono que representa objetivamente uma regressão. O primeiro movimento, efetivado pelo marxismo, é a expressão filosófica do processo pelo qual o proletariado recolhe a bandeira abandonada pela burguesia, supera seus limites e contradições, elevando a racionalidade dialética a um nível superior, materialista (COUTINHO, 1972, p. 9).

Conforme nos explica Frederico (1995), o pensamento de Marx recebe de Hegel e Feuerbach significativa herança filosófica, porém tanto o materialismo feuerbachiano quanto a dialética idealista de Hegel passaram por "uma simbiose crítica, por um processo de síntese original, para servir de fundamento norteador às pesquisas marxianas".

Segundo Netto (2004a, p. 25), Marx contribuiu para a dissolução do hegelianismo e sua intervenção se inseriu num movimento abrangente que envolvia toda a intelectualidade alemã de oposição ou que se confrontava polemicamente com Hegel. Podemos, assim, nos referir a uma continuidade com rupturas, pois, *grosso modo*, Marx

---

4. No artigo "Marx, 1843: o crítico de Hegel" (ver NETTO, José Paulo. *Marxismo Impenitente*. São Paulo: Cortez, 2004a, p. 15), Netto mostra que o manuscrito marxiano "Crítica da Filosofia do Estado de Hegel", redigido entre março e agosto de 1843, "constitui peça-chave para a compreensão do rumo ulterior de Marx". Para ele, nesse manuscrito, Marx abandona a razão filosófica especulativa e inicia a assunção da prática social como essencial à reflexão teórica. Assim, nesse texto aparece "a grande viragem que determinará o perfil intelectual de Marx — a ultrapassagem da filosofia especulativa no rumo da teoria social".

(e expoentes da tradição marxista que prosseguiram) reconstruirá, em outras bases, princípios deixados pela filosofia de Hegel, colocando seu pensamento em outro patamar ou, em outras palavras, o marxismo "com a ação materialista 'põe sobre os pés' o idealismo hegeliano apoiado sobre a cabeça".[5]

No marxismo, o real é contraditório, é movimento, expressão de inter-relações, de ligações recíprocas, mas não subordinado à ideia como se esta fosse responsável pelo seu sentido; tampouco o homem é abstratamente captado, como se fosse possível reduzi-lo à ideia, ao pensamento. Isso porque o marxismo compreende a dialética material e historicamente, contemplando a constituição do Ser Social como autoconstrução que emerge da práxis, cuja forma privilegiada, modelar, é o trabalho. O marxismo busca captar as contradições da vida em sociedade e, por conseguinte, captar as contradições das relações sociais no mundo capitalista.

A esse respeito, destacamos da obra de Marx e Engels (1984, p. 14-15, p. 48, grifo dos autores):

> As premissas com que começamos não são arbitrárias, não são dogmas, são premissas reais, e delas só na imaginação se pode abstrair. São os indivíduos reais, as suas ações e as suas condições materiais de vida, tanto as que encontraram como as que produziram pelas suas próprias ações. Estas premissas são, portanto, constatáveis de um modo puramente empírico [...].[6]
> Podemos distinguir os homens dos animais pela consciência, pela religião, por tudo o que se quiser. Mas eles começam a distinguir-se dos animais assim que começam a *produzir* os seus meios de vida [...].
> Essa concepção da História assenta, portanto, no desenvolvimento do processo real da produção [...].

---

5. Referência feita por G. Lukács, em *Ontologia do Ser Social*: A falsa e a verdadeira ontologia de Hegel. São Paulo: Ciências Humanas, 1979b, p. 10.

6. "O primeiro ato histórico pelo qual podemos distinguir os homens dos demais animais não é o de pensarem, mas o de começarem a produzir os seus meios de vida". Esse trecho aparece na obra em nota de rodapé.

Ao contrário da visão idealista da História, não tem de procurar em todos os períodos uma categoria [...]; não explica a práxis a partir da ideia, explica as formações de ideias a partir da práxis material [...].

No pensamento de Marx, a ontologia possui configuração materialista e social. Uma concepção filosófica que não parte da ideia e volta-se para o mundo social, captando as suas particularidades frente ao mundo natural, sem que isso signifique negligenciar a vinculação entre as duas esferas. Marx trouxe à baila a centralidade da práxis em face do mundo dos homens, situando-a como atividade humana que se distingue das demais por pressupor teleologia. Atividade que, em resposta às necessidades humanas, se dirige à transformação do objeto para criar o produto humanizado. Assim, a práxis é a atividade que possibilitou a existência humana e o seu aperfeiçoamento, viabilizando o recuo das barreiras naturais em prol da ampliação do mundo social, um mundo que cada vez mais, sem a eliminação da realidade natural, amplia as suas objetivações sociais.

Por conseguinte, a vertente do pensamento que Marx inaugura capta a realidade social como movimento e investe no desvendamento da sua legalidade, partindo do real concreto como instância possível de ser pensada e interpretada pelo ser humano, e não algo restrito à criação pela ideia. Desse modo, não cabe qualquer relação disso com vertentes filosóficas subjetivistas, as quais podem chegar a caracterizar-se por tal prevalência da subjetividade que a realidade se torna pleno relativismo.

Segundo Guerra (2004), o cariz ontológico do pensamento marxiano permite-nos o entendimento de que é pela superação da filosofia, como mera interpretação do mundo ou como disciplina particular, que podemos suscitar a crítica substancial da sociedade burguesa, apreendendo a lógica que a constitui. Isso porque essa vertente do pensamento não se limita à constatação dos fatos sociais; compreende que eles são sinais para serem conhecidos e processualmente desvendados pelos sujeitos sociais. Processo que pode contar também com a transformação deles pelos sujeitos.

Por fim, destacamos que, na contemporaneidade, nesse campo filosófico marxista, Georg Lukács, partindo da obra de Marx,[7] dedicou-se a um projeto de investigação sobre a ética. Porém, para encaminhar tal projeto, começou pelo estudo da ontologia do Ser Social, única parte que conseguiu materializar, deixando dois volumosos manuscritos, uma vez que o projeto não pôde ser totalmente concluído em função do seu falecimento.[8] Nessa obra que deixou, intitulada *Ontologia do ser social*, o filósofo, além de fornecer alguns elementos essenciais ao estudo da ética, "pretendeu demonstrar a possibilidade ontológica da emancipação humana, da superação da barbárie da exploração do homem pelo homem" (LESSA, 1997, p. 9). Aqui, considerando que a ética é tema proeminente, essa obra é fundamento teórico, *sendo por nós explorada, especialmente na próxima seção* deste livro, seja diretamente, seja por meio da produção de outros autores, notórios estudiosos do pensamento lukacsiano.

1.2. Ontologia do Ser Social e a ética

A compreensão do Ser Social pressupõe a consideração de que sua existência é erigida sobre a base do ser orgânico, que, por sua vez, surgiu da base inorgânica. Não estamos nos referindo a um processo evolutivo do tipo linear-progressivo, mas a um processo que realizou passagens de formas (mais) simples a formas (mais) complexas, em

---

7. Importante consultar: José Paulo Netto. "G. Lukács: um exílio na pós-modernidade". *In*: NETTO, José Paulo. *Marxismo Impenitente*. São Paulo: Cortez, 2004, p.139.

8. Sérgio Lessa esclarece, em sua obra *A ontologia de Lukács*, 1997, que alguns críticos de Lukács argumentam ser um retrocesso fazer ontologia no século XX após toda a crítica da Ilustração ao pensamento medieval, após o desenvolvimento do racionalismo moderno e da dialética. Porém, sem entrar diretamente nessa polêmica, o autor procura evidenciar a novidade da concepção ontológica lukacsiana, se confrontada com a metafísica tradicional.

A respeito da citada polêmica, é interessante consultar: Sérgio Lessa, "Para uma ontologia do Ser Social". *In*: ANTUNES, Ricardo; REGO, l. Walquiria (org.). *Lukács*: Um Galileu no século XX. São Paulo: Boitempo, 1996, p. 62-73.

consequência de saltos ontológicos que produziram algo diferente do "incessante tornar-se outro mineral" próprio do ser inorgânico e do "repor o mesmo",[9] típico da reprodução do mundo biológico. Produziram o qualitativamente novo e com contínua possibilidade de aperfeiçoamento — o Ser Social —, sem que para isso tenham sido erradicadas as bases ontologicamente originárias. Uma vez que as esferas ontológicas referidas — a inorgânica, a orgânica e o Ser Social —, apesar de distintas, estão articuladas, observe-se que não há vida sem a esfera inorgânica, assim como não há Ser Social sem vida.

O trabalho foi base "dinâmico-estruturante"[10] de um novo tipo de ser — o Ser Social —, todavia categoria cujo surgimento só foi possível após certo grau de desenvolvimento do processo de reprodução do ser orgânico, diferentemente dos tipos de atividades que se mantêm fixadas na distinção de espécies biológicas, como as atividades realizadas pelas abelhas, por exemplo.

Nossa referência é, por conseguinte, ao trabalho, ou seja, à atividade que, essencialmente, ultrapassa a dimensão do mero condicionamento biológico, da mera reação adaptativa ou submissão ao mundo ambiental. Atividade considerada não apenas pela realização do produto, mas cujo produto resulta de um processo que contou com a consciência para a sua efetivação — um produto que, antes da sua materialização, já existia como prévia ideação.

> [...] o fundamento ontológico do mundo dos homens é o trabalho, e este nada tem de natural. Pelo contrário, é uma categoria gerada pelos homens em função da vida dos próprios homens e, assim, é puramente social. [...] "um ponto de interseção das inter-relações das legalidades da natureza e da sociedade" [...] cuja legalidade ontológica consiste em colocar "imediatamente em formas especificamente sociais tudo que entra nesse processo [...]" (LUKÁCS apud LESSA, 1995, p. 28).

---

9. As expressões colocadas entre aspas são de Sérgio Lessa, na obra *A ontologia de Lukács*. 2. ed. Maceió: EDUFAL, 1997.

10. Denominação utilizada por Lukács (1978).

O trabalho considerado nesses termos é aquele que possibilita tanto o próprio desenvolvimento quanto o desenvolvimento do ser que o realiza — o homem que trabalha. A ação consciente é aquisição que viabiliza a ultrapassagem do animal que se humaniza para além da esfera da necessidade e da restrição definida pelo nexo causal do mundo natural, sem que para isso haja eliminação dos condicionamentos naturais. Recorrendo à consciência e em busca de satisfação de suas necessidades, o Ser Social constrói o mundo humano recuando, mas não eliminando, as barreiras naturais.

> Tão-somente o carecimento material, enquanto motor do processo de reprodução individual ou social, põe efetivamente em movimento o complexo trabalho; e todas as mediações existem ontologicamente apenas em função da sua satisfação. O que não desmente o fato de que tal satisfação só possa ter lugar com a ajuda de uma cadeia de mediações, as quais transformam ininterruptamente tanto a natureza que circunda a sociedade quanto os homens que nela atuam, as suas relações recíprocas etc.; e isso porque elas tornam praticamente eficientes forças, relações, qualidades etc., da natureza que, de outro modo, não poderiam exercer essa ação, ao mesmo tempo em que o homem — liberando e dominando essas forças — põe em ser um processo de desenvolvimento das próprias capacidades no sentido de níveis mais altos (LUKÁCS, 1978, p. 5).

O trabalho foi o elemento-chave, o fulcro do salto que permitiu a hominização do ser natural e foi, simultaneamente, engendrado nesse processo como mecanismo produtor de respostas às carências desse ser que se humanizava. Porém, evidentemente, no decurso histórico, os homens desenvolveram novas capacidades, novas qualidades e novas necessidades.

A esse respeito, Lukács (1978, p. 5) explicita que:

> [...] o homem torna-se um ser que dá respostas precisamente na medida em que — paralelamente ao desenvolvimento social e em proporção crescente — ele generaliza, transformando em perguntas seus próprios carecimentos e suas possibilidades de satisfazê-los; e quando, em sua

resposta ao carecimento que a provoca, funda e enriquece a própria atividade com tais mediações, frequentemente bastante articuladas. De modo que não apenas a resposta, mas também a pergunta é um produto imediato da consciência que guia a atividade; todavia, isso não anula o fato de que o ato de responder é o elemento ontologicamente primário nesse complexo dinâmico.

Portanto, permitimo-nos fazer referência ao trabalho — "atividade que surge como solução de resposta ao carecimento que a provoca" (LUKÁCS, 1978, p. 5) — como categoria fundante do mundo humano. É por meio dessa atividade — que suscita a consciência e é guiada por ela — que se efetiva o salto ontológico que retira a existência humana das determinações meramente biológicas.

Com sua ação, portanto, o ser humano ultrapassa o determinismo natural, estabelecendo uma ação criadora em face da natureza, conquistando a sua humanidade — o homem é um ser "ontocriativo", ou seja, um ser que cria o seu próprio ser (KOSIK, 1976). Isso tem no trabalho a mediação, o eixo dessa ultrapassagem do mero condicionamento natural para a criação do humano, do Ser Social, apesar da conservação do conteúdo natural na existência humana.

> [...] o ser social — em seu conjunto e em cada um dos seus processos singulares — pressupõe o ser da natureza inorgânica e orgânica. Não se pode considerar o ser social como independente do ser da natureza, como antíteses que se excluem, o que é feito por grande parte da filosofia burguesa quando se refere aos chamados "domínios do espírito". Mas, de modo igualmente nítido, a ontologia marxiana do ser social exclui a transposição simplista, materialista vulgar, das leis naturais para a sociedade, como era moda, por exemplo, na época do "darwinismo social" [...]. Esse desenvolvimento [...] é um processo dialético, que começa com um salto, com o pôr teleológico do trabalho, não podendo ter nenhuma analogia na natureza (LUKÁCS, 1979a, p. 17).

Escritos de Marx e Engels (1984) revelaram a significância do trabalho para a existência humana e o evidenciaram como vital para essa existência. Isso por ser atividade que a constitui e a caracteriza, uma vez que é fonte de satisfação das necessidades do ser humano e sua possibilidade histórica. Como já aludimos: "O primeiro ato histórico pelo qual podemos distinguir os homens dos demais animais não é o de pensarem, mas o de começarem a produzir os seus meios de vida" (MARX; ENGELS, 1984, p. 14).

Por meio do trabalho — atividade racional dirigida a um fim, pois pressupõe a faculdade humana de projeção, de atribuição consciente de finalidade às ações — o homem transforma a matéria natural com vista à satisfação de suas necessidades e, nesse processo, também produz a si mesmo, identificando-se com o que produziu, conquistando a sua humanidade, produzindo as relações sociais e engendrando a História.

O trabalho é também uma categoria social, pois se efetiva engendrando as relações sociais e por meio dessas próprias relações. Portanto, pode-se considerá-lo produtor e simultaneamente partícipe da sociabilidade — meio de transformação da natureza pelo qual o homem se constrói, constitui a sua individualidade e também a totalidade social da qual é parte.

Logicamente, estamos nos referindo ao trabalho gerador de valores úteis, atividade que, em resposta às necessidades do ser humano, materializa-se tanto na criação do produto humanizado quanto na sua própria autoconstrução. Qualquer que seja a forma de sociedade, enquanto produtor de valores de uso, o trabalho concreto é condição da existência humana, sua atividade livre e consciente — "é uma necessidade natural eterna que tem a função de mediatizar o intercâmbio orgânico entre o homem e a natureza, ou seja, a vida dos homens" (MARX apud LUKÁCS, 1979a, p. 99).

A História é produção humana e, portanto, divergindo de qualquer concepção mistificada a seu respeito, captamos o homem como seu autor e simultaneamente seu produto.

Diferentemente da história natural, que se restringe ao necessário — ao nexo causal do mundo natural —, a História humana tem por mediação um insuperável caráter alternativo; é ontologicamente distinta da história natural por ser um espaço de escolhas entre alternativas inscritas em *situações concretas*.

> Com a ação do homem na matéria criando uma nova realidade humanizada, temos a práxis, cuja forma privilegiada é o trabalho (BARROCO, 2001, p. 26). Além disso, cabe destacarmos que "[...] toda práxis, mesmo a mais imediata e a mais cotidiana [...] é sempre um ato teleológico, no qual a posição da finalidade precede, objetiva e cronologicamente, a realização" (LUKÁCS, 1979a, p. 52).

Por meio do trabalho, engendram-se as relações sociais, os modos de vida social, as ideias, as concepções de mundo, os valores, uma vez que, assim como produzem os objetos, os instrumentos de trabalho, os modos de vida, os homens produzem também "novas capacidades e qualidades humanas, desenvolvendo aquelas inscritas na natureza orgânica do homem, humanizando-as e criando novas necessidades" (IAMAMOTO, 2001b, p. 39).

Nesse quadro, emergem a consciência e o conhecimento, pois no desenvolvimento do processo laborativo é que são gestadas as necessidades espirituais do homem; é nesse percurso que a realidade vai sendo por ele desvendada, tocando a sua dimensão subjetiva. Daí inferirmos que na atividade laborativa o ser humano ultrapassa-se como ser puramente natural, adquire consciência e é guiado por ela, produz conhecimentos e valores, constrói-se socialmente e, tornando-se membro de uma coletividade, dá origem a formas de regulação da sua convivência social, ou seja, cria mecanismos reguladores como, por exemplo, a moral.

> Assim como as escolhas, a orientação de valor é inerente às atividades humanas; sua criação é objetiva, também gerada pelo trabalho [...].
> A valoração de um objeto supõe sua existência material concreta: seu valor corresponde a uma práxis que o transformou em algo novo que responde às necessidades, e, como tal, é bom, útil, belo, etc. Por isso, o valor não é uma decorrência apenas da subjetividade humana; ele é produto da práxis (BARROCO, 2001, p. 29).

Segundo Heller (1989, p. 3), a História é a substância da sociedade, e nela estão contidas esferas heterogêneas, como, por exemplo, a produção, as relações de propriedade, a estrutura política, a vida cotidiana, a moral, a ciência e a arte.

Estudioso rigoroso do pensamento de Georg Lukács e, desse modo, autor cuja obra é referência de importância destacada em face da temática tratada neste texto, Sérgio Lessa (2002) possibilita-nos adensar e aprofundar as considerações feitas até aqui. Segundo ele, em Lukács, a essência do trabalho é uma peculiar e exclusiva articulação entre teleologia e causalidade, sendo a primeira uma "categoria posta", e a outra categoria, um "princípio de automovimento que repousa sobre si mesmo". Isso porque a teleologia unicamente pode estar presente no mundo dos homens — só nessa circunscrição é possível o trabalho com prévia-ideação do produto final. Portanto, sobre a teleologia — esse "pôr um fim" que antecipa o produto a ser realizado —, não cabe compreensão universalizante, uma vez que se trata de aspecto inerente à consciência ou, melhor, ao Ser Social, à consciência humana, que é a única a ter propriedade de pôr finalidade. Assim, "[...] a consciência, com o ato de pôr, dá início a um processo real, exatamente ao processo teleológico. O pôr, portanto, tem nesse caso um inelimínavel caráter ontológico" (LUKÁCS apud LESSA, 2002, p. 72).

Ademais, é preciso que fique claro que a esse respeito não é pertinente qualquer redução subjetivista, haja vista que o âmbito da realização teleológica, como foi dito, é o interior do trabalho — o pôr teleológico é uma operação consciente e apenas possível no interior do trabalho, visando à produção de algo novo, ou seja, a um produto humanizado — uma "nova objetividade".

Na medida em que a idealidade da teleologia realiza-se no interior do trabalho transformando a matéria, ocorre a objetivação — uma categoria que conforma a síntese entre teleologia e causalidade, originando o "novo", o "socializado", uma "causalidade posta", que é a essência do Ser Social. Entretanto, a transformação da causalidade (dada) em "causalidade posta" não extingue a essência da causalidade, pois nessa operação mantém-se intacto o "princípio de automovimento que repousa sobre si mesmo".

Então, pode-se observar que no processo de constituição do Ser Social a idealidade da teleologia articula-se à materialidade do real, sem que isso signifique a perda das respectivas essências por nenhuma das duas categorias, ou seja, sem que haja a descaracterização da distinção ontológica entre ambas. A referida articulação — operada no interior do trabalho — efetiva a transmutação da teleologia em causalidade posta e caracteriza o momento da "objetivação", momento em que a síntese da teleologia e causalidade é realizada, fundando o Ser Social enquanto causalidade posta.

O processo necessariamente operado no interior do trabalho, que articula a teleologia e a causalidade, é o responsável pelo salto do "meramente natural" para a humanização, ou seja, é o responsável pela possibilidade de sociabilidade do ser natural e das coisas em objetos socializados ou, nos termos de Lessa (2002), pela constituição do mundo dos homens. Quanto a isso, cabe observar ainda que, apesar de podermos fazer referência à existência real das categorias que são articuladas, a teleologia, diferentemente da causalidade, não existe por si mesma. A teleologia é uma categoria cuja existência decorre da esfera do trabalho e depende de nexos causais determinados, portanto é dependente do intercâmbio do homem com a natureza e da sua necessidade de transformá-la, o que também evidencia a existência anterior da causalidade. Com efeito, o trabalho é a mediação que possibilita o entrelaçamento de causalidade e teleologia, que resulta na produção de uma diferente esfera de causalidade, constituindo o Ser Social, ou seja, transformando a materialidade natural, sem extingui-la, em mundo dos homens.

Não obstante a configuração de uma nova objetividade — causalidade posta —, o mundo dos homens é material e objetivo e, sem a hipótese de suprimirmos a distinção entre as esferas social e natural, podemos até dizer que a causalidade posta torna-se para a vida humana dimensão concreta tal qual o mundo natural. A essa nova objetividade, que pode até se tornar independente da consciência que a produziu, Lukács denomina "segunda natureza" (LUKÁCS *apud* LESSA, 2002, p. 81). Para Lukács, à medida que foi objetivado, o produto humanizado se converte em um ente distinto do sujeito que o criou e adquire certa autonomia, passando a ter sua própria história. Esse aspecto é importante ou, melhor, imprescindível, se quisermos considerar a sociedade, uma vez que, por ser causalidade posta, denota materialidade e certa autonomia, configurando também uma forma de segunda natureza, em que, para que seja controlada ou alterada, posta sob determinada(s) pretensão(ões) do(s) sujeito(s), analogamente à materialidade natural, cabe a pressuposição da ação consciente do(s) sujeito(s) na transformação das relações sociais, o que constitui uma forma de pôr teleológico, denominado por Lukács teleologia secundária.

A História só se torna possível porque os homens não começam sempre do novo e do princípio, mas ligam-se ao trabalho e aos resultados obtidos pelas gerações precedentes. Daí concluirmos que o conhecimento, além de advir da ação do homem em face da transformação do real, é algo acumulativo e que se torna complexo na medida da ampliação e da complexidade das necessidades materiais e espirituais do ser humano. Como explicita Lukács (1978, p. 5):

> [...] a reprodução individual ou social põe em movimento o complexo trabalho; e todas as mediações existem ontologicamente apenas em função da sua satisfação. O que não desmente o fato de que tal satisfação só possa ter lugar com a ajuda de uma cadeia de mediações, as quais transformam ininterruptamente tanto a natureza que circunda a sociedade quanto os homens que nela atuam, as suas relações, qualidades etc., [...] ao mesmo tempo em que o homem [...] põe em ser um processo de desenvolvimento das próprias capacidades no sentido de níveis mais altos.

Nesse processo, é imprescindível levar-se em conta que o homem, para alterar o "natural" das coisas — em-si — ou para dar prosseguimento em tal alteração com produtos cada vez mais sofisticados, busca meios para tornar o que é prévia-ideação em algo materializado — o homem busca meios compatíveis com a sua projeção. Ou seja, ele procura captar as necessárias determinações do real para se tornar apto a operar sua transformação. Com essa busca, o homem inicia a identificação da propriedade das coisas e começa um processo de seleção e qualificação do em-si em função do seu projeto de transformação da matéria natural em algo humanizado, o que significa o embrião do processo de valoração.

Referindo-se a Lukács, Lessa (2002) nos permite prosseguir e refinar esse raciocínio, à medida que esclarece que o pôr teleológico é composto por dois momentos: a "posição do fim" e a "busca dos meios", os quais constituem a mediação que fixa e desenvolve os conhecimentos do real adquiridos ao longo da História. É a busca dos meios que torna ato a finalidade, pois é a via de conhecimento do sistema causal dos objetos, da legalidade deles e, simultaneamente, dos processos necessários para a sua transformação; é, portanto, a possibilidade do movimento para a realização de um fim posto. A busca dos meios compreende a disposição para a captura da legalidade do em-si existente, sendo, desse modo, o eixo de conexão do trabalho com o pensamento científico e com o seu desenvolvimento.

> [...] a ciência [...] cumpre uma função social específica: é a mediação que fixa e desenvolve o conhecimento acerca da natureza ao longo da história [...].
> Uma peculiaridade da ciência diante da consciência cotidiana está na exigência de universalidade de suas categorias (LESSA, 2002, p. 88).

Não obstante a afirmação da imprescindibilidade do conhecimento do real pelo sujeito que tenciona transformá-lo, isso não pode ser confundido com a suposição de um conhecimento absoluto do real para que uma posição teleológica possa ser objetivada. É necessária apreensão de uma porção do real. Porção que está diretamente envolvida com o ato do sujeito para que possa atualizar uma finalidade consciente. Essa atividade de apreensão — denominada reflexo —, diferentemente de qualquer hipótese reducionista que a situe como mera cópia mecânica do real pela subjetividade — espelhismo —, significa:

> Fenômeno social que não apenas reproduz de forma aproximativa o real na consciência, mas também *realiza* sujeito e objeto enquanto polos distintos da relação gnosiológica [...] apenas tendo por mediação essa distância pode o conhecimento se realizar enquanto movimento de constante aproximação da consciência ao ser (LESSA, 2002, p. 97, grifo nosso).

Como vimos, o reflexo — apreensão das determinações do real pela subjetividade, pela consciência — constitui o real (concreto) pensado e viabiliza a distinção entre o sujeito que o capta e o próprio real (em-si). Com efeito, o reflexo que tem sua existência no interior do trabalho, no momento da busca dos meios, é, além de essencial à realização da teleologia, "um fato fundamental do Ser Social", pois instaura a "dualidade" entre "o pensado e o real", o sujeito e o objeto, "tornando-se um dos momentos decisivos da distinção, no plano do ser, entre o mundo dos homens e a natureza" (LUKÁCS *apud* LESSA, 2002, p. 99). Cabe observar ainda que essa captura do real pela consciência não é algo isento de determinações históricas, portanto é um campo que pode sofrer influências diversificadas, tais como da ideologia, da política etc.

Esse movimento de apreensão do real — captação de uma porção (necessária) da totalidade — é imprescindível à conversão da teleologia em "causalidade posta". É o movimento que possibilita efetivar, pôr em ato, o que se encontrava em estágio de ideação. Por meio da apropriação subjetiva do real, o homem, tendo em vista a realização da sua finalidade, defronta-se com diversas possibilidades concretas. Desse modo, julga, escolhe o que tomar como ato para que possa transformar algo em produção humanizada. Temos, dessa maneira, a objetivação como transformação teleologicamente orientada do real, ou seja, como processo de materialização de um produto humanizado por meio da escolha, da categoria alternativa posta em prática pela opção do(s) sujeito(s) em face das demais possibilidades que a ele(s) se mostraram (até a possibilidade de não realizar). Isso significa, também, que a categoria alternativa, situada no âmbito da práxis social, articula-se com os processos valorativos, pois se refere à opção do sujeito diante das diversas possibilidades concretas que a ele se apresentam quando, ao se apropriar do real na consciência, visa à realização teleológica, à concretização de um produto previamente ideado, projetado pela faculdade humana de conscientemente atribuir finalidade, movimento que precede a materialização do produto final.

> [...] a práxis é uma decisão entre alternativas, já que todo indivíduo singular, sempre que faz algo, deve decidir se o faz ou não. Todo ato social, portanto, surge de uma decisão entre alternativas acerca de posições teleológicas futuras [...] (LUKÁCS, 1978, p. 6).

Em todo esse processo, o homem situa-se como produtor, mas também como produto, uma vez que, ao intercambiar com a natureza, produzindo elementos humanizados, simultaneamente autoconstrói-se e constrói o mundo humano, todavia em circunstâncias determinadas — que não foram por ele escolhidas.

> [...] negamos aqui toda forma generalizada de teleologia, não apenas na natureza inorgânica e orgânica, mas também na sociedade; e limitamos a sua validade aos atos singulares do agir humano-social, cuja forma mais explícita e cujo modelo é o trabalho.
> Todavia, a realidade do trabalho e suas consequências dão lugar, no ser social, a uma estrutura inteiramente peculiar. [...]. Tais alternativas, mesmo quando são cotidianas e superficiais, mesmo quando de imediato têm consequências pouco relevantes, são [...] autênticas alternativas, já que contêm sempre em si a possibilidade de retroagirem sobre o seu sujeito para transformá-lo [...] contêm em si a referida possibilidade real de modificar o sujeito que escolhe (LUKÁCS, 1979a, p. 81).

Como podemos observar, a categoria alternativa pertence ao âmbito da práxis social, sendo descabida, portanto, a sua relação com o mundo natural. Qualquer tentativa de analogia nesse sentido, com o mundo animal, por exemplo, só pode partir da indevida desconsideração de que o que é situado como alternativa nessa esfera "se mantém no plano biológico e não provoca transformações interiores de nenhum tipo" ou, melhor, não "contém sempre em si a possibilidade de retroagir sobre o seu sujeito para transformá-lo" (1979a, p. 81). Além disso, como também nos torna claro Lukács (1979a, p. 81), a alternativa social, contrariamente, mesmo quando é profundamente radicada no biológico, como no caso da nutrição ou da sexualidade, não é uma esfera que permanece fechada, uma vez que contém sempre em si a citada possibilidade de modificar o sujeito que escolhe, tendo, inclusive, a tendência a fazer recuarem socialmente as barreiras naturais.

Todo ato singular alternativo contém em si uma série de determinações sociais, e o resultante dessa ação, por sua vez, adquire independência em face das intenções conscientes do sujeito e implica efeitos, constitui séries causais, cuja legalidade se torna independente das intenções postas nas alternativas. "Portanto, as legalidades objetivas do ser social são indissociavelmente ligadas a atos individuais de caráter alternativo, mas possuem ao mesmo tempo coercitividade social que é independente de tais atos" (LUKÁCS, 1979a, p. 84).

> Os homens fazem sua própria história, mas não a fazem de modo arbitrário, em circunstâncias por eles escolhidas, mas nas circunstâncias que encontram imediatamente diante de si, determinadas por fatos e pela tradição (MARX apud LUKÁCS, 1979a, p. 83).

Como já exposto, o reflexo, elaboração do real na consciência, apreensão de porção da realidade, é um potencial que pode objetivar-se ou não; portanto, nesse sentido, é um Não-Ser, uma vez que constitui um potencial que pode efetivar-se — objetivar-se — ou não. Se objetivado, houve ação para gerar o produto humanizado, o que permitirá via de retorno sobre o seu criador e sobre a totalidade — movimento denominado exteriorização —,[11] ou seja, "um momento ineliminável do processo de individuação e, por essa mediação, do desenvolvimento do humano-genérico [...] essencial ao devir-humano [...] um momento universal do trabalho" (LESSA, 2002, p. 138).

A teleologia transforma-se, por meio do trabalho, em causalidade posta, em objetivação que tanto constrói a individualidade humana quanto constrói a sociedade. É um processo em que o homem age e sofre as consequências das suas ações, pois a objetivação significa o momento da transformação teleologicamente orientada do real e a exteriorização corresponde ao momento da ação de retorno da objetivação e do objetivado sobre o sujeito (e a totalidade social). Quanto a isso, é importante situar ainda que toda a objetivação implica a exteriorização do sujeito. Mas se, por um lado, exteriorização e estranhamento "possuem em comum ações de retorno das objetivações sobre a individuação (e sobre a totalidade social, com todas as mediações cabíveis)", por outro, distinguem-se por "ser o estranhamento uma ação que reproduz a desumanidade socialmente posta, enquanto a exteriorização é o momento de autoconstrução do gênero humano" (LESSA, 2002, p. 138).

Prosseguindo na discussão sobre a questão do gênero humano, cabe considerarmos que o desenvolvimento permanente do trabalho é responsável pela possibilidade do ser humano em seu verdadeiro sentido social, uma vez que, como a obra de Lukács (1979a), esclarece que o surgimento do gênero humano, no sentido social, decorre de maneira necessária e involuntária do desenvolvimento das forças produtivas. Essa afirmação resulta de um importante estudo realizado pelo referido pensador, que levou em consideração para o desenvolvimento do tema — a questão do gênero humano — obras de diferentes autores, com destaque para as referências feitas às seguintes obras de Marx: *A ideologia alemã* e *Manuscritos econômico-filosóficos*. Tal estudo permitiu que ora mencionássemos, com base no seu pensamento

---

11. A exteriorização ocorre quando a objetivação não é alienada, ou seja, quando há identificação entre o Homem e o resultado de seu trabalho.

(LUKÁCS, 1979a), que, diferentemente do mundo orgânico, cuja produção/reprodução da vida não cria por si relações que possibilitem explicitar objetivamente a unidade dual entre exemplar e gênero, pois mantém unicamente a relação biológico-vital — forma de "generalidade muda" —, o ser humano, em decorrência de suas necessidades, produz meios de vida, por intermédio do trabalho, efetivando o necessário intercâmbio com a natureza e com os homens entre si — processo produtor da consciência, da linguagem, das relações sociais, enfim, da sociabilidade. E, por conseguinte, processo fundante do mundo humano e nexo da ligação (crescente) dos indivíduos singulares com a sua própria essência genérica. A esse respeito, é importante destacar, ainda, as seguintes explicações:

> A linguagem é tão velha como a consciência — a linguagem é a consciência real prática [...] a linguagem só nasce, como a consciência, da necessidade, da carência física do intercâmbio com outros homens [...]. A consciência é, pois, logo desde o começo, um produto social, e continuará a sê-lo enquanto existirem homens [...] (MARX; ENGELS, 1984, p. 33-34).

Além disso,

> A realização do elemento genérico no indivíduo é indissociável daquelas relações reais nas quais o indivíduo produz e reproduz sua própria existência, ou seja, é indissociável da explicação da própria individualidade. [...]. Assim como a consciência especificamente humana só pode nascer em ligação e como efeito da atividade social dos homens (trabalho e linguagem) (LUKÁCS, 1979a, p. 144-145).

Cabe observar que, com o advento da sociedade do capital, época de maior desenvolvimento das forças produtivas na História — período de importante recuo do limite imposto pelas barreiras naturais e de alto grau de desenvolvimento das relações sociais —, nos deparamos com a condição de plena interdependência entre os povos. Condição de tal proximidade e ligação entre os homens, em decorrência da efetivação de uma "economia mundial" pelo capitalismo, que traz à baila a questão da possibilidade de qualificação das relações entre eles, ou seja, a questão da "unificação" do gênero humano — "o caminho para o gênero humano em sentido social como uma transformação do em-si natural em ser para-nós [...] transformação que poderia alcançar até 'a plena explicitação em um ser para-si'" (LUKÁCS, 1979a, p. 147). No entanto, ao mesmo tempo que tal possibilidade torna-se aberta pelo mercado mundial, contraditoriamente, nessa formação social a alienação é característica fundamental. Diante da referida possibilidade aberta pelo mercado mundial ou, melhor, diante de um dos possíveis desdobramentos dessa situação concreta — a emersão do ser para-si, a unificação do gênero humano —, Lukács ressalva que:

> A elevação da humanidade ao seu ser-para-si requer que a consciência reconheça — em escala individual e social — o processo objetivo de integração dos homens; requer, também, que seja valorada positivamente essa tendência objetiva e, por fim, que seja reconhecido como máximo valor a elevação da humanidade a unidade sociofilogenética do gênero-humano [...] exige "um ato consciente dos próprios homens" (LUKÁCS apud LESSA, 1995, p. 25).

A questão do valor e a questão do dever ser estão relacionadas à genericidade humana, e para considerá-las nos cabe situar, a princípio, que essas duas categorias são categorias próprias do mundo humano. Não cabe quanto a elas qualquer referência à natureza inorgânica ou à natureza orgânica, a qual possui como parâmetro de reprodução a adaptação ao ambiente. Só no mundo humano encontra-se o trabalho ou, melhor, essa é a sua categoria fundante, e é por meio do produto do trabalho que surgem os valores. Como esclarece Lukács (1978, p. 7), no conhecimento distingue-se entre o ser-em-si dos objetos — o seu objetivamente existente — e o ser-para-nós dos objetos — o pensado sobre eles. Todavia, no trabalho, o ser-para-nós do produto torna-se a sua propriedade objetiva realmente existente, além de se tratar da propriedade em virtude da qual o produto poderá, se posto e realizado corretamente, desempenhar suas funções. Ou seja, as propriedades objetivas do existente — referência à matéria (ou objetivado) a ser utilizada — ou do que a partir da transformação realizada pelo homem passou a existir tornam-se valor ou desvalor em função da satisfação das necessidades do homem. Portanto, seja quando o homem identifica propriedades em algo para efetuar o produto humanizado, seja na objetivação do trabalho humano — o produto humanizado —, a valorização pressupõe alternativas, escolha em face da existência de elementos reais e sua utilidade em relação à práxis e às necessidades sociais postas e repostas — recriadas — historicamente.

Esses argumentos permitem-nos identificar que a valoração de um objeto não é algo exclusivamente subjetivo; diferentemente de qualquer concepção restrita ao subjetivismo, a valoração pressupõe a práxis, o trabalho e seu produto — neles, encontramos a gênese dos valores e dos processos valorativos —, ou seja, a base originária dos valores e dos processos valorativos está (podendo, a partir daí, desdobrar-se em patamares mais elevados de sociabilidade) nas ações dos homens em busca de resposta às suas necessidades, sob determinadas condições sócio-históricas. Aliás, quanto a isso, cabe ser apreciado, ainda, o que explica Lukács (1978, p. 7):

> [...] o produto do trabalho tem um valor (no caso de fracasso, é carente de valor, é um desvalor). Apenas a objetivação real do ser-para-nós faz com que possam realmente nascer valores. E o fato de que os valores, nos níveis mais altos da sociedade, assumam formas mais espirituais [...] não elimina o significado básico dessa gênese ontológica.

Em Lukács, também encontramos argumentos acerca do dever ser. Segundo o autor, a categoria do dever ser — cujo conteúdo é um comportamento humano determinado por finalidades sociais — tem, de forma similar à categoria dos valores, a sua base no trabalho, uma vez que, como explicitamos anteriormente, é essencial ao trabalho o comportamento humano determinado por finalidades previamente postas. Assim,

> [...] essencial ao trabalho é que nele não apenas todos os movimentos, mas também os homens que o realizam devem ser dirigidos por finalidades determinadas previamente. Portanto, todo movimento é submetido a um dever ser. Também aqui não surge nada de novo, no que se refere aos elementos ontologicamente importantes, quando essa estrutura dinâmica se transfere para campos de ação puramente espirituais [...] (LUKÁCS, 1978, p. 7).

Todavia, se a base dessas duas categorias é a ação dos homens em função do carecimento material, essa base desdobra-se em um processo historicamente aberto, ininterrupto, que desencadeia nexos sociais cada vez mais complexos, pois os homens, além de produzirem os instrumentos de trabalho, os produtos, e além de transformarem ininterruptamente a natureza, também criam e transformam as relações sociais e se transformam. Produzem, também, novas capacidades, novas qualidades, e criam novas necessidades e possibilidades, sejam materiais ou espirituais, ou seja, põem em ser um processo de desenvolvimento das suas próprias capacidades, em níveis cada vez mais altos (LUKÁCS, 1978). Cabe lembrarmos que, buscando dar respostas às suas necessidades e indagando sobre suas próprias carências e sobre as possibilidades de satisfazê-las, o ser "hominiza-se". Assim, torna-se ser capaz de criar, afastar barreiras naturais, indagar quanto ao sentido da vida e atribuir significados.

O trabalho pressupõe atos individuais, mas também gera intercâmbio, cooperação e sociabilidade entre os homens. Com o desenvolvimento da sociabilidade, as tensões entre as esferas particular e genérica tendem a se apresentar cada vez mais nítidas, fazendo com que mediações sociais surjam e tenham de operar na cotidianidade. A necessidade social de tais mediações é entendida, por Lukács, como origem e desenvolvimento de aspectos como a moral, a tradição, o direito e a ética. Sem nos determos em distinções, cabe destacar que, no parecer do referido pensador, esses elementos têm como função social a atuação no espaço que se torna aberto pela contradição entre o gênero e o particular, permitindo aos homens a escolha de valores, sejam os referentes às necessidades humano-genéricas, sejam os referentes aos interesses apenas particulares de indivíduos ou grupos sociais.

Todavia, apesar de não termos indicado distinções, cabe ressaltar que, diferentemente dos outros elementos citados — posto que esses, como dissemos, apenas se situam no interior das tensões, sem que apresentem alternativas para superá-las —, a ética, para Lukács, atua no interior da contradição gênero/particular, visando à superação da relação dicotômica entre indivíduos e sociedade.

Observe-se que a sociedade burguesa — a única formação até então puramente social — possibilita ao homem reconhecer-se como autor/ator da sua própria História. Por meio da expansão do mercado (e do consequente avanço científico), ao indivíduo é possível tomar ciência de que ele é parte da humanidade, do gênero humano, é possível também a ciência de que indivíduo e sociedade não são formas contrárias, mas facetas de uma mesma realidade. Porém, contraditoriamente, é com essa sociabilidade burguesa que nos defrontamos com o indivíduo burguês e o cidadão, com a contradição entre o indivíduo e o humano-genérico, o privado e a ideia de pertencimento ao público. Podemos, então, dizer que nos defrontamos com um antagonismo indivíduo/sociedade e um conflito que se põe para a superação. Contudo, essa superação só pode ser pensada se for considerada a exigência de uma práxis que construa mediações sociais que explicitem e favoreçam o reconhecimento coletivo das necessidades postas pelo humano-genérico. E se considerada, além disso, a exigência de que, nos atos postos pelos indivíduos, as escolhas, as orientações de valores, as finalidades, enfim, os atos teleologicamente postos sejam predominantemente direcionados para o desenvolvimento da genericidade humana. O que se encontra no campo da ética (reflexão/investigação), uma vez que a ela cabe, segundo Lukács, a função social de "conectar as necessidades postas pela generalidade humana em desenvolvimento, com a superação do antagonismo gênero/particular" (*apud* LESSA, 1997, p. 99).

Dessa maneira, tendo em conta nosso objeto de estudo e o exposto, prosseguiremos, nesta obra, considerando a relação entre sociedade/ sociabilidade burguesa, ética e Serviço Social. Para tanto, no capítulo seguinte, teceremos considerações sobre o modo de produção capitalista, sobre a relação entre ética e economia e o fenômeno ora denominado criminalização da pobreza.

CAPÍTULO 2

O capitalismo pretende o controle da totalidade?!

2.1. Considerações acerca do modo de produção capitalista

Inicialmente, em face do tema a ser desenvolvido, consideramos importante destacar, com base em Dobb (1983), o entendimento de que as fronteiras entre os sistemas econômicos não devem ser traçadas nas páginas da História como uma linha divisória bem clara. Devem-se captar predominâncias nas relações socioeconômicas, percebendo que em certas proporções essas predominâncias permitem a impressão de marcas no conjunto da sociedade que influenciam a tendência do desenvolvimento. Dessa maneira, ao se considerar a transformação da forma medieval de exploração do trabalho excedente para a moderna, apesar de sabermos que não foi processo simples e que possa ser apresentado como uma tabela genealógica de descendência direta, é possível a distinção de certas linhas de direção do seu fluxo. Linhas que incluem não só inovações de tecnologias e de instrumentos de produção, inovações socioculturais, crescente divisão do trabalho e ampliação de trocas, como também uma crescente separação entre os produtores, a terra e os meios de produção e a consequente origem do proletariado (DOBB, 1983).

Podemos dizer, por conseguinte, que o conflito entre as forças produtivas e as relações feudais engendrou o modo de produção capitalista. Esse modo de produção/reprodução fincou suas raízes históricas e erigiu-se na sequência de um longo e conturbado processo, que passou por abalos e fissuras no sistema feudal até culminar no que poderíamos apreciar como sua superação.[1] É importante ressaltar que esse modo de produção teve o ineditismo de constituir-se por meio do mercado. Um sistema de produção de mercadorias em que a própria força de trabalho torna-se mercadoria, como qualquer outro objeto de troca; e cuja existência constitui-se historicamente pela contradição entre a concentração da propriedade, dos meios de produção, nas mãos de pequeno segmento da sociedade e o consequente surgimento de uma maioria destituída de meios de sobrevivência, levada à venda da sua força de trabalho. Ou seja, ao lado da socialização do trabalho, encontra-se a apropriação privada da riqueza socialmente produzida.

Tivemos, assim, a conformação de uma organização social cujas relações materializam a submissão do trabalho ao capital e os valores de uso incorporam a condição de mercadoria — ou seja, emerge uma formação social cuja tendência é a universalização das relações mercantis.

Quanto à mercadoria, Marx (s.d., p. 57) explicita que "o processo de produção é a unidade imediata do processo de trabalho e do processo de valorização, assim como o seu resultado, o resultado imediato, a mercadoria, é unidade imediata do valor de uso e do valor de troca".

---

1. É importante termos claro que a história do capitalismo e os seus estágios de desenvolvimento não apresentam as mesmas datas para as diferentes partes do mundo, para as regiões dos próprios países e até mesmo para os diferentes ramos da produção. Conforme Dobb (1983), mais adequado seria não nos referirmos a uma única história do capitalismo, mas a uma coleção de histórias do capitalismo, todas com uma semelhança geral de forma, mas cada qual separadamente datada no que diz respeito aos seus estágios principais.

Nesse tipo de formação social, a mercadoria atravessa a sociabilidade, mediante a primazia do trabalho alienado e do valor de troca, elementos que lhe servem de fundamento e finalidade. Como se pode observar em obra de Rosdolsky,

> Só no capitalismo a apropriação do mais-trabalho se converte em um fim em si, e o constante incremento deste se transforma em condição indispensável do processo de produção. E o capital dispõe de meios e de incentivos que superam largamente "em energia e eficácia" o uso do trabalho forçado direto, típico das sociedades anteriores (MARX apud ROSDOLSKY, 2001, p. 193).

Isso nos permite inferir que é imanente ao modo de produção capitalista a disposição para a mundialização, haja vista a sua peculiar e contínua necessidade de buscar matérias-primas e força de trabalho (o mais barata possível) e de adequar as forças produtivas ao seu modo de operar a produção e a circulação de mercadorias, extraindo/realizando mais-valia. Esse elemento propulsor do movimento do capital tornou-o apto a romper fronteiras e a ultrapassar barreiras que porventura se interpusessem (ou se interponham) à sua expansão/valorização, especialmente em períodos que correspondem às suas crises cíclicas. A esse respeito, Marx e Engels (1998, p. 55) explicitam que, "impelida pela necessidade de mercados sempre novos, a burguesia invade o globo inteiro [...]. Pela exploração do mercado mundial, a burguesia dá um caráter cosmopolita à produção e ao consumo de todos os países".

Entendemos que a História é uma produção humana, constituída por complexos processos que articulam inúmeros fatores, vinculados, essencialmente, à base econômica (as relações de produção, as forças produtivas e as suas correspondências no plano subjetivo e na instância ideológica). Entretanto, sem pretender uma elaboração de teor refinado nesse sentido histórico, permitimo-nos mencionar que a gênese do capitalismo, em linhas gerais, pode ser situada no século XVI. Período em que os pilares do modo de produção capitalista são fincados na História, mediante uma perspectiva revolucionária que, a princípio, com a burguesia à sua frente combatendo o absolutismo feudal, trouxe a prerrogativa do trabalho humano como a verdadeira fonte de riqueza social — o que foi também traçando o percurso de sujeição do trabalho ao capital e, por conseguinte, o percurso da monopolização por uma parte da sociedade (a burguesia) da riqueza socialmente produzida.

O monopólio das corporações da feudalidade foi sendo progressivamente erradicado; em consequência, o mercado local e circunvizinho cedeu lugar ao comércio ampliado e mais tarde à indústria e ao "mercado industrial".

O sistema de produção das corporações medievais, cujos trabalhadores vendiam o produto do seu trabalho, por serem os proprietários das matérias-primas e dos meios de produção, foi tendo de, gradativamente, ceder espaço à produção fabril, cujos trabalhadores, concentrados em maior número sob o comando e o controle do capitalista — dono dos meios de produção —, passaram a vender a sua força de trabalho para a produção de mercadorias. Recorrendo a Marx e Engels (1998, p. 56-57), podemos observar:

> Eis, pois, o que vimos: os meios de produção e de troca que servem de base à evolução burguesa foram criados dentro da sociedade feudal. Em uma certa altura do desenvolvimento desses meios de produção e de troca, as forças produtivas não correspondiam mais às relações com que a sociedade feudal produzia e trocava seus produtos [...].
> Em seu lugar, estabeleceu-se a livre concorrência, com uma organização social e política correspondente, sob a dominação econômica e política da classe burguesa.

O espaço circunscrito às cidades medievais tornou-se inoperante em face das forças sociais que avistavam maior possibilidade de expansão e poder em nova forma produtiva e em novos e mais amplos horizontes comerciais. Diferentes bases de organização social foram sendo construídas e, desse processo, decorreram a emersão e a consolidação do Estado como instância funcional à expansão econômica capitalista, lócus privilegiado do poder e da política e expressão do poder social de classe.[2] Historicamente, essa forma se expressa a partir do século XVIII, caracterizando um poder legitimado, centralizado, impessoal e territorial.

No percurso histórico do capital, foi sendo gradativamente *gestada* uma forma estatal funcional ao seu desenvolvimento, à produção e à circulação de mercadorias. Não obstante ser produto direto do Estado absolutista, o Estado burguês é também, conforme Mandel (1982), a sua negação, haja vista os empecilhos postos pelo Estado absolutista, especialmente em que se refere ao intervencionismo econômico, em face das pretensões de livre expansão do capitalismo.

O Estado burguês difere de todas as outras formas de dominação de classe pelo isolamento das esferas pública e privada da sociedade (que só obterão "novos" contornos na fase dos monopólios). Isso decorre, segundo Mandel, da generalização da produção de mercadorias, da propriedade privada e da concorrência de todos contra todos. Para ele, a concorrência capitalista remete o Estado à autonomização, de modo que possa funcionar como um "capitalista ideal".[3] E, invocando Kautsky, Mandel explicita que é como se a classe capitalista "reinasse, mas não governasse".[4]

O percurso da promulgação das leis de proteção ao comércio e de incentivo à indústria foi o mesmo da concorrência mercantil, da rivalidade entre as nações, isto é, o percurso da luta concorrencial ou até da beligerância pelo mercado — traços que se tornaram pertinentes à ordem mundial burguesa. Ordem essa que, após séculos de investidas da burguesia no sentido de viabilizar transformações favoráveis

---

2. Apesar de haver diferenças nas concepções de Estado entre os pensadores da tradição marxista (incluímos o pensamento marxiano), essas concepções mantêm em comum a compreensão da natureza de classe do poder estatal. A esse respeito, consultamos a obra *Dualidade de Poderes*, de autoria de Carlos N. Coutinho, 1987.

3. Referindo-se a Engels, na obra *Anti-Dühring*.

4. Referindo-se a uma formulação de Kautsky, que, quando Mandel (1982) escrevia essa obra, já havia sido produzida há 70 anos.

à constituição do seu poder econômico, se consolidou pelo alcance do poder político. O apogeu da burguesia contou com inúmeras revoluções, inclusive grande parte delas travestidas de lutas religiosas, entre as quais, como clássicas, destacamos: a Revolução Holandesa, a Revolução Inglesa e a Revolução Francesa. As revoluções burguesas, salvaguardadas as diferenças entre países e regiões, arrastaram-se por séculos, até os destroços do feudalismo, e esmagaram reis, sacerdotes, aristocratas, guildas, leis e ideários feudais, contando, inclusive, com diferentes expressões de resistência dos trabalhadores em face de determinadas estratégias de expropriação dos seus meios de trabalho/sobrevivência.

Todavia, a partir do século XVIII, a burguesia tornou-se classe dirigente, uma vez que o capitalismo passou a ser o modo de produção predominante. Para isso, a burguesia contou, em grande medida, com as condições que lhe eram oportunas em função das lutas dos trabalhadores explorados e destituídos dos seus meios de produção contra a nobreza parasitária da época. Observe-se, ainda, que se tornar capitalista não significou ocupar somente uma posição pessoal, mas, sobretudo, uma posição social no sistema da produção, e, "embora fosse na época uma classe progressista, a burguesia funda objetivamente um regime de exploração e é limitada pelas formas de divisão do trabalho que esse regime introduz" (COUTINHO, 1972, p. 16).

Não obstante compreendermos que não cabe comprometimento com interpretações monocausais acerca do desenvolvimento do modo de produção capitalista, permitimo-nos afirmar que a "chave dessa história" se encontra na porta que foi sendo aberta pela paulatina privação dos trabalhadores dos seus meios de produção. Só assim o capital (inicialmente) acumulado pôde ser adicionado.

Esse processo (em curso), que teve a sua emersão e que foi de início operado sob determinadas relações sociais, engendrou e engendra relações sociais próprias, pois, como se pode verificar historicamente, a determinados modos e meios de produção e de apropriação da riqueza correspondem determinados modos e meios de vida social.

O modo de produção capitalista só se torna possível em certo estágio do desenvolvimento das forças produtivas — quando existem condições materiais prévias à subordinação formal, e depois efetiva, do trabalho ao capital (MANDEL, 1982, p. 395).

Assim, a ordem burguesa, configurada como organização social que hegemoniza o valor de troca, produziu os seus mecanismos de preservação/expansão, contando com a essencialidade do recurso à coação, à persuasão e ao controle. Por conseguinte, leis, ciência, progressos técnicos, educação, moral — enfim, o recurso a mecanismos reguladores "mais duros", a teorias, a métodos e técnicas e a normas sociais de conduta compatíveis com a propriedade privada, a resignação (diante de uma ordem social "absolutizada"), o individualismo, a competição — tornaram-se a superestrutura (jurídica, política, ideológica) própria da produção/reprodução capitalista, pois "[...] a burguesia arrasta na corrente da civilização até as nações mais bárbaras. Numa palavra, *modela o mundo à sua imagem*" (MARX; ENGELS, 1998, p. 53-56, grifos nossos).

O capitalismo pode ser observado, em seu início, como uma extraordinária revolução na história da humanidade, significando atualização de possibilidades apenas latentes na economia feudal desenvolvida. No entanto, não podemos deixar de ressaltar que o capitalismo implicou a submissão do trabalho ao capital, além de significar complexidade da divisão do trabalho, formas próprias de progressos socioculturais, científicos e técnicos, ampliação da produção e expansão do mercado.

É uma ultrapassagem que, traçando uma nova geografia econômica, social e ideopolítica, supera uma organização social que se mantinha assentada, basicamente, na produção voltada para o valor de uso. Ou seja, uma produção voltada, fundamentalmente, para a satisfação de necessidades imediatas de consumo e, portanto, restrita no espaço sociogeográfico, com divisão do trabalho pouco complexa e um mercado restrito, que pouco extrapolava os limites do meramente local.

[...] apenas se realiza aquele pressuposto da cooperação em grande escala ao crescerem os capitais individuais ou na medida em que os meios de produção social e os meios de subsistência se tornam propriedade particular de capitalistas. Só assumindo a forma capitalista pode a produção de mercadorias tornar-se produção em grande escala (MARX, 1996, p. 725).

Com o modo de produção em tela, passa-se ao trabalhador coletivo, ou seja, dos mestres das corporações do feudalismo passa-se ao comando e ao controle dos capitalistas sobre um contingente cada vez maior de trabalhadores que efetuam seu trabalho de modo dependente e combinado. Progressivamente, o capital inicia a sua escalada de concentração e centralização.

A racionalização continuamente mais apurada do emprego da força de trabalho permitiu a organização e, mais tarde, a superação da manufatura — a primeira forma de *trabalhador coletivo* que se dirigiu ao mercado externo. Essa forma de produção, embora mantivesse as características do trabalho manual, foi fragmentada em tarefas parciais pelo capitalista, foi por ele absorvida com a efetivação de algumas mudanças, objetivando a intensificação da produtividade em função do mercado externo.

Com o incremento do sistema manufatureiro de produção, a especialização do trabalho ampliou-se — subdividiu-se em prol da produtividade — e, propiciando a intensificação da acumulação capitalista, tornou-se a base do salto para um novo padrão de racionalidade aplicado à produção, o qual tomou a ciência como sua forte aliada.

Podemos dizer que o surgimento da máquina — a sua introdução como meio de produção — foi uma via para que uma nova forma de consumo da força de trabalho se colocasse, em resposta às exigências capitalistas de produção para o mercado ampliado. Encontra-se aí o "embrião" da modificação radical operada pelo modo de produção burguesa a partir do século XVIII. Originou-se um contínuo processo de aperfeiçoamento da maquinaria, tendo em vista o anseio dos capitalistas por se libertarem das amarras impostas pelos instrumentos manuais de trabalho. Esse fato fez com que aos poucos a destreza e a força humanas se submetessem ao ritmo definido pelas máquinas: um ritmo bem mais uniforme, contínuo, repetitivo e, por conseguinte, tendente à disciplina, à dependência, à monotonia e ao desestímulo.

> Para que surja a produção generalizada de mercadorias do capitalismo, é preciso que a socialização do trabalho comece a substituir o caráter individual do trabalho. É preciso que à divisão do trabalho entre as várias ocupações se acrescente a divisão de trabalho em manufaturas e grandes empresas. É preciso que a maioria dos produtores deixe completamente de produzir para atender às próprias necessidades e passe a satisfazê-las principalmente por meio do mercado. Isso demanda maquinaria desenvolvida (MANDEL, 1982, p. 395).

No percurso do modo de produção capitalista, ou, se preferirmos, do percurso histórico que vai do surgimento da máquina-ferramenta à automação, é possível observar inúmeras alterações sociais, lutas sociais, movimentos de resistência dos trabalhadores, em face do "inalterável" — a disposição do capital em busca da produção/realização (ampliada) de mais-valia.

Para isso, o conhecimento científico foi sendo subordinado, além de capturado como força produtiva, como meio e método de submeter o trabalho ao capital; como meio de submeter o trabalho vivo ao morto (e até em parte descartá-lo), estratégia de efetivação e intensificação da produtividade visando à extração de mais-valia, especialmente a relativa (ou a sua conjugação com a absoluta). O que, logicamente, não exclui outras formas de exploração capitalista, à medida que o modo de produção em questão não se desenvolve de maneira homogênea, por lhe ser inerente a combinação de diferentes formas e desiguais estágios de produção, assim como lhe são correspondentes os embates originários das contradições sociais classistas, uma vez que, ao gerar desigualdades, gera também rebeldias dos sujeitos que a elas resistem e se opõem.

Embora fosse na época uma classe progressista, a burguesia funda objetivamente um regime de exploração e é limitada pelas formas de divisão do trabalho que esse regime introduz na vida social. Por isso, ao mesmo tempo em que elabora um conhecimento objetivo de aspectos essenciais da realidade, tende a deformar ideologicamente várias categorias desse processo [...] posições ideológicas a serviço da justificação da positividade capitalista (COUTINHO, 1972, p. 16).

Diante do que viemos explanando, parece-nos claro que a produção capitalista expressa um modo historicamente determinado de os homens se produzirem/reproduzirem material e espiritualmente. É um modo de produção que não se esgota em si mesmo, mas que constitui um processo que, apesar de não assegurar condições para homogeneidade em sua expansão, tem vocação para a mundialização e reverbera em todas as dimensões da vida social.

Torna-se importante, também, realçarmos que a produção capitalista é uma relação social que não procede de leis naturais. É uma relação social historicamente construída que posiciona classes sociais e engendra um determinado modo de organização social, uma sociabilidade própria.

Capital e trabalho assalariado são uma unidade de diversos, uma relação entre classes sociais antagônicas que se expressa na contradição do "mundo das mercadorias", num mundo em que essa relação toma a aparência de relação entre coisas, obscurecendo o verdadeiro processo de produção/reprodução dos bens sociais. Temos, assim, uma formação social regida pela lei geral da acumulação do capital, cuja riqueza monopolizada por uma das classes torna-se inseparável da condição de pauperismo dos seus produtores.

Prosseguindo no raciocínio acerca do modo de produção da sociedade capitalista, cabe acrescentarmos que o aperfeiçoamento da maquinaria, a sofisticação tecnológica e a consequente expansão da divisão do trabalho possibilitaram a ampliação da produção a tal ponto nos países mais avançados que a sua finalidade, isto é, a lucratividade, passou a ser apreciada sob ameaça. Assim, diferentemente das inquietações iniciais que giravam em torno da geração de condições favoráveis para a produção ampliada, emergiram os problemas referentes à concorrência ampliada pelo mercado, uma luta ainda mais acirrada em busca de lucratividade, superlucros,[5] a qual inclui a transferência de mais-valia de setores não monopolizados para os monopólios. Ou seja, com o alcance de níveis mais elevados de produtividade, despontam questões relacionadas ao consumo, à baixa dos preços, à possibilidade de nivelamento da taxa de lucro; a concorrência havia se estabelecido, e com ela aspectos como leis de proteção às nações, barreiras tarifárias se firmaram, pois parte considerável das nações em condições capitalistas avançadas havia introduzido maquinaria e técnicas eficientes de produção, contando com importantes polos industriais. Isso, demonstrando a contradição desse modo de produção, passou a emperrar a sua própria dinâmica de expansão/valorização, e impulsionou, por conseguinte, o movimento do capital em direção a novas formas e novos campos de investimento — a configuração do capital monopolista.

> As crises, no entanto, não são estratégias específicas da época do capital. Sempre existiram crises econômicas. Mas, antes da revolução industrial, em todas as sociedades e em todas as épocas, as crises econômicas eram provocadas ou por calamidades da natureza, ou por conflitos políticos. Eram acidentes externos às rotinas da vida econômica. [...]. Em outras palavras, no capitalismo, a destruição material das forças produtivas não se apresenta como causa, mas como consequência da crise. [...].
> Segundo Marx, a crise capitalista se manifestaria como crise de superprodução, isto é, como um excesso de valores de troca disponíveis (ARCARY, 2004, p. 78-79).

Não se tratava mais unicamente de operar a comercialização de mercadorias por meio da exportação, mas também da necessidade de escoar capitais excedentes que já não eram produtivos nos seus

---
5. Termo utilizado por Mandel (1982).

países de origem, em face da busca de acréscimo nas possibilidades de extração/realização de mais-valia. Isso se efetiva por meio do recurso a diferentes mecanismos de submissão do trabalho e sujeição de áreas e ramos não capitalistas e/ou de parco nível industrial. Assim, gradativamente, a fusão e a internacionalização de significativos setores produtivos e bancários deram origem aos grandes blocos capitalistas. Os trustes e os cartéis passaram a comandar a concorrência, expulsando do mercado os capitais pequenos, com o objetivo de controlar o mercado para o acréscimo do lucro — configuração de uma forma ampliada de concorrência, visando aos superlucros.

> Mesmo quando se pensa no que geralmente se considera o constituinte mais positivo do sistema, a competição que leva à expansão e ao progresso, seu companheiro inseparável é o impulso para o monopólio e a subjugação e a exterminação dos competidores que se colocam como obstáculos ao monopólio que se afirma. O imperialismo, por sua vez, é o concomitante necessário do impulso incansável do capital em direção ao monopólio, e as diferentes fases do imperialismo corporificam e afetam de modo mais ou menos direto as mudanças da evolução histórica hoje (MÉSZÁROS, 2003, p. 12).

Diferentemente do período capitalista caracterizado pela livre concorrência, por certa imobilidade do capital em direção aos superlucros, derivada, basicamente, do vasto exército industrial de reserva e da abundância de áreas para investimentos, especialmente na Europa Ocidental e nos Estados Unidos, a era dos monopólios, ou a fase imperialista do capital, caracteriza-se por um forte movimento de exportação de capitais para regiões menos desenvolvidas, por alterações fundamentais nas condições do período anterior.

A referida monopolização capitalista, iniciada nas últimas décadas do século XIX, resultou do nexo de alguns fatores, dentre os quais destacamos:

— um movimento migratório da força de trabalho, declinando o exército industrial de reserva e, consequentemente, fortalecendo a luta operária em prol do aumento do salário real;

— a necessidade de aquisição de matéria-prima a preços mais baixos;
— o esgotamento da Revolução Industrial e tecnológica à época, a qual promoveu um acelerado volume de capital, exigindo novos campos de investimento.

Ademais, lembramos que o capitalismo monopolista emerge como uma expressão das contradições inerentes ao modo de produção capitalista, haja vista surgir da assimetria entre capacidade de absorção da produção e capacidade efetiva de produzir, o que implica a necessidade de escoar o tido como excedente produzido, pois o objetivo é a valorização do capital, mesmo que em detrimento de qualquer outra alternativa relacionada *essencialmente* a necessidades sociais. Para isso, lança mão de várias estratégias para viabilizar a sua finalidade — mais-valia —, dentre as quais citamos, ressalvando correspondência mais característica com sua fase avançada:

— mecanismos geradores de consumo, campanhas de vendas e diferentes modos de manipulação das necessidades dos possíveis compradores potenciais;
— a beligerância em nome da paz social, propalada como expressão do desenvolvimento econômico e só alcançada, portanto, pela livre expansão do capital. Isso exige a isenção de obstáculos, sejam internos ou externos, a exemplo dos "obstáculos" que podem ser causados por "minorias" insatisfeitas, ou por ameaças externas, especialmente as que se relacionam com o mundo socialista.

Diante do exposto, cabe destacarmos que a mundialização é um movimento característico do capital que não pode ser confundido com qualquer hipótese de internacionalização homogênea da produção/reprodução capitalista. Ao contrário, o desenvolvimento do modo de produção capitalista, por sua natureza, conduz ao desequilíbrio, à hierarquia e às diferenças, que são engendrados, especialmente, pelas discrepâncias entre os níveis internacionais e intranacionais de produtividade do trabalho (regiões, setores produtivos e firmas),[6] oriundos, inclusive, da própria luta concorrencial do capital. Com isso, torna-se evidente uma lógica mercantil com prerrogativa em benefício dos mais desenvolvidos, dos mais industrializados, lógica que, mediante um sistema diferenciado de preços de produções nacionais e de preços unificados no mercado mundial, possibilita aos países capitalistas mais desenvolvidos alcançarem superlucros. Esses países conseguem introduzir e circular as suas mercadorias, seja pela ausência destas nos países compradores, seja pelos preços abaixo dos possíveis nos países compradores, dadas as superiores condições de produtividade e de comercialização dos países desenvolvidos.

> Em última instância, a diferença no nível de desenvolvimento entre os *países metropolitanos*, de uma parte, e de outra parte, as *colônias e semicolônias* deve ser atribuída ao fato de que o *mercado mundial capitalista universaliza a circulação capitalista de mercadorias, mas não a produção capitalista de mercadorias*. Numa colocação ainda mais abstrata: as manifestações do imperialismo devem ser explicadas, em última análise, pela falta de homogeneidade da economia mundial capitalista (MANDEL, 1982, p. 58, grifos nossos).

Completando esse raciocínio, é importante lembrar o comentário de Behring (2002, p. 116, grifos da autora), que situa com maior clareza o pensamento de Mandel acerca do processo de monopolização do capital e do seu correspondente imperialismo:

> Mandel quer explicar não só as diferenças entre os países, mas também a existência de colônias internas, inclusive para identificar as

---

6. É comum ocorrerem discrepâncias também entre as regiões desenvolvidas (os setores produtivos e as firmas) e as subdesenvolvidas no interior dos Estados capitalistas industrializados. Segundo Mandel, esse processo é análogo à relação entre os países imperialistas e os países subdesenvolvidos — gera intercâmbio desigual ou uma constante transferência de valor das regiões subdesenvolvidas para as regiões industrializadas do mesmo Estado capitalista (1982, p. 58-60).

razões essenciais desse movimento do capital para fora. Sua explicação fundamenta-se no fato de que *o superlucro é produto do diferencial da produtividade do trabalho*. Neste sentido, o capital se move em direção à *perpetuação desses diferenciais*, fugindo de qualquer possibilidade de nivelamento da taxa de lucros.

Ainda recorrendo a Mandel (1982), pode-se explicitar que o período da livre concorrência capitalista (em torno do século XIX) assentou-se basicamente na indústria de bens de consumo, sobretudo na indústria têxtil. Os produtores de meios de transporte, como o ferroviário, por exemplo, só surgiram em fase adiantada desse período, o que determinou, inclusive, a expressão de uma "onda longa com tonalidade expansiva"[7] entre os anos de 1847 e 1873.

Nesse contexto capitalista, a penetração da produção em regiões não industrializadas significou, fundamentalmente, a exportação de bens de consumo, pois o setor de produção desse tipo de mercadorias era o setor predominante à época nos países metropolitanos. E isso é o que determinava a possibilidade da livre concorrência, haja vista a modéstia do volume de capital exigido para o ingresso nesse setor de produção, não fomentando o acirramento da concorrência a ponto de favorecer o surgimento de monopólios.

Todavia, a introdução do motor elétrico no processo de produção, em substituição ao do tipo a vapor, implicou alterações no modo de produção capitalista e, no último quartel do século XIX, trouxe a supercapitalização do setor de bens de capital, ou, nos termos de Mandel, do Departamento I — ramos da produção capitalista que fabricam meios de produção. Isso provocou a substituição da prioridade nas exportações de bens de consumo (Departamento II), conforme ocorria na época denominada livre concorrência, pelas exportações de capital, configuração de uma significativa alteração no impulso expansionista

---

7. Para Mandel, a história do capitalismo opera *flutuações*, numa dinâmica expressa por "ondas longas" (com tonalidades de expansão e de estagnação).

do capital — a emersão dos monopólios e do imperialismo, "unidades de um mesmo circuito" em prol da valorização do capital.

A origem dos monopólios resultou na tendência à superacumulação nas metrópoles capitalistas e, consequentemente, na exportação de capitais e na divisão do mundo em colônias e regiões importantes para o controle e o domínio das potências imperialistas. Fatos que também alteraram os contornos do Estado burguês, ampliando-o e, por conseguinte, exigindo uma maior utilização dos rendimentos sociais na sua direção, tanto em função das despesas com o militarismo, o armamentismo e a guerra, em decorrência das rivalidades imperialistas, quanto em face de funções sociais dirigidas à preservação do capital frente aos possíveis ataques da crescente organização operária.

Segundo Netto (2001, p. 19), a passagem do capitalismo concorrencial para a era dos monopólios fez recrudescerem as contradições imanentes a tal sistema, pois "o capitalismo monopolista recoloca em patamar mais alto o sistema totalizante de contradições que confere à ordem burguesa os seus traços basilares de exploração, alienação e transitoriedade histórica".

Desse modo, podemos inferir que houve alteração na dinâmica dos processos inerentes à ordem burguesa, na medida do acirramento dos fatores citados. Dessa maneira, distintamente da ação que pode ser qualificada como episódica e pontual da fase da livre concorrência, o Estado na era monopolista se amplia, torna-se a imbricação orgânica do econômico e do político, implicado que está diretamente com a lógica dos superlucros.

Em Mandel (1982), pode-se ter evidência de que uma característica importante dessa época foi a ampliação da legislação social em geral. Legislação tomada pelo imperialismo como concessões, sob limites, em face das crescentes lutas operárias, visando a proteger a dominação capitalista da possibilidade de ataques mais intensos dos trabalhadores. Salvaguardadas as diferenças essenciais com a comparação, pode-se dizer que, assim como o caráter armamentista e as guerras, a ampliação da legislação social, ou seja, as políticas sociais, se, por um lado, incrementaram a destinação de rendimentos sociais para o Estado, por outro, também corresponderam aos interesses da reprodução ampliada do modo de produção capitalista. Pois, como esclarece o autor citado, não cabe pensarmos nessas políticas em outros termos, ou seja, como possibilidade de efetivação da redistribuição da renda nacional que crescentemente retire do capital em favor do trabalho, haja vista termos de considerar que isso, inevitavelmente, implicaria o colapso do sistema, pois geraria a queda da taxa média de lucro e, portanto, arriscaria não só a reprodução ampliada do capital, como também a simples.[8]

> As ilusões quanto à possibilidade de socialização através da redistribuição não passam, tipicamente, de estágios preliminares do desenvolvimento de um reformismo cujo fim lógico é um programa completo para a estabilização efetiva da economia capitalista e de seus níveis de lucro (MANDEL, 1982, p. 339).

No percurso do capital monopolista, a automação é elemento destacado no processo de supercapitalização e superacumulação que se instaura. Assim, o capitalismo tardio[9] evidencia, de modo ainda mais acentuado, a ampliação das funções do Estado, dadas as dificuldades crescentes de valorização do capital. O Estado torna-se, por assim dizer, um sustentáculo dos "movimentos e momentos críticos" do capital, passando a exercer um papel de maior responsabilidade em face da produção, tendo de envidar esforços para a valorização mais rápida do capital excedente, bem como influir com eficiência no plano ideológico, utilizando-se de mecanismos que viabilizem

---

8. Diante do que foi argumentado, não podemos deixar de destacar que as políticas sociais são funcionais ao capital, mas também conquistas da classe trabalhadora, mesmo que representem respostas antecipadas à sua organização e à sua mobilização para reivindicá-las.

9. Mandel (1982) denomina capitalismo tardio — título da sua obra à qual aludimos aqui — uma fase mais avançada do capital monopolista, iniciada nos Estados Unidos, em 1940, e nos demais países imperialistas, em 1945, contando com a introdução da automação e da energia nuclear.

a fragmentação da consciência de classe dos trabalhadores — que, nesse período, já mais organizados, passaram a contar, inclusive, com partidos de massas, lutando pela socialização da economia e da política — e os transformem em cidadãos adequados à ordem social vigente, ou, nos termos de Mandel (1982), os integrem à sociedade capitalista tardia como consumidores.

Nisso, temos a evidência da(s) política(s) como elemento funcional, estratégico, da ordem monopolista, por constituir(írem) a resposta necessária aos interesses da burguesia e à consequente necessidade de legitimação do Estado burguês em face das "novas" configurações dos conflitos de classe, suscitados por essa ordem do capital e pela consequente conformação política dos movimentos operários — mecanismo tomado como eficiente para aplacar os conflitos que ameacem pôr em xeque a ordem societária estabelecida, ou seja, os antagonismos da relação capital/trabalho, objetivados nas múltiplas e *tipificadas* expressões da "questão social".

Todavia, pode-se ainda referir a um período de relativa estabilidade e prosperidade do modo de produção capitalista nos países centrais, alinhados ao padrão de produção norte-americano e assentados na reprodução do domínio imperialista ocidental em concorrência com o denominado bloco do socialismo real.

Não obstante, após um longo período de expansão capitalista, ou, utilizando os termos de Mandel (1982), após uma onda longa com tonalidade expansiva, os denominados "trinta anos gloriosos" do capitalismo, que contaram com a produção e o consumo de massa — o padrão de produção fordista, em seu vínculo com o Estado planejador keynesiano —, começam a mostrar, a partir de meados da década de 1960, sinais do surgimento de mais uma das crises do capital.

Essa crise, que se mostrou com nitidez a partir dos anos 1970, abalou profundamente a reprodução capitalista e colocou no centro da questão os compromissos assumidos pelo Estado (*welfare state*) com as políticas sociais. Com efeito, os trabalhadores foram apontados como responsáveis pela queda da produtividade, pela elevação dos custos e como obstáculos à competitividade, pois havia problemas supostamente gerados pelos instrumentos de regulação da economia e pelas políticas sociais do Estado (MATTOSO, 1995, p. 57).

Ruy Braga (1996), ao referir-se a essa crise capitalista, explicita que, ao considerá-la, devemos ter clareza de que a sua gênese está na síntese de contradições e antagonismos amadurecidos no âmbito da correlação de forças estabelecida entre burguesia, classes subalternas e Estados-nações, no decorrer do processo de expansão do imperialismo ocidental em concorrência com o bloco do socialismo real — bloco coletivista de Estado —,[10] no período entre os anos 1950 e os anos 1970. O autor, dando destaque ao período após 1968, esclarece, outrossim, que tal crise contou com momentos de ruptura, às vezes até violenta, dos vínculos que atavam as classes subalternas a todo um ambiente intelectual e moral, pois ocorreu um intenso movimento de erosão das bases sociais e materiais do consentimento das classes subalternas em face do tradicional domínio burguês. Nesse contexto, o *welfare state* foi abalado, impondo às classes dominantes uma reação alternativa à altura da ameaça que todo esse processo significava. As classes dominantes responderam com o que o autor denomina posicionamento restauracionista do capital, ou seja, uma contratendência erigida pelas classes dominantes, objetivando retardar as consequências da tendência à queda da taxa de lucro.

> A perplexidade das classes dominantes é acompanhada pelo sentimento de terror, dada a perda de confiança em suas próprias forças e no futuro. Impõe-se, como necessidade histórica, engendrar uma reação à altura das exigências do período. A reação do capital assume um aspecto essencialmente *restauracionista*. [...]. Nesse processo devem-se intensificar os métodos de trabalho, modificar as formas de vida operária, multiplicar o desenvolvimento das forças produtivas e, principalmente, engendrar as bases políticas e sociais de uma iniciativa que permita às classes dominantes apresentarem seus interesses particulares como universais, isto é, válidos para todas as classes (BRAGA, 1996, p. 173, grifo do autor).

---

10. Denominação utilizada por Ruy Braga.

Temos, desse modo, a base definidora do desencadeamento do processo, ainda em curso, de reestruturação do capital, sua reorganização como resposta às dificuldades postas à sua disposição de expansão e de valorização ampliada. Isso contou, e ainda conta, fundamentalmente, com uma perspectiva ideopolítica apropriada, "o seu cimento ideológico" — isto é, a perspectiva neoliberal.

O neoliberalismo tomou fôlego como uma reação teórico-política contra o Estado Intervencionista e de Bem-Estar, cujo combate ao keynesianismo propiciou as bases para outra forma de capitalismo, duro e livre de regras (ANDERSON, 1995).

A reorganização do capital — sua resposta à própria crise — desencadeou um forte processo de ataque ao Estado e à classe trabalhadora. Observam-se, assim, "ondas privatistas", a preconização de um "Estado Mínimo" — um Estado funcional à maior mobilidade do capital, ou, como indica Netto (1993), um Estado mínimo para os trabalhadores e máximo para o capital —, e um Estado cujos contornos se mostram mais repressivos, se comparados aos do Estado de Bem-Estar, ou seja, vem emergindo um tipo de "Estado Penal" em substituição ao Estado de Bem-Estar Social. Tudo isso nos possibilita verificar as desregulamentações do trabalho e do mercado, a vulneração das conquistas dos trabalhadores (identidade de classe, consciência de classe, organização sindical, direitos trabalhistas e sociais), a utilização de novas tecnologias e métodos de produção e de gestão do trabalho, assim como a atual face do fenômeno da criminalização da pobreza, entre outros fatores. Elementos que vêm ocasionando graves impactos nas condições de vida e trabalho daqueles *que vivem do seu próprio trabalho*. Esse é o contexto delineado pelo recrudescimento do imanente processo de mundialização do capital, o qual, contando, sobretudo, com a ampliação das operações do capital financeiro especulativo, pretende o domínio capitalista em escala mundial, ou, conforme Mészáros (2003), o controle da *totalidade* do planeta.

Como já indicado, não obstante a vocação para a mundialização, o modo de produção capitalista não assegura homogeneidade em sua expansão; ao contrário, é presidido pelo desequilíbrio, pelas diferenças e pelas hierarquias. Engendra, pois, mecanismos que buscam sustentar tal lógica, suas contradições e suas limitações, sendo o imperialismo o seu correspondente, a sua expressão máxima.

Assim, ora entendemos caber referência ao pensamento de Mészáros, na recente obra *O século XXI: socialismo ou barbárie?*, que, ao caracterizar a fase contemporânea do imperialismo como a era do Imperialismo Global Hegemônico, torna claro que a ideia de um "enorme mercado transnacional" capaz de trazer prosperidade para todos não passa de uma quimera. Ademais, Mészáros sustenta que o início da crise estrutural do capital (1960/1970) gerou importantes mudanças na postura do imperialismo. Significou sua atitude cada vez mais "agressiva e aventureira", apesar da adoção de uma retórica conciliadora, a propagação de uma "nova ordem mundial" e as promessas de "dividendos de paz". Segundo o autor, entramos na fase mais perigosa do imperialismo em toda a História, fase que tem uma única potência hegemônica, buscando submeter todas as menos poderosas — ou, melhor colocando, buscando o controle não apenas de uma parte do planeta, mas também da sua *totalidade*, como se fosse o "Estado do sistema capitalista por excelência". Contudo, o autor oferece ainda à apreciação:

> [...] para imaginar uma resposta historicamente viável para os desafios propostos pela atual fase do imperialismo hegemônico global, teremos de enfrentar a *necessidade sistêmica* de o capital subjugar globalmente o trabalho por meio de toda e qualquer agência social específica capaz de assumir o papel que lhe for atribuído. Naturalmente, tal conformação só será viável por meio de uma alternativa radicalmente diferente do impulso do capital à globalização imperialista/monopolista, no espírito do projeto socialista, corporificado num movimento progressista de massa. Pois é somente quando essa alternativa radical se torna uma realidade irreversível — ou, conforme as belas palavras de José Martí, *"patria es humanidad"* — que a contradição destrutiva entre desenvolvimento material e relações políticas humanamente compensadoras poderá ser definitivamente relegada ao passado (MÉSZÁROS, 2003, p. 13, grifos do autor).

2.2. Focalizando questões da realidade brasileira

Conforme procuramos explicitar na parte anterior deste texto, a origem dos monopólios, em decorrência da superacumulação das metrópoles capitalistas, relaciona-se à exportação de capitais, assim como à divisão do mundo em colônias e regiões importantes para o controle e o domínio das potências imperialistas.

A esse respeito, Sodré (1964) esclarece que o progresso material, o desenvolvimento e a cultura de determinados países ocorreram em função do atraso, da incultura e da miséria de outros países e regiões. Citando Schulze-Gaevernitz — estudioso do imperialismo inglês —, Sodré evidenciou ainda a profunda dependência financeira da América do Sul a Londres. E, citando M. Jay, Sodré (1964, p. 167) destacou sobre o Brasil que "a abolição aparente do sistema colonial não foi, portanto, mais que uma mudança de metrópole: o Brasil cessou de depender de Portugal para tornar-se uma colônia da Grã-Bretanha".

Esses aspectos foram destacados inicialmente por considerarmos que são essenciais a qualquer pretensão de entendimento e/ou explanação sobre o capitalismo brasileiro, uma vez que a burguesia brasileira tem como característica a constituição na etapa imperialista do capital.

O Brasil surge na História mundial no momento em que as relações feudais, predominantes à época, passam a ser afetadas pelo processo de gestação do capitalismo — ou seja, as trocas passam a ocorrer em nível mundial, vinculando partes desconhecidas do mundo à Europa e à Ásia.

O País tem sua existência marcada por um longo período de escravismo ou, melhor, marcada pelo escravismo colonial. Cabe destacar que se trata de uma forma diferente de escravismo, isto é, uma forma diferente do escravismo originário das guerras e da deterioração de comunidades primitivas indígenas, sendo uma forma transplantada pela violência e que foi mantida no País por quatro séculos.

No século XVIII, enquanto nos Estados Unidos (separando-se da Inglaterra) e na França (liquidando as relações feudais e com o bonapartismo) as revoluções burguesas se iniciam, no Brasil predominam as relações escravas e as relações derivadas do pastoreio no sertão. Nesse período, a expansão militar napoleônica, que atinge a Península Ibérica, impeliu o governo metropolitano a transferir-se para o Brasil, o que ocasionou a abertura dos portos.

No governo de D. João, junto à abertura dos portos, normas foram baixadas no sentido de estimular determinadas atividades econômicas, a exemplo da introdução de máquinas para o beneficiamento de ferro, algodão etc. Porém, isso esteve longe de significar possibilidade concreta ou intenção de geração de indústrias. A política de D. João era essencialmente submissa ao latifúndio exportador e aos interesses expansionistas externos.

O desenvolvimento do comércio no Brasil — a abertura dos portos propiciou o desenvolvimento do comércio exterior — repercutiu no desenvolvimento do crédito, o que originou o Banco do Brasil, em 1808. Além disso, o monopólio comercial, ou seja, a intermediação portuguesa que subordinava o Brasil à metrópole, foi gradualmente sendo extinto. O Estado passou a ser gerido pela "classe senhorial" (proprietários de terras, senhores de relações escravistas), a qual estabeleceu aliança com a Grã-Bretanha. Aliança que, claramente, representava o interesse comum de extinção do antigo monopólio comercial, e que conciliava interesses de uma economia exportadora com a política de um país que dominava os transportes marítimos à época.

As relações do Brasil com a Inglaterra foram permeadas por empréstimos tomados pelo Brasil, o que logicamente delineou dependência desse país à Inglaterra. Logo depois da sua Independência, ou seja, em 29 de outubro de 1822, o Brasil já propunha empréstimo aos ingleses. Empréstimo que foi firmado em contrato e dividido em duas parcelas, a primeira em 20 de agosto de 1824 e, a segunda, em 12 de janeiro de 1825.

A fase colonial deixara para o Brasil significativa fragilidade econômica, desordem financeira e dificuldades para manter a produção.

Esses aspectos foram fundamentais para que o Brasil recorresse à ajuda externa, firmando acordos e relações de dependência financeira, especialmente com a Inglaterra, a qual, apesar de praticamente não ser consumidora de nossos produtos, os comercializou, assumindo a posição de distribuidora desses produtos no mercado externo. "Esse domínio da comercialização se completa com os empréstimos, que representam a sujeição absoluta da economia brasileira" (SODRÉ, 1964, p. 65).

Como já mencionamos neste texto, o escravismo teve vida longa em nosso País, e isso se deu fundamentalmente por interesses dos latifundiários brasileiros. Sua existência atravessou quatro séculos, apesar de correntes contrárias internas e externas, acordos e movimentos de repressão ao tráfico negreiro, especialmente os referentes ao posicionamento inglês, que, contrário e repressivo ao tráfico, significava ameaça às relações financeiras com o Brasil.

No Brasil, só na segunda metade do século XIX se evidencia o declínio do trabalho escravo e/ou servo e a consequente emersão do trabalho assalariado, sem que isso signifique uma passagem direta, uniforme, sem intervalos.

Em verdade, o que ocorreu no País em grande medida, seja numérica, seja temporal, foi a transformação do trabalho escravo em servo. Isto é, ocorreu uma relação de trabalho adequada aos interesses do latifúndio que pretendia se desonerar do custo do escravismo e que contou com a força de trabalho dos imigrantes — trabalhadores que vieram para o Brasil em função do empobrecimento de algumas regiões da Europa.

> A lei considera livres esses africanos importados, mas a realidade os considera escravos. A lei considera livres numerosos outros trabalhadores, mas a realidade os considera servos. Há no Brasil, assim, uma face legal e institucional e uma face ilegal, mas real. E esta é a que prevalece (SODRÉ, 1964, p. 76).

É nesse contexto, marcado por uma economia cuja produção é de bens primários destinados ao exterior, desvinculada das necessidades da população (interna) e sem condições mínimas de qualquer produção elaborada, que o Brasil se integra à economia mundial, sendo:

> Um tortuoso processo de adaptação dessa economia colonial, [...], às condições criadas pelo avanço capitalista no exterior [...]. O capitalismo, em desordenada expansão, transferia os prejuízos de suas crises à economia brasileira dependente. No seio desta, os prejuízos eram transferidos da classe senhorial às outras classes. As possibilidades de acumulação interna, por isso mesmo, eram consideravelmente reduzidas (SODRÉ, 1964, p. 87-88).

Logicamente, as condições descritas evidenciam dificuldades para que a burguesia emergisse na sociedade brasileira. A cultura do café cumpriu importante papel nesse sentido, pois se constituiu como produção plenamente nacional, que trouxe saldo constante para o Brasil.

A cultura do café significou possibilidade de acumulação de renda no País. Cultura nacional que englobou tanto a produção quanto a comercialização desse produto. Assim, apesar das dificuldades impostas pelo vínculo entre a sua classe dominante e os senhores do mercado externo, uma vez que sua produção destinava-se fundamentalmente para esse mercado, o Brasil conseguiu, com o surto cafeeiro, elevar sua renda, a partir da segunda metade do século XIX — e reteve no País parte da renda nele gerada.

> A segunda metade do século XIX assinala o momento de maior transformação econômica na história brasileira, constata Caio Prado Junior. E dá os traços que lhe parecem mais importantes: o país entra bruscamente num período de franca prosperidade e larga ativação de sua vida econômica. No decênio posterior a 1850 observam-se índices dos mais sintomáticos disto: fundam-se no curso dele 62 empresas industriais, 14 bancos, 3 caixas econômicas, 20 companhias de navegação a vapor, 23 de seguros, 4 de colonização, 8 de mineração, 3 de transporte urbano, 2 de gás e, finalmente, 8 estradas de ferro [...] (PRADO JR. *apud* SODRÉ, 1964, p. 132-133).

Entretanto, se, como observamos, ocorreu ascensão da renda no Brasil, isso não se deu uniformemente. Houve desigualdade na apropriação pelas classes e camadas sociais, bem como entre as regiões produtoras, pois o desenvolvimento não era do País, mas de certas regiões. Fato que acirrou a divisão na classe dominante: há uma fração ligada ao avanço das forças produtivas, no limite das conveniências de classe, e outra fração ligada ao atraso das forças produtivas.

Enfim, enquanto, por um lado, em certas áreas do País colocam-se em curso condições para o desenvolvimento de novas relações de produção — as capitalistas —, por outro, há áreas em que não só persistem as velhas relações, como também existem fortes resistências à possibilidade de emersão das novas. "A burguesia brasileira, na sua infância, era encarada com graves suspeições: pareciam subversivas, ao latifúndio, as relações capitalistas que se esboçavam" (SODRÉ, 1964, p. 138).

O avanço da economia mercantil no Brasil impulsionou a divisão do trabalho, a ampliação da legislação e das redes institucional e de transporte. A partir desse período, apesar das pressões do imperialismo e do latifúndio, temos a introdução de "técnicas que caracterizam a Revolução Industrial que, no Brasil, nessa época, ficariam limitadas ao transporte, às comunicações e aos serviços públicos urbanos" (SODRÉ, 1964, p. 138).

Como indicado inicialmente, a burguesia brasileira tem origem e desenvolvimento marcados pelo imperialismo. A partilha do mundo realizada em função dos interesses imperialistas possibilitou que colônias e países com economias frágeis fossem alvos da busca de rápida expansão pelo capital. Nessas áreas, o imperialismo tornava-se uma espécie de sócio majoritário.

A burguesia brasileira assentou-se numa economia exportadora, basicamente na exportação do café. Isso ocorreu em associação com o capital internacional pela comercialização do produto no exterior (outros produtos também foram comercializados no exterior, a exemplo do algodão, do açúcar e da borracha), pela construção de vias ferroviárias de acesso aos grandes portos brasileiros para viabilizar tal comercialização, pela aplicação de capitais estrangeiros nos bancos, nas empresas de seguros e nas de navegação. A referida associação, além de aprofundar as desigualdades no interior do País, também gerou discordâncias entre os componentes da classe dominante, uma vez que parte desta estava ligada exclusivamente ao mercado interno.

O Brasil tornou-se dependente da exportação, o que o levou a ampliar cada vez mais o volume dos produtos exportados, haja vista, inclusive, a sua necessidade de importar produtos para o consumo interno. Dinâmica que foi fortemente abalada com o declínio do preço do café, após a Primeira Guerra Mundial. Dessa maneira, a burguesia constatou a necessidade de reformas que incluíssem alterações na esfera estatal para torná-la conveniente aos seus interesses e expansão.

Em 1930, a expressão da economia latifundiária brasileira é atacada. A chamada Revolução de 30, decorrente, em grande parte, da crise cíclica do capitalismo em 1929, representa o avanço das forças burguesas em detrimento do latifúndio, significa a busca de adequação do Estado aos interesses de expansão da burguesia. Porém, pouco a pouco, essa desavença na classe dominante vai sendo desfeita e a recomposição das forças sociais dominantes começa a ocorrer.

> O estudo da Revolução de 1930 e de seu processo fica muito mais claro quando se aprecia não o que pensavam os que dela participaram, mas o que foi realmente executado e as lutas para se executar isso. Nessa concretização dos propósitos reformistas surgiu a luta entre as duas componentes, a conformista e a reformista e a confusão na própria área reformista (SODRÉ, 1964, p. 291).

A chegada de Getúlio Vargas ao poder, em 1930, e a consequente queda de Júlio Prestes — representante das forças sociais pró-economia agroexportadora — significou o avanço das forças sociais em favor da industrialização no Brasil, em favor de uma economia interna alinhada à expansão das relações capitalistas, derrubando a oligarquia rural. Foi o surgimento de um projeto que buscava afirmar a possibilidade de um modelo nacional industrializador. O que, logicamente, inquietou tanto o latifúndio quanto os interesses imperialistas.

Foi significativo o avanço industrial brasileiro na década de 1930, assim como a ampliação do mercado interno no País — segundo Sodré (1964, p. 307), a indústria passou a participar 13% da renda nacional. Esse contexto trouxe à cena o operariado, sua organização e seus movimentos reivindicatórios. Ao assumir o poder, profundamente afetado pela crise de 1929, Vargas reconheceu o direito de sindicalização dos operários urbanos — contingente de trabalhadores minoritário em comparação aos trabalhadores rurais e sindicatos subordinados ao Ministério do Trabalho.

As políticas desenvolvidas nesse período na América Latina tendiam a privilegiar a industrialização, sem colocar no mesmo patamar de importância a reforma agrária, com exceção do México, em função das conquistas do seu período revolucionário — período de surgimento e fortalecimento da classe trabalhadora em vários países latino-americanos, com consequente alteração do panorama sociocultural e político da região.

O Brasil, tendo sua base produtiva no meio rural, adequado ao quadro político citado, firmou a diferença entre os seus dois tipos de trabalhadores — rurais e urbanos —, na medida em que, para viabilizar o processo industrial no País, privilegiou a área urbana, o que, como esperado, estimulou o êxodo dos trabalhadores do campo para a cidade, provocando sérias mazelas sociais na área urbana, além de traçar o caminho para os conflitos no campo que se arrastam até hoje, pela ausência da reforma agrária.

O referido movimento dos trabalhadores, mesmo se tratando de uma classe operária urbana incipiente, inquietou significativamente a recente burguesia brasileira.

A interferência do imperialismo na América Latina foi destacada nesse período que emergiu dos efeitos da grave crise capitalista de 1929. Dessa maneira, conciliada com o latifúndio e associada a ele e ao imperialismo, a burguesia brasileira instaurou o denominado Estado Novo, período em que as reformas em favor da industrialização, iniciadas com a Revolução de 1930, têm continuidade, mas com uma ditadura que utilizou forte repressão para aplacar qualquer tipo de oposição. Segundo Sodré (1964), esse foi um período de uma espécie de revolução burguesa contra o operariado ou, salvaguardando as devidas proporções, de um tipo de movimento similar aos refluxos que são característicos nos períodos posteriores às revoluções burguesas, nos quais a burguesia se recompõe com a velha classe feudal que foi retirada do poder e substituída por ela, separando-se das classes e camadas que a ajudaram na sua ascensão. Esse período, todavia, foi marcado por certa estagnação na economia brasileira, compensada ou, melhor, disfarçada pelos preços de alguns produtos exportados.

Após a Segunda Guerra, Vargas é deposto em consonância com os interesses das forças do latifúndio e do imperialismo.

Observe-se que os períodos da Primeira e Segunda Guerra Mundiais e o da crise de 1929 permitiram certo desenvolvimento das economias dos países periféricos, a exemplo da economia brasileira, haja vista a redução da pressão imperialista sobre eles. Entretanto, logo após o término desses fatos, a pressão imperialista é retomada, principalmente como meio de transferência dos gastos acarretados, seja pela crise, seja em função das guerras. Essa pressão normalmente não se limita aos aspectos econômicos; conta com fortes intervenções no plano político, o que no Brasil pode ser observado desde a intervenção imperialista no episódio da deposição de Vargas, em 1945.

Após a Segunda Guerra, ampliara-se consideravelmente a área socialista no mundo e os Estados Unidos tomaram posição destacada nas áreas em que vigoravam as relações capitalistas. Com isso, a disputa das Superpotências — a denominada Guerra Fria — atravessou a realidade mundial com significativa repercussão nos países periféricos. No Brasil, esse contexto influenciou as perspectivas de desenvolvimento nacional à época. O imperialismo não tinha qualquer interesse na industrialização dos países periféricos. Por conseguinte, além de não favorecer empréstimos com a finalidade de desenvolvimento industrial nesses países, penetra nessas áreas com conjuntos industriais inteiros, como se a reserva do mercado interno para a indústria nacional fosse limitada à instalação de indústrias no interior do País e não a uma perspectiva de industrialização com capital nacional. Assim, o nosso País, que já contava com o início de um parque industrial de bens de produção, teve suas indústrias colocadas como subsidiárias das indústrias estrangeiras introduzidas no mercado interno.

O governo Vargas, que sucedera Dutra, permitiu que forças antinacionais se instalassem no Estado, mediante sucessivas concessões ao imperialismo, e não estabeleceu alianças consequentes com os movimentos populares, a ponto de contar com forças sociais que garantissem o encaminhamento de projetos em defesa dos interesses nacionais. Assim, ao acenar com possíveis ações políticas dissonantes dos interesses estrangeiros, ou seja, ao assumir, com o desenrolar de sua política de governo, uma postura direcionada ao nacional-desenvolvimentismo, desagradou às forças imperialistas, sendo liquidado.

Vargas confessaria ao despedir-se da vida:

> A campanha subterrânea dos grupos internacionais aliou-se à dos grupos nacionais revoltados contra o regime de garantia do trabalho. A lei de lucros extraordinários foi detida no Congresso. Contra a justiça da revisão do salário mínimo se desencadearam os ódios. [...]. Não querem que o povo seja independente. [...]. Os lucros das empresas estrangeiras alcançavam até 500% ao ano. Nas declarações de valores do que importávamos existiam fraudes constatadas de mais de 100 milhões de dólares por ano. Veio a crise do café, valorizou-se o nosso principal produto. Tentamos defender seu preço e a resposta foi violenta pressão sobre a nossa economia a ponto de sermos obrigados a ceder (*apud* SODRÉ, 1964, p. 342).

Com a morte de Vargas, em 1954, após um longo período de governos transitórios — Café Filho, Carlos Luz, Nereu Ramos —, a burguesia se mobilizará para a ascensão de Juscelino Kubitschek ao poder presidencial.

Em 1956, Kubitschek assume a presidência do País, tendo o desenvolvimento como meta.

Esse período é marcado por ideias de "Segurança pelo Desenvolvimento", pois o desenvolvimento é compreendido como um estágio alcançável pelos países subdesenvolvidos, através do esforço do seu povo em favor da industrialização, o que evitaria a miséria e os desvios referentes aos valores democrático-cristãos. Perspectiva que não jogava luz para o entendimento da heterogeneidade e da hierarquia inerentes ao mundo capitalista. E, apesar de não podermos esquecer a postura democrática do presidente JK — eleito, cumpriu o mandato e transmitiu o cargo regularmente —, tampouco esquecemos que na sua gestão houve alguns avanços do País no "processo de substituição de importações". Cabe destacarmos que esse foi um período de forte penetração dos capitais estrangeiros no País e que o Plano de Metas desse governo não viabilizou a evolução da indústria brasileira em bases nacionais.

Jânio Quadros — sucessor de Juscelino Kubitschek — teve curta passagem pelo poder presidencial. Um sucessor que, apesar de contundentes críticas às políticas econômica e financeira do governo anterior, não alterou seus rumos. Tornou-se um prisioneiro de contradições insuperáveis, uma vez que foi o presidente que chegou ao cargo presidencial com compromissos tanto com as camadas populares quanto com o poder latifundiário histórico na realidade brasileira, a burguesia e o imperialismo.

É importante salientarmos que seu governo ocorreu logo após a Revolução Cubana (1959), fato que instalou uma experiência socialista no continente latino-americano, portanto em maior proximidade com a realidade brasileira, adensando a necessidade de implementação de ações preventivas, uma vez considerada a miséria dos países subdesenvolvidos como possível estímulo aos valores incongruentes com os valores cristãos ocidentais e base para a subversão. Dessa maneira, enquanto no governo JK, dada a consideração do desenvolvimento como melhor maneira de combate à miséria e, por conseguinte, ao comunismo, foi proposta aos Estados Unidos — hegemonia capitalista — a realização de um programa econômico com finalidades políticas, chamado Operação Pan-Americana (OPA), no governo de Jânio

Quadros foi desenvolvida a Aliança para o Progresso, um programa proposto pelos Estados Unidos, objetivando prioritariamente garantias políticas em favor da expansão do capitalismo e da manutenção de sua posição hegemônica no campo capitalista.

João Goulart assume o governo com a renúncia de Quadros e com ele, de modo geral, pode-se falar em um governo dirigido ao desenvolvimento nacional, mediante reformas econômicas e sociais. Porém, com o golpe militar de abril de 1964, dias após a sua assinatura de decretos de nacionalização de refinarias e reforma agrária, esse governo foi interrompido sem implementar as reformas propostas.

Sader (2003, p. 103-104) explicita que o período que vai desde o pós-crise de 1929 até 1960 foi o de maior crescimento econômico de países como Argentina, Peru, Chile e Brasil. Entrou em curso um processo de industrialização que deu origem à classe trabalhadora e propiciou seu fortalecimento em vários países da América Latina, o que decorreu da trégua dada pelo imperialismo em função da recessão decorrente da crise capitalista de 1929 e da economia de guerra que se impuseram pela deflagração da Segunda Guerra Mundial (1939-1945). Todavia, esse período caminha para seu término com a passagem do cenário internacional para aquele denominado Guerra Fria e efetivamente se esgota em meados de 1960, com o processo de internacionalização das economias, com a consolidação das grandes corporações multinacionais e o estreitamento dos espaços nacionais de acumulação. Desse modo, acompanhando o esgotamento do modelo de substituição de importações, a crise democrática-liberal emerge com golpes militares em diferentes países latino-americanos. Em curto espaço de tempo, os regimes políticos democrático-liberais da periferia capitalista foram declinando em favor de ditaduras militares orientadas pela doutrina de segurança nacional — Brasil em 1964 e Bolívia em 1964 e 1971, Argentina em 1966 e 1976, Chile em 1973.

Com o golpe militar de 1964, a história brasileira passou a contar com mais uma interferência dos militares nos rumos políticos do País. Dessa vez, porém, com uma ditadura militar que, sem nos determos em suas distinções por períodos, golpeou brutalmente os movimentos políticos, sindicais e socioculturais, obstruindo os canais de participação popular e suprimindo direitos, ou seja, golpeando um patrimônio que levou anos de lutas sociais para ser conquistado. Esse fato, contudo, não bloqueou o crescimento da economia brasileira, por longo tempo, tendo esta um ciclo expansivo, mesmo que ao final de menor intensidade, até o início da década de 1980. O golpe ocorreu num período em que o capitalismo internacional estava no seu ciclo longo expansivo. E, funcional e politicamente ao processo de acumulação capitalista, o período da ditadura militar, utilizando-se de recursos externos — investimentos e empréstimos —, permitiu que a industrialização brasileira fosse ampliada e contasse com a introdução de tecnologia moderna. Entretanto, conformou-se um processo industrial direcionado, basicamente, para o consumo sofisticado, de luxo, e para a exportação — bloqueio das necessidades/reivindicações populares. Houve também vigorosa exploração da força de trabalho, com significativa concentração de renda pelo capital nacional e internacional, e o aumento da dependência econômica do País, haja vista a atração acentuada de capitais externos, especialmente os referentes a empréstimos.

Com a passagem do capitalismo para mais uma de suas fases recessivas e com o endividamento dos países da América Latina, emerge no continente latino-americano um período recessivo a partir de meados de 1970, suscitando, em detrimento das perspectivas desenvolvimentistas, as condições favoráveis para a adesão às fórmulas neoliberais.[11] Nesse continente, o neoliberalismo ancorou-se nos consensos para o combate à inflação e para a estabilidade monetária.

> A América Latina foi o berço e o laboratório de experiências do neoliberalismo. [...] Foi no Chile de Pinochet que os economistas da Escola

---

11. A respeito do neoliberalismo, cabe observar-se a desaparição do chamado "campo socialista" e a atual hegemonia do projeto neoliberal. Destacamos ainda a importância do texto de Perry Anderson, no qual o autor faz distinção entre o liberalismo clássico e o neoliberalismo, e descreve a gênese dessa reação teórica e política veemente contra o Estado intervencionista e de bem-estar.: Perry Anderson. "Balanço do neoliberalismo": *In*: SADER, Emir; GENTILI, Pablo (org.). *Pós-neoliberalismo — as políticas sociais e o Estado democrático*. Rio de Janeiro: Paz e Terra, 1995.

de Chicago, sob direção de Milton Friedman, encontraram o primeiro país com as condições políticas criadas para a experimentação de suas propostas econômicas de abertura econômica e de desregulação. O combate à inflação foi a pedra de toque da construção do modelo hegemônico neoliberal (SADER, 2003, p. 104-105).

Comparado a outros países da América Latina, o Brasil entrou tardiamente no processo neoliberal, uma vez que a ditadura militar lançou mão de mecanismos capazes de utilizar o período expansivo do capitalismo internacional em favor da economia nacional, retardando o seu ciclo recessivo. Desse modo, no País só ocorrerá a evidência de crise no final da década de 1970, o que, associado à redemocratização política do País, dificultará a penetração do neoliberalismo mesmo ainda na década de 1980. Apenas na virada dos anos 1980 para os anos 1990 vai se delineando a hegemonia do neoliberalismo no Brasil.

Na década de 1980, com a crise da dívida externa dos países latino-americanos e com a mobilização das forças sociais contrárias ao autoritarismo, a ditadura militar brasileira declinou, porém com marcas de continuidade com a sua participação na coalizão que redundou na nomeação do Sr. José Sarney para a presidência do País.

No cenário de crise do modelo econômico acelerado, batizado de "milagre econômico", o poderio ditatorial processou seu declínio, retomando, assim, a sociedade brasileira os rumos da democracia política. Os anos finais da década de 1970 e os anos de 1980 foram palco da reinserção dos movimentos sindicais, políticos e populares no País, lutando pela redemocratização e pela defesa de outros interesses concretos da vida cotidiana. Um processo que contou com significativa participação da Igreja católica, que, no espírito da teologia da libertação, constituiu as Comunidades Eclesiais de Base.

A campanha das "Diretas Já" e a luta em prol de uma Assembleia Nacional Constituinte livre, democrática e soberana foram insólitos episódios de mobilização e pressão populares na sociedade brasileira.

Em 1988, tivemos o relevante fato de uma nova Constituição brasileira. Constituição marcada pela participação de forças progressistas e que assegurou direitos significativos para o povo no País, por isso chamada de "Constituição Cidadã", dissonante das diretrizes que vinham sendo implementadas pela hegemonia neoliberal no continente latino-americano.

Na gestão do presidente Collor de Mello, a hegemonia neoliberal evidenciou-se no Brasil. O governo do presidente Collor, que renunciou após escândalos de corrupção, marca o início da implementação dos projetos alinhados ao Consenso de Washington.[12] Projetos que terão continuidade com a posse do vice do Sr. Collor de Mello, que assumiu o poder presidencial após sua saída, e mediante as eleições do presidente Fernando Henrique Cardoso, respectivamente em 1994 e 1998, ministro da economia na gestão anterior.

No governo Cardoso, a atração de capitais especulativos, por meio de taxas de juros altíssimas, foi o recurso utilizado para a obtenção da estabilidade monetária, em vez de investimentos na produção para o crescimento e a consolidação da economia e o saneamento das finanças públicas.

Esse governo, abrindo a economia para o capital estrangeiro, multiplicou nossas dívidas, possibilitou a elevação das importações e o declínio da competitividade externa da economia brasileira, o que afetou significativamente a balança comercial e a balança de pagamentos do País, inviabilizando a retomada do seu crescimento econômico.

A política neoliberal, ao penetrar no Brasil, fez com que esse País tivesse queda em sua posição no comércio internacional e perdesse importância política, haja vista a sua subordinação à política norte-americana, ao Fundo Monetário Internacional, ao Banco Mundial e à Organização Mundial do Comércio. O País perdeu em capacidade produtiva, financeirizou-se e teve a vida dos trabalhadores impactada pela queda do poder aquisitivo e pela perda de direitos trabalhistas

---

12. Em novembro de 1989, representantes dos organismos de financiamento internacional (BID, FMI, Banco Mundial), funcionários do governo americano e economistas latino-americanos realizaram encontro para avaliar (e definir sobre) reformas econômicas na América Latina, o que se tornou conhecido como Consenso de Washington.

e sociais — aumento da informalidade do trabalho e do desemprego e atrofia da abrangência estatal no que se refere à política social. Aspectos que já mereciam ser observados como frágeis e que também concorreram para o adensamento da violência urbana no País.

Conforme Sader (2003), a crise produzida pelo neoliberalismo no nosso País não só traz índices de crescimento econômico que contrastam com os índices relativos ao período de expansão da economia brasileira entre as décadas de 1930 e 1970 como também índices que se mostram abaixo daqueles da década de 1980, considerada a "década perdida".[13] No entanto, a denominada "globalização" chegou ao País com forte propaganda oficial, sugerindo tratar-se de um processo inevitável, cuja efetivação traria avanços econômicos. Processo que aumentaria nossa capacidade mercantil, possibilitando inclusão no mercado internacional e elevando-nos a um tipo superior de capitalismo. Portanto, uma modernização capaz de nos tirar de uma forma capitalista atrasada, trazendo desenvolvimento e consequente minimização dos nossos males sociais. É como se a lógica do livre-comércio aplicada amplamente fosse possibilidade, e provavelmente única, de resolução dos problemas das sociedades modernas, e o neoliberalismo, concepção teórico-política nova e competente, capaz de captar essa verdade, interpretando a realidade social e tendo ações políticas correspondentes.

Essas questões, que atravessaram os anos da década de 1990 no Brasil, tiveram como resposta a expressiva votação obtida por Luiz Inácio Lula da Silva para a presidência da República — ex-operário e ex-sindicalista, que chegou à presidência da República com significativo número de votos obtidos pela expectativa de mudanças nos rumos que tomou a história do País na última década. No entanto, apesar da legitimidade conferida pela expressiva votação obtida pelo Presidente Lula, não foram colocadas em curso pelos governos petistas, seja pelo próprio Presidente Lula, seja pela sua sucessora,

---

13. Essa década foi assim denominada em função dos índices desfavoráveis ao desenvolvimento da economia capitalista.

Presidenta Dilma Rousseff, alterações que materializassem mudanças que expressassem avanços contrapondo-se, significativamente, à lógica neoliberal. Dizer isso não representa desconsiderar que houve ampliação de políticas sociais compensatórias e relevantes avanços quanto a diretrizes voltadas aos direitos humanos. Por conseguinte, melhorias nas condições da vida social brasileira, em razão, principalmente, da melhoria das condições materiais de vida dos segmentos mais pauperizados. No entanto, esse cenário não foi acompanhado da necessária elevação do grau de politização e, consequentemente, organização da classe trabalhadora.

Não são poucas as vezes em que nos deparamos com menções ao governo do Presidente Lula como não tendo revertido a política macroeconômica do governo que o antecedeu — o de Fernando Henrique Cardoso. Isso é feito considerando, comumente, como traço marcante do governo Cardoso a presença do capital parasitário-financeiro e esclarecendo que esse governo se caracterizou também pela dilapidação do patrimônio público pela via das privatizações, pelas taxas residuais de crescimento, pela minimização dos princípios constitucionais de 1988 nos domínios da ação estatal referidos às políticas de seguridade social (designadamente a previdenciária e a assistencial). Dessa maneira, mesmo que possamos avaliar o período petista como um período que evidencia avanços, por assim dizer, um período que tornou o neoliberalismo mais ameno, uma vez que a vida social brasileira experimentou avanços socioeconômicos, cabe-nos frisar que o difícil legado da era Cardoso não foi enfrentado de maneira substancial pelos presidentes Lula da Silva e Dilma Rousseff, pois não foram asseguradas reformas estruturais em nosso País. Quanto à Sra. Dilma Rousseff, foi afastada da presidência, em 2016, por meio de um processo que, passando pelo seu *impeachment*, tem golpeado a nossa democracia, aprofundando de maneira importante nossa histórica desigualdade social e as precárias condições de vida/trabalho de amplos segmentos dos trabalhadores no País — importante retirada de direitos sociais, desemprego e/ou sua ameaça e retrocessos em conquistas civilizatórias. Nossa menção é a um processo que vem esgarçando o pacto político democrático e evidenciando que forças sociais retrógradas, pode ser dito até (ultra)conservadoras, vêm efetivando celeremente a derrocada do que já mereciam ser observados como parcos direitos conquistados arduamente pelos trabalhadores brasileiros.

2.3. Considerações sobre ética e economia

O item anterior, o qual discute o nosso "solo histórico" e, por conseguinte, o do exercício do Serviço Social, encerrou expressando contradições acerca de projeto societário, acerca de ação política e de ditames econômicos. Dessa maneira, entendendo caber aprofundamento da questão para melhor aproximá-la do nosso foco central de investigação, desenvolveremos a presente temática, buscando argumentar quanto à relação entre a ética e a economia.

Compreender o mundo humano significa apreender a atividade social e as relações sociais por meio das quais os seres humanos, intercambiando com a natureza, produzem as condições de sua existência — produzem seus meios de vida e simultaneamente se constroem, condicionados pela natureza. Significa também a compreensão histórica que identifica que os produtos da atividade social e das relações sociais incorporam força material, cuja potência torna-se semelhante às forças da natureza.

> Podemos distinguir os homens dos animais pela consciência, pela religião, por tudo o que se quiser. Mas eles começam a distinguir-se dos animais assim que começam a *produzir* os seus meios de vida, passo este que é condicionado pela sua organização física. Ao produzirem os seus meios de vida, os homens produzem indiretamente a sua própria vida material (MARX; ENGELS, 1984, p. 15, grifo dos autores).

O processo da produção material da vida é a possibilidade histórico-social do ser humano. É o processo em que o Homem transforma, por meio do trabalho — forma privilegiada de práxis —, a matéria natural, tendo em vista a satisfação de suas necessidades, identificando-se no que produziu e engendrando as relações sociais e os modos de vida social. É um processo que, além de satisfazer as necessidades humanas imediatas por meio do trabalho, possibilita que o Homem produza novas capacidades, qualidades e necessidades. É o contexto da emersão da consciência, do conhecimento, das ideias, dos valores, das concepções de mundo. É a História humana, a qual, conforme Heller (1989), é a substância da sociedade que contém esferas heterogêneas, por exemplo, a produção, as relações de propriedade, a estrutura política, a vida cotidiana, a moral, a ciência e a arte.

Pode-se observar que a esfera produtiva não é um fenômeno natural, mas produção social que expressa historicamente as relações sociais. Ou seja, o sistema produtivo não está separado de seus atributos sociais, não é algo abstrato ou representante de leis naturais independentes da História.

Esse raciocínio leva-nos ao entendimento de que a economia não é, conforme explicou Marx (*apud* WOOD, 2003, p. 28), "uma rede de forças incorpóreas, mas, assim como é a esfera política, [...] um conjunto de relações sociais". Isso não significa qualquer negação da expressão científica das "leis" econômicas, mas a apreensão da economia em sua constituição social, a captação dos modos de produção, de apropriação e de consumo como fenômenos sociais. Ou seja, a apreensão do objeto da economia em sua dinamicidade, o que significa nos voltarmos para as relações sociais que se estabelecem entre os homens na produção e para a estrutura social, que é fruto da produção.

Significa, também, entender a relevância do pensamento dos clássicos da antiguidade grega, o qual desvendou que todas as atividades humanas subordinam-se à política como condição de organização da vida na *pólis*. Essa concepção sofreu significativas alterações, especialmente a partir do mundo moderno, haja vista as finalidades específicas, que, nesse período, foram assumidas pelo Estado em prejuízo de posições de interesse geral. No Estado da sociedade capitalista contemporânea, temos evidência da inversão do referido papel da política, pois não cabe mais organizar e regular a economia — ao contrário, à economia (com características próprias) coube assumir a dianteira, modelando a vida social em função dos interesses do mercado.[14]

Ressaltando que a inovação radical de Marx em face da economia burguesa foi definir o modo de produção e as próprias leis econômicas em termos de "fatores sociais", diferentemente, por exemplo, de Max Weber, seu oponente que esvaziou o capitalismo de sentido social, ao atribuir-lhe definição puramente econômica, Wood (2003) mostra que, em certa medida, o sistema capitalista obscurece a sua determinação sócio-histórica, ou seja, o seu aspecto político, as relações sociais que definem produção/apropriação, em função de a apropriação do excedente do trabalho ocorrer na própria esfera econômica.

Isso mostra uma forma diferente dos períodos pré-capitalistas, quando a apropriação dos excedentes do trabalho ocorria por meios extraeconômicos, a exemplo das coações legal ou militar que impunham a transferência de excedentes para um Senhor ou para o Estado. No capitalismo, a perda da mais-valia é condição da própria produção e, portanto, da reprodução do trabalhador, um mecanismo que define certa autonomia da esfera econômica e que trouxe para alguns, inclusive intelectuais marxistas, como explicita Wood (2003), a impressão de separação entre a economia e a política. No entanto, a autora, contrapondo-se a essa posição, esclarece que:

> A propriedade privada absoluta, a relação contratual que prende o produtor ao apropriador, o processo de troca de mercadorias, exige formas legais, aparatos de coação e as funções policiais do Estado [...]. Em todos esses sentidos, apesar de sua diferenciação, a esfera econômica se apoia firmemente na política (WOOD, 2003, p. 35).

---

14. Isso significa sujeição de classe, pois é, segundo pensamento marxiano, submeter os interesses de todos os outros membros da sociedade aos interesses daqueles que detêm o poder econômico — a burguesia.

Portanto, compreendendo a economia como produção social, entendemos que, apesar de não fazer parte de esfera da vida social restrita à reflexão do ponto de vista ético, ela não está isenta desse tipo de reflexão; muito ao contrário, uma vez que, como toda produção social, a economia é orientada por finalidades, comportando escolhas, atribuição de valores e significados sociais.[15]

Assim, prosseguindo nesse ângulo de raciocínio, acrescentamos que, diferentemente das concepções que captam a sociedade como um pressuposto para a existência do(s) indivíduo(s) isolado(s),[16] a sociedade capitalista assenta-se na pressuposição da origem da sociedade como fruto de um processo que teve como ponto de partida, e fundamento permanente, a existência de indivíduos ontologicamente isolados.

A esse respeito, é importante o comentário de Marx, na *Introdução à crítica da economia política* (1857-1858), situando o indivíduo historicamente:

> Os profetas do século XVIII, sobre cujos ombros se apoiam inteiramente Smith e Ricardo, imaginam este indivíduo do século XVIII [...] como um ideal, que teria existido no passado. Veem-no não como um resultado histórico, mas como ponto de partida da História, porque o consideravam como um indivíduo conforme a natureza [...], que não se originou historicamente, mas foi posto como tal pela natureza (MARX, 1987a, p. 3).

Na sociedade burguesa, a propriedade privada emerge como uma categoria antropológica fundamental — possuir é atributo natural e eterno do indivíduo, condição de humanização e satisfação das

---

15. Este texto discute os Princípios do Código de Ética Profissional do Assistente Social (CFESS, 1993). Quanto a isso, cabe aqui destacarmos que entre esses Princípios encontra-se a "defesa do aprofundamento da democracia, [entendida] enquanto socialização da política e da riqueza socialmente produzida".

16. Nos pensadores gregos, a exemplo de Aristóteles, em Hegel e em Marx encontramos essa ideia.

necessidades do ser humano. E nessa organização social a liberdade é basicamente entendida como interesse próprio, como liberdade individual para possuir e realizar trocas — "[...] só na 'sociedade burguesa', as diversas formas do conjunto social passaram a apresentar-se ao indivíduo como simples meio de realizar seus fins privados, como necessidade exterior" (MARX, 1987a, p. 4).

Há, nessa formação social, a ideia de autonomia do privado e a ideia de indivíduos relacionados entre si como proprietários de si e proprietários das coisas. Isso diverge de concepções que, como as concepções dos pensadores da Grécia antiga, por exemplo, compreendam a sociedade — no caso dos gregos, a *pólis*[17] — como pressuposto para a emersão dos indivíduos, e como o espaço de efetivação da liberdade, sua condição e possibilidade, pois é âmbito da sociabilidade racionalmente constituída, que viabiliza a autorrealização e o aperfeiçoamento dos homens como seres livres. Ou, se quisermos de outra maneira, como condição e possibilidade, mediante a práxis, de conquista da humanidade, de construção das relações sociais, uma vez que a sociedade é o produto e o espaço do processo de construção do mundo humano, no qual, por meio de suas escolhas, de suas projeções e de suas ações, os Homens são produto e autores da História, constituem e dão sentido à vida humana, em condições determinadas.

Para Marx, o Homem é literalmente um *zoon politikon*, pois é:

> [...] não só um animal social, mas animal que só pode isolar-se em sociedade. A produção do indivíduo isolado fora da sociedade — uma raridade, que pode muito bem acontecer a um homem civilizado transportado por acaso para um lugar selvagem, mas levando consigo já, dinamicamente, as forças da sociedade — é uma coisa tão absurda como o desenvolvimento da linguagem sem indivíduos que vivam *juntos* e falem entre si (MARX, 1987a, p. 4, grifo do autor).

---

17. Essa consideração não significa anuência com os limites da chamada democracia grega.

A produção dos Homens ocorre em condições determinadas; como explica Marx (1987a, p. 4), "[...] trata-se da produção em um grau determinado do desenvolvimento social, da produção de indivíduos sociais". Isso possibilita nossa compreensão da sociedade capitalista como uma sociedade produtora de mercadorias, cuja finalidade precípua é a produção de valor e a produção do sobrevalor — o engrandecimento ilimitado do capital —, e não a satisfação das reais necessidades humanas.

Segundo Netto e Braz (2007), a economia se tornou disciplina estritamente especializada, eliminando preocupações históricas, sociais e políticas, uma vez que a burguesia abandonou os valores da cultura ilustrada ou, melhor, entrou em decadência ideocultural, a partir de 1848, dado o intuito de manutenção do poder de classe.[18] A economia tornou-se uma disciplina particular, específica, técnica, com estatuto científico-acadêmico; uma disciplina instrumental, adequando-se aos interesses da ordem social burguesa conservadora, e desenvolvendo, desse modo, um enorme aparato técnico com formato predominantemente matemático. Isso porque renunciou ao papel de fornecer as bases fundamentais que permitiriam compreensão do conjunto da vida social, restringindo-se à análise superficial e imediata da vida econômica.

---

18. Segundo José P. Netto e Marcelo Braz, na obra *Economia política*: uma introdução crítica (2007), a revolução burguesa não materializou o projeto de emancipação humana propalado pela burguesia revolucionária e resumido na consigna: Liberdade, Igualdade, Fraternidade. Lógico que sua realização trouxe avanços para a ordem social, consideradas as ingerências do período feudal; todavia, cabe notarmos o insuperável limite desse feito para a emancipação humana, haja vista a dominação de classe. Esse fato teve repercussões históricas, que fizeram com que, a partir de 1848, a burguesia ingressasse no seu "ciclo de decadência ideológica", ou seja, deixasse de ser capaz de proposições emancipatórias, convertendo-se em classe conservadora. Nisso inclui-se o abandono de conquistas teóricas da Economia Política Clássica, tal como a ideia de valor como produto do trabalho. Esse movimento histórico da burguesia foi traçando também a substituição da Economia Política Clássica, a qual pesquisa a vida social e econômica a partir da produção dos bens materiais e não da sua distribuição, pela economia como disciplina científica especializada, desvinculada de preocupações históricas, sociais e políticas, preocupações que passaram a outras áreas das ciências sociais que se articularam a partir daí: história, sociologia, teoria (ou ciência) política.

O desenvolvimento da sociedade burguesa, como argumentado na seção anterior, configurou modos de vida social e de Estado (relações sociais, jurídicas, políticas) e impulsionou avanços científico e tecnológico. É nessa organização social que a "questão social" emerge como fenômeno característico da contradição instituída pela socialização do trabalho e a apropriação privada dos seus meios de realização e dos seus frutos — a riqueza socialmente produzida. Essa contradição expressa o desenvolvimento das forças produtivas do trabalho social e as relações de desigualdade, pobreza e miséria. Segundo Netto (1989, p. 90), a "questão social" é o conjunto de problemas econômicos, sociais, políticos, culturais e ideológicos que marcam a emersão da classe operária como sujeito sociopolítico na sociedade burguesa — problemas que logicamente, hoje também, estão presentes, pois são inerentes à sociedade capitalista, apesar de suas expressões corresponderem ao atual estágio desse modo de produção. Com base em Iamamoto (2001c), de modo similar, podemos nos referir à "questão social" como o conjunto das expressões das desigualdades sociais engendradas na sociedade capitalista madura, impensáveis sem a intermediação do Estado. Ou seja, como expressão de desigualdades econômicas, políticas e culturais das classes sociais, que configuram um processo denso de conformismos e rebeldias em função das lutas pelos direitos sociais e políticos dos indivíduos sociais — lutas que remeteram a "questão social" para a esfera pública, exigindo a ação estatal em face dos direitos e deveres dos envolvidos e, portanto, viabilizando a formulação de políticas e serviços sociais.

Na sua configuração atual, o mundo capitalista evidencia um processo produtivo articulado em escala mundial, no qual liberdade e democracia são identificadas e propaladas como livre-comércio. Defrontamo-nos, dessa maneira, com a chamada "globalização", a "globalização" dos mercados, nos marcos da financeirização da economia e das alterações regressivas na esfera estatal — a contrarreforma do Estado —,[19] a qual trouxe sérias implicações à vida social, haja

---

19. A esse respeito, é importante consultar a tese de doutorado de Elaine R. Behring, intitulada *A contrarreforma do Estado no Brasil* (2002).

vista a restrição das responsabilidades públicas frente aos direitos conquistados e/ou às necessidades sociais, ou seja, a ampliação, o aprofundamento e a criminalização da "questão social" e suas diferentes expressões.

É relevante citarmos Iamamoto (2001c, p. 27) a respeito da "questão social":

> Recicla-se a noção de "classes perigosas" — não mais laboriosas, sujeitas à repressão e extinção. [...]. Evoca o passado, quando era concebida como caso de polícia, ao invés de ser objeto de uma ação sistemática do Estado no atendimento às necessidades básicas da classe operária e outros segmentos de trabalhadores.

Todavia, essa expressão atual do capitalismo veio como resposta a mais uma de suas crises cíclicas, após um período de significativa expansão econômica nos países centrais — os denominados "trinta anos gloriosos" ou a "época de ouro" do capitalismo —, período em que o Estado interveio de modo significativo, seja tocando no plano da produção propriamente dita, buscando arrefecer os riscos causados pelas crises próprias ao sistema de produção, seja como mediador nas relações (conflitos) entre o capital e o trabalho. O Estado envidava esforços para viabilizar o processo de acumulação capitalista articulado às políticas salariais e sociais, um processo que, por meio da organização da produção dirigida ao consumo de massa e da produção de bens em massa, possibilitava certa combinação entre intensidade no trabalho, elevada produtividade, alta taxa de lucro, políticas de pleno emprego e salários crescentes — convencionalmente chamado de padrão de acumulação fordista.

Esse padrão de acumulação, desenvolvido após a Segunda Guerra Mundial, começou a mostrar sinais de crise desde meados de 1960, e para enfrentá-la desencadeou-se um radical processo de reestruturação capitalista.

A reestruturação da produção que comportou mudanças organizacionais e alterações tecnológicas (a microeletrônica, por exemplo), bem como a desregulamentação dos mercados, inclusive o da força de trabalho, está no bojo das atuais transformações societárias que tocam os Estados nacionais para o recrudescimento do processo de mundialização do capital. É parte de um movimento em busca de revitalização do capitalismo avançado mundial, após a sua crise na década de 1970 (com sinais desde meados de 1960 e ainda em curso), quando uma profunda recessão combinou baixas taxas de crescimento com altas taxas de inflação. É, conforme Dias (1998), uma resposta à crise do capital que põe em cena uma dupla solução: o neoliberalismo e a reestruturação produtiva.

Ruy Braga (1996), autor citado em páginas anteriores, refere-se ao atual processo posto em curso pelo capital como um posicionamento restauracionista (do capital), com o objetivo de protelar as consequências da sua queda da taxa de lucro. Diante do que nos interessa situar, que esse é um processo que vem violando conquistas duramente alcançadas pela classe trabalhadora e trazendo profundos danos à vida em sociedade. Observam-se, ao lado do ataque às políticas públicas e à ampliação da desigualdade social — e seus evidentes desdobramentos nos índices da chamada violência urbana —, a perda de postos de trabalho, melhor dizendo, desemprego, trabalho sem regulamentação e diversidade de contratações temporárias, ou seja, aumento combinado de formas de exploração do trabalhador, seja pela "informalidade" do trabalho, seja por meio da introdução de novos padrões tecnológicos e/ou gerenciais.

O enfraquecimento dos sindicatos também é visível, com sérios prejuízos à possibilidade de organização e, portanto, resistência dos trabalhadores. Esse é o contexto de sociedades, particularmente as da periferia capitalista,[20] que exibem, de forma paradoxal, ao lado da sofisticação tecnológica — considerável capacidade de produção de

---

20. Essas sociedades sempre tiveram um sistema de proteção social frágil e sempre mereceram observação pelas marcas do desrespeito aos direitos do trabalho. Apesar de impactadas pelo processo em curso de reestruturação do capital, nunca contaram com um Estado de Bem-Estar Social que ora pudesse ser atacado.

riquezas sociais —, precárias condições de trabalho e vida de significativo contingente de seus trabalhadores; sociedades essas que muitas vezes, quando conseguem não aumentar sua estatística de pobreza ou não ampliar o seu contingente de pessoas miseráveis, acirram mesmo assim a desigualdade social. Ou seja, são sociedades em que o cessar ou até a diminuição numérica dos índices de pobreza e miséria podem não significar necessária e automaticamente apreciação de melhoria na qualidade de vida da população em geral, uma vez que, apesar disso, essas sociedades podem manter ou até piorar as condições de vida e trabalho de faixa majoritária dos trabalhadores, pois poucos segmentos da população trabalhadora podem ter acesso a condições dignas de trabalho e às riquezas produzidas socialmente. Fatos que, ocorrendo, além do dano que causam pela inviabilidade de tais acessos, levam a população trabalhadora à dupla penalidade,[21] pois também reforçam a desigualdade social e podem ser comumente verificados por meio de fenômenos relacionados à (in)segurança pública.

A esse respeito, é interessante observarmos o comentário de Wacquant — autor que evidencia o desenvolvimento de um Estado Penal em substituição ao Estado de Bem-Estar Social — em nota introdutória dedicada aos leitores brasileiros de sua obra *As prisões da miséria*:

> [...] a despeito do retorno à democracia constitucional, o Brasil nem sempre construiu um Estado de direito digno do nome. As duas décadas de ditadura militar continuam a pesar bastante tanto sobre o funcionamento do Estado como sobre as mentalidades coletivas, o que faz com que o conjunto das classes sociais tenda a identificar a defesa dos direitos do homem com a tolerância à bandidagem.
>
> Em tais condições, desenvolver o Estado penal para responder às desordens suscitadas pela desregulamentação da economia, pela dessocialização do trabalho assalariado e pela pauperização relativa e absoluta de amplos contingentes do proletariado urbano, aumentando os meios, a amplitude e a intensidade da intervenção do aparelho policial

---

21. Evidentemente, apesar de salvaguardadas diferenças, sem abstrações e homogeneidades, esse é um processo que afeta a sociedade em geral.

e judiciário, equivale a (r)estabelecer uma verdadeira *ditadura sobre os pobres* (WACQUANT, 2001a, p. 10, grifos do autor).

Naturalmente, não obstante se tratar de um processo em escala mundial, não cabe observar com homogeneidade esse processo de reestruturação do capitalismo. Sabemos que nele existem particularidades e "hierarquias" ou, melhor, que ele comporta a realidade de diferenças e desigualdades inerentes ao capitalismo. Outrossim, sabemos que essa realidade não foi tecida por leis naturais ou sobrenaturais, mas construída socialmente e dissonante de projeto societário dirigido à genericidade humana, o qual poderíamos caracterizar como favorável ao processo de humanização do ser humano.

O mundo capitalista evidencia um processo produtivo articulado em escala mundial (o que comumente é chamado de "globalização"), em que liberdade e democracia são identificadas e propaladas como livre-comércio. E, por sua vez, esse livre-comércio passou a ser identificado e propagado como o eixo regulador da vida social, correspondendo ao desenvolvimento de uma racionalidade assentada no pragmatismo. Ou seja, correspondendo à defesa da produtividade, da competitividade, da eficiência, do individualismo e do útil como critério de verdade, quesitos que compõem a lógica que deve nortear a vida em sociedade.

Anderson (1995, p. 22), discutindo o neoliberalismo, explicita que:

> [...] este é um movimento ideológico, em escala verdadeiramente mundial, como o capitalismo jamais havia produzido no passado. Trata-se de um corpo de doutrina coerente, autoconsciente, militante, lucidamente decidido a transformar todo o mundo à sua imagem, em sua ambição estrutural e sua extensão internacional.

O neoliberalismo teve origem, após a Segunda Guerra, como reação teórica e política ao Estado Intervencionista e de Bem-Estar.[22]

---

22. *O caminho da servidão* de Friedrich Hayek, escrito em 1944, é o texto considerado como o de origem do neoliberalismo.

Um posicionamento fortemente contrário aos mecanismos estatais para regular o mercado, para planificar a economia, sob a alegação de serem danosos à liberdade, tanto econômica como política.

Hayek e demais adeptos desse pensamento[23] combatiam o keynesianismo, visando à emersão de outro tipo de capitalismo — mais duro e livre de regras —, mais restritivo às conquistas do trabalho e/ou às possibilidades de novas conquistas pelo trabalho.

No pensamento neoliberal, a causa dessa crise do modelo produtivo após a Segunda Guerra Mundial seria o poder do movimento operário — e os consequentes gastos com as políticas sociais. Aí poderíamos encontrar os responsáveis pelos prejuízos ocorridos no processo de acumulação capitalista.

O Estado Intervencionista e de Bem-Estar Social é considerado prejudicial à economia e aos cidadãos, uma vez que constitui um empecilho à liberdade do mercado, à sua prosperidade e à prosperidade dos cidadãos. Estes se tornam parasitários, dependentes das políticas públicas que prejudicam os lucros empresariais, agigantam e oneram o Estado, enfim, que desencadeiam crises nas economias de mercado.

Observe-se que, enquanto no contexto do pós-guerra a intervenção estatal foi tida como mediação para se enfrentarem as crises do capital, como possibilidade de pelo menos minorar substancialmente seus efeitos, a crítica neoliberal inverte tal lógica, alegando que o que se tomava como possibilidade de solução seria a própria causa da crise.

Os anos de 1980 testemunharam, nas economias capitalistas dos países centrais, a vitória do neoliberalismo, com seu ideário em favor do mercado livre, da competição como melhor maneira de alcançar a realização dos indivíduos e garantia de atendimento às suas necessidades. O governo inglês de Margaret Thatcher foi pioneiro nas

---

23. Perry Anderson (1995) esclarece que, após convocação de Hayek aos que compartilhavam sua orientação ideológica para uma reunião na pequena estação de Mont-Pélerin, na Suíça, por volta de 1947 — período de formação das bases do Estado de Bem-Estar na Europa —, foi fundada por eles uma espécie de maçonaria neoliberal, altamente dedicada e organizada, com reuniões internacionais a cada dois anos.

experiências neoliberais e, com prática aguerrida, teve iniciativas como a imposição de legislação antissindical, a efetivação de programas privatistas, a baixa de impostos sobre altos rendimentos.

Mesmo nos países com governos cuja ideologia neoliberal era, por princípio, inimiga central — os social-democratas —, essa ideologia foi se irradiando com correspondência prática.

Na América Latina, após o Consenso de Washington de 1989,[24] o neoliberalismo penetrou trazendo a redução do Estado, as "ondas privatistas" e a abertura dos mercados. Ou, em outros termos, forjando políticas propaladas como necessárias à produtividade e à competitividade, características de um planejamento subordinado à concorrência e visando à soberania dos mercados, apesar do veemente posicionamento neoliberal contra o planejamento socioeconômico. A partir daí, deparamo-nos com a ideia da importância e da inevitabilidade da "globalização", um processo tratado com tamanho grau de inexorabilidade que parece corresponder a razões e leis naturais.

Como já destacamos de outra maneira, no pensamento neoliberal (liberal) o desrespeito à liberdade do mercado, ao *laissez-faire* e à lógica individualista é o motivo dos problemas das sociedades modernas. Segundo esse pensamento, não é pertinente interferência consciente nos assuntos sociais, pois as questões das sociedades atuais têm na implantação total do mercado a sua solução. Não cabe planejamento socioeconômico porque é mediante a lógica impessoal do mercado que se torna possível a submissão de todos a padrões gerais, ou seja, ditados sem espaço, para privilégios de interesses particulares de indivíduos ou grupos.

O mercado comporta produção, consumidores e produtos e é a possibilidade de equilíbrio da vida social, desde que haja combinação

---

24. Conforme explicitamos em nota anterior, em novembro de 1989, representantes dos organismos de financiamento internacional (BID, FMI, Banco Mundial), funcionários do governo americano e economistas latino-americanos realizaram encontro para avaliar (e definir sobre) reformas econômicas na América Latina, o qual se tornou conhecido como Consenso de Washington.

entre esses diferentes fatores, ou seja, desde que a produção e o consumo estejam em adequação. Para isso, é necessário implantar o mercado total, um mercado livre e ampliado que permita aos indivíduos livres buscarem a satisfação de suas necessidades e seus desejos, partindo de seus recursos e conhecimentos perfeitos dos acontecimentos que ocorrem no mercado, sem interferência de qualquer plano imposto por planejamento/ação estatal. A ordem social, portanto, emerge do entrelaçamento das múltiplas ações individuais, da lógica produzida pelo e para o funcionamento do mercado. Ou seja, em uma sociedade de complexa divisão social do trabalho, cuja coordenação das ações — portanto, da vida social — é considerada impossível por mecanismos conscientes de regulação, o mercado é tomado como o recurso adequado para realizar tal tarefa. Ele permite, mediante a racionalidade produzida pelo entrelaçamento das ações individuais em busca de satisfação de necessidades e desejos, a coordenação e a regulação dessas diversas ações — cumpre um papel considerado impossível pelo conhecimento dos sujeitos na coordenação direta das múltiplas ações na sociedade.

O neoliberalismo reedita a tese da "supremacia do mercado" ou, conforme explicita Oliveira (1995), reedita os argumentos liberais de tendência imanente do mercado ao equilíbrio e de sua possibilidade de exercer "função epistêmica",[25] aspectos de alcance inviável pelo planejamento, pela ação consciente dos sujeitos. Em outros termos, o neoliberalismo retoma a concepção liberal do mercado como o mecanismo que impede a anarquia, por suscitar um sistema produtivo coordenado, apesar de produzido não intencionalmente pelo automatismo do mercado.

Entretanto, com base em F. Hinkelammert (*apud* OLIVEIRA, 1995, p. 62), cabe-nos apreciar a contradição que essa tese comporta. Por um lado, ela coloca o mercado como portador de função

---

25. A esse respeito, Oliveira (1995) explica que o mercado é legitimado epistemicamente, pois é captado como instrumento para suprir conhecimentos e como mecanismo indispensável de coordenação em uma economia complexa.

epistêmica — justifica teoricamente o mercado a partir dessa função, alegando que ele permite uma coordenação que, de outro modo, pressuporia conhecimento inatingível pelo Homem. Ninguém e/ou nenhuma Instituição pode ter conhecimento das múltiplas ações e questões da sociedade, ou seja, conhecimento tão amplo, a ponto de empreender uma intervenção eficiente, conscientemente construída, na realidade socioeconômica. Isso faz com que o mercado se torne a resposta necessária nas sociedades modernas. Todavia, por outro lado, essa tese pressupõe que o equilíbrio do mercado aconteça na medida em que os que dele participem tenham conhecimento perfeito de todos os acontecimentos que ocorrem no mercado, além de considerar necessária a capacidade ilimitada de adaptação dos fatores (produção, consumidores e produtos) às situações em mudança constante. Isso significa que o equilíbrio efetivado pelo mercado só é possível mediante conhecimento inatingível pelo Homem — ou seja, por meio do aspecto que justificaria teoricamente o mercado como resposta necessária nas sociedades modernas. Disso se pode inferir a incongruência do marco teórico do neoliberalismo, uma teoria autocontraditória, como explica Oliveira (1995), haja vista não caber captarmos o mercado com função epistêmica, como racionalidade evidente por sua tendência imanente ao equilíbrio ou como o elemento capaz de produzir a coordenação das atividades necessárias ao equilíbrio socioeconômico das sociedades modernas. Tampouco cabe considerar, em consequência, que a ampliação do mercado — quanto mais se assegurem a propriedade privada e a liberdade de contratos nas atividades humanas — signifique o caminho, a racionalidade apropriada para a solução dos problemas socioeconômicos das sociedades modernas.

Diante do que viemos explanando, cabe observar-se, ainda, o comentário de Oliveira, ao destacar que, paralelamente ao enaltecimento do mercado — considerado o grande "imperativo econômico" —,[26] o socialismo é apresentado como irracional pela pretensão de substituí-lo:

---

26. Denominação utilizada por Manfredo Araújo de Oliveira. *Ética e economia*. São Paulo: Ática, 1995, p. 63.

O socialismo se manifesta [...] exatamente como irracional por pretender substituir o mercado. [...]. O resultado só pode ser o caos exatamente porque seu projeto de sociedade implica, [...] planificação global, que pressupõe um conhecimento perfeito da realidade econômica, a destruição das relações mercantis, as únicas em condição de solucionar o problema econômico numa sociedade moderna. O socialismo tem, em sua raiz, uma falsa concepção de homem: supõe um homem absoluto capaz de adquirir um conhecimento completo que lhe permita dominar todos os possíveis acontecimentos. [...]. O socialismo é, por isso, uma ideologia perigosa, pois, tentando realizar uma ilusão, ele vai ter que apelar para o terror (OLIVEIRA, 1995, p. 63).

Sabemos que no sistema capitalista a finalidade é o (ilimitado) engrandecimento do capital e não propriamente a satisfação geral das necessidades sociais. E isso, como já colocado, implica hierarquia e desigualdade. Configura um mundo de produção de mercadorias destinadas à troca para a realização da mais-valia, no qual a força de trabalho também se torna mercadoria — com a especificidade de, ativada como trabalho, tornar-se fonte de valor/sobrevalor. Ou seja, nessa formação social, as relações mercantis invadem a sociabilidade e as diversas dimensões da vida em sociedade. Todavia, a economia de mercado é apresentada pelo pensamento neoliberal como via de equilíbrio social, e como possibilidade de felicidade e de liberdade; com isso, a competição e o individualismo são valorizados. A ideia de bem comum — de interesse geral — aparece como caminho a ser efetivado pela luta em prol da satisfação dos interesses de indivíduos isolados, interesses perseguidos individualmente e consoantes com a lógica mercantil — submetidos a essa lógica. A submissão ao mercado é sugerida como meio de realização humana, pois o mercado:

> [...] se impõe para além da consciência como um mecanismo coletivo de produção de decisões, como um processo que se impõe às ações individuais.
> Por esta razão a principal e fundamental virtude desta postura ética consiste na humildade da aceitação da primazia deste mecanismo

inconsciente na vida, ou seja, na renúncia a uma ação consciente em função da submissão a um mecanismo inconsciente, mas eficaz (OLIVEIRA, 1995, p. 64).

Essa citação adensa o que viemos discutindo e sinaliza a relevância de pensarmos no sentido da economia na vida humana, pois, como se pode apreender, a teoria econômica implica consequências para a vida humana e não significa um saber (e/ou pressupõe agir) isento de valores e de finalidades. Não obstante, "desde seu nascimento na modernidade, mas, sobretudo, a partir dos economistas neoclássicos, a ciência econômica levanta a pretensão de articular-se [...] como um conhecimento de fenômenos isento de valores" (OLIVEIRA, 1995, p. 65).

Dessa maneira, cabe observar que o que discutimos no Capítulo 1 torna clara a relação entre valores e economia, uma vez que nele abordamos produção/reprodução do Ser Social. Ao situarmos o trabalho como categoria fundante do mundo humano, evidenciamos que é por meio do trabalho que surgem os valores como propriedades que o produto adquiriu e pelo significado que ganham para o Homem, em decorrência das funções sociais que o produto desempenhará. São propriedades objetivas do existente, ou daquilo que, a partir da transformação realizada pelo Homem, passou a existir. Podem ser propriedades identificadas pelo Homem em algo para efetuar o produto humanizado ou referir-se ao que passou a existir, pela objetivação do seu trabalho, e tornou-se valor ou desvalor em função da satisfação das necessidades humanas. Ou seja, a valoração pressupõe a práxis e sua base originária — que tende a se desdobrar em patamares mais elevados de sociabilidade — pode ser encontrada nas ações dos homens em busca de respostas para as suas necessidades, em determinadas condições sócio-históricas.

O dever ser também tem sua base no trabalho, pois, como comportamento determinado por finalidades sociais, tem na escolha entre alternativas e na teleologia características para sua efetivação. Tais categorias se realizam no trabalho e nas formas mais complexas da práxis, uma vez que podem transferir-se para campos de ação puramente espirituais.

Além disso, cabe focalizar que, mesmo que a ciência se pretenda conhecimento independente da subjetividade, isso só poderia ser pensado sem nos prendermos a análises profundas, nas ciências naturais; fora isso, tal possibilidade é impensável e nas ciências sociais é projeto inexequível. Cabe observarmos, ainda, que o modelo de ciência moderna expressa em linguagem matemática na economia não redundou em extinção de preferências ou valores humanos, mas absolutizou uma espécie de *ética da utilidade* identificada com o bem, na identificação da racionalidade instrumental referida à maximização da utilidade com a racionalidade da ação enquanto tal (OLIVEIRA, 1995, grifo nosso).

As ciências em geral, e particularmente as que se referem à sociedade, são produções do mundo humano e não estão isentas de valores e finalidades daqueles que as produziram. Isso não quer dizer inviabilidade de aproximação (contínua) da realidade (natural ou social) para conhecê-la e/ou nela intervir conscientemente, de modo eficiente.

No interior do trabalho, o Homem escolhe entre alternativas, projeta, ou seja, estipula finalidades e busca meios de materializar o que previamente idealizou. Nesse processo, ocorre a busca do conhecimento ao longo da História, e é nele que se desenvolve a ciência, a busca do conhecimento da legalidade do existente, visando ao conhecimento universalizante, ao alcance de categorias universais. Todavia, isso requer projeções, escolhas, determinação de finalidades sociais e ação em função de necessidades sociais. A ciência constitui um processo produtor de conhecimento que cumpre uma função social específica, vinculado às necessidades e às responsabilidades do mundo humano. Disso participa originalmente a ciência econômica, ou seja, vincula-se à necessidade e à responsabilidade da produção, da apropriação e da distribuição de bens para a satisfação de necessidades sociais.

O Homem, por meio do trabalho, em busca de satisfação de suas necessidades, escolhe entre alternativas, determina e é responsável pela ordem econômica, imprime sentido ao agir econômico e, por conseguinte, evidencia a finalidade social assumida por esse agir, tornando ou não a vida humana possível. Conforme Oliveira (1995, p. 70), cabe-nos observar que, "se a história é o espaço de luta pela efetivação da liberdade, ela é, antes de mais nada, 'luta pela vida', pela conquista das condições materiais que tornem a vida humana possível".

Dessa maneira, entendemos que a economia exerce papel preponderante na vida em sociedade, na medida em que, cumprindo sua função social — vinculada aos fenômenos da produção, da distribuição e do consumo dos bens, da riqueza produzida socialmente —, esteja a serviço da satisfação das necessidades básicas do ser humano. Ou seja, esteja na direção da satisfação das necessidades de todos na sociedade; na medida em que, exercendo sua liberdade, sua possibilidade de escolha, o Homem opte e se responsabilize por teorias e ações econômicas consoantes com sua existência material e espiritual, com sua contínua necessidade de conquista como ser, pois, como já mencionamos em páginas iniciais deste texto, o Homem é um ser ontocriativo, portanto um ser inacabado que cria, melhor dizendo, que conquista sua humanidade, o seu próprio ser. Até porque sua ação pode também se dirigir ao contrário, ou seja, voltar-se para a sua destruição. Fato que, no nosso entender, mostra-se no âmbito da economia por meio de perspectivas que não tenham como finalidade a satisfação das reais necessidades sociais, que não coloquem o Homem como seu fim, tornando-o meio e/ou instrumento para a satisfação de outros interesses particulares, seja de indivíduos isolados, seja de grupos. Além disso, por meio de perspectivas que retirem do Homem a possibilidade de, como ser genérico, exercer a liberdade, pois é independente da subjetividade, o que significa retirar do Homem a tarefa de criação do seu mundo e, simultaneamente, da sua autocriação e do seu aperfeiçoamento, ou seja, perspectivas sem possibilidade emancipatória, como, por exemplo, a teoria neoliberal — a qual, colocando o mercado como Sujeito, o situa, conforme Oliveira (1995), além da consciência, como mecanismo coletivo de produção de decisões, como processo social que se impõe às ações individuais, trazendo com isso, inclusive, a possibilidade de isenção radical da moralidade na vida humana, uma vez que a questão dos fins da ação humana torna-se, em última instância, decidida pelo mercado.

Essa teoria político-econômica tem por finalidade o engrandecimento desmedido do capital, e por isso alicerça, de diversos modos, a efetivação da produção exacerbada de excedente pelo trabalhador, em detrimento do necessário para a sua reprodução — ou seja, possibilita ampliar sobremaneira a exploração do trabalho e coloca o Homem cada vez mais a serviço das coisas, em vez de viabilizar que as coisas sejam colocadas em função da criatividade e da realização humanas.

Tudo isso nos leva a inferir que, apesar de não restrita à ética, a economia — teoria ou ação/realização nesse campo — é construção social que comporta valores e finalidades sociais; portanto, não está isenta de reflexão no campo ético.[27] Daí a importância de considerá-la no bojo das indagações acerca dos rumos que vem tomando a existência humana e das questões vinculadas à decifração do sentido da História humana. Daí a importância de se avaliar o que é e o que pode ser diferente, ou seja, apreciar na vida em sociedade, no âmbito socioeconômico, *o ser e o dever ser*, categorias que estão no âmbito de estudo da ética.

Diante do que expusemos, é importante ainda se observar que relação tem tal ciência e demais produções na área com o Serviço Social, uma vez que, além de nossa profissão, é profissão cuja gênese encontra-se em determinada fase do capitalismo — a era dos monopólios — e tem nele solo histórico do desenvolvimento de suas ações, pois ações destinadas ao trato das diferentes expressões da "questão social".

O Serviço Social é profissão que vem sofrendo consistentes repercussões no seu âmbito de ação, não só por seus agentes serem

---

27. Primariamente, a economia pode ser concebida como esfera da vida social que se encontra restrita à dimensão da necessidade, sem alcançar o "reino da liberdade", mas as sociedades, as necessidades e as capacidades humanas se complexificam ininterruptamente, o que significa dizer que tal esfera da vida social também.

trabalhadores assalariados, mas também por serem trabalhadores assalariados que trabalham nas políticas sociais em função das expressões da "questão social", num momento em que as propostas para o enfrentamento da "questão social" não ultrapassam perspectivas assistencialistas, que articulam focalização e repressão e reforçam a face repressiva de segurança pública.[28] É uma profissão que vem sofrendo novas requisições e configurações nos seus espaços ocupacionais em decorrência das transformações societárias — que retratam alterações regressivas nas relações entre o Estado e a sociedade civil — correspondentes ao quadro recessivo da economia internacional, economia submetida à lógica financeira do grande capital e alicerçada por um vasto empreendimento ideológico, que, como já explicitamos, compromete processos e valores democráticos — o ideário neoliberal.

A esse respeito, cabe o seguinte comentário de Iamamoto (2001c, p. 19):

> Vive-se um momento particular de inflexão do cenário mundial que afeta a produção, a distribuição e o consumo de bens e serviços materiais, culturais, públicos e privados, atingindo a vida de todos. O desenvolvimento das forças produtivas sociais do trabalho [...] é apropriado por países e grupos sociais que detêm o monopólio da economia, do poder político e militar. [...]. É a ampliação da dependência cada vez maior dos cidadãos à ciranda do mercado, que se impõe aos sujeitos como uma força inexorável, invertendo e subvertendo valores quando a referência é a emancipação humana.

Como vimos, essa citação situa com clareza as implicações desse processo em curso para o Serviço Social brasileiro. Evidencia aspectos contrapostos aos compromissos assumidos pelo Serviço Social, ou seja,

---

28. Conforme procuramos explicitar em outros textos, a concepção de segurança pública não deve limitar-se à repressão policial: Cleier Marconsin e Valeria L. Forti. "Segurança social ou (in)segurança pública?!" (2000b; 2001b; 2002a). "Por uma concepção ampliada de segurança pública: o Serviço social discute os direitos humanos e de cidadania" (2001); e "*Segurança pública e Serviço Social: discutindo o (des)respeito aos direitos humanos*" (2002).

à direção ético-política defendida e assumida em seu atual Projeto Profissional, que é expressão de um processo de luta pela hegemonia entre as forças sociais presentes na profissão e na sociedade. E, como abordaremos mais adiante neste texto, Projeto dissonante dos valores e das finalidades propagados e efetivados pelo atual ordenamento socioeconômico. Ou seja, um Projeto Profissional que, diametralmente oposto às diretrizes políticas neoliberais, tem como valor central a liberdade e se fundamenta na ontologia do Ser Social assentada no trabalho. O Serviço Social — rompendo com sua postura conservadora — acabou por gestar, ao longo das últimas décadas, uma direção social estratégica colidente com a hegemonia política do grande capital, tendo como referência princípios — claramente expressos no seu último Código de Ética Profissional — cuja materialização supõe a luta no campo democrático-popular em prol da construção de uma nova ordem societária.

2.4. Criminalização da pobreza

Discutir o modo de produção capitalista significa discutir o que engendra e dá forma ao percurso histórico do Serviço Social — "seu solo histórico" —, como também problematizar o objeto de estudo/intervenção dessa profissão, ou seja, a "questão social" em suas diferentes expressões. Esse tema será aqui enfocado por meio da discussão do fenômeno da criminalização da pobreza, algo que não é novo, mas, a nosso ver, ora se mostra diferente pela insólita proporção que assume.[29]

---

29. São constantes as notícias em jornais impressos e telejornais de ocupações pelos Órgãos de Repressão em áreas populares, em função das chamadas "guerra do tráfico e guerra ao tráfico", o que penaliza inúmeros sujeitos. Todavia, em situações individualizadas, a nosso ver, nunca foram tão frequentes notícias nos mesmos veículos de comunicação sobre jovens (comumente pobres, pardos e/ou negros) presos ou até mortos por policiais, com a justificativa de serem confundidos com aqueles que, por violarem a lei, são avaliados como bandidos.

Como já foi citado em item anterior deste texto, podemos nos referir à "questão social" como o conjunto de problemas econômicos, sociais, políticos, culturais e ideológicos que marcam a emersão da classe operária como sujeito sociopolítico da sociedade burguesa" (NETTO, 1989, p. 90). Sociedade que necessitou, para constituição e expansão do modo de produção capitalista — com os inerentes conflitos da relação entre o capital e o trabalho —, recorrer a determinados mecanismos, seja para disciplinar a força de trabalho, adequando-a a esse modo de produzir, seja para o controle/naturalização dos seus conflitos.

Cabe observar-se que os espetáculos públicos, em que há evidência da dor pela punição brutal dos corpos, deixando marcas visíveis e representando a força dos soberanos — daqueles que detinham o poder —, atravessaram a era medieval e parte da modernidade, representação de um despotismo que levava à forca, à decapitação, à fogueira etc. Pereira (2006, p. 68-69) explicita que, no feudalismo, a moeda e a produção eram pouco desenvolvidas, sendo o corpo o bem mais acessível — portanto, os castigos, se considerados necessários, só poderiam ser pensados basicamente nessa esfera, a esfera corporal. Diferentemente disso, outros tipos de castigos passaram a acontecer no mundo da economia mercantil, cujo incentivo ao trabalho e o consequente recurso a mecanismos de disciplinamento e controle, conforme já mencionado, tornaram-se avaliados como importantes para o desenvolvimento da manufatura. A internação dos mendigos e dos infratores em casas de correção e em hospitais gerais tornou-se meio punitivo eficaz, com o objetivo de torná-los sujeitos dóceis para o trabalho manufatureiro. Já com um significativo número de trabalhadores livres e disciplinados, em estágio mais avançado, a economia capitalista, na sua fase industrial, não mais utilizou mecanismos para disciplinar trabalhadores para a obrigação do trabalho: passou a lançar mão de casas de detenção com fins corretivos. Na Inglaterra do século XIX, as medidas de controle e proteção relativas à Lei dos Pobres tornaram-se inviáveis, haja vista a rebeldia dos proprietários com o crescimento dos gastos com a assistência, o que fez com que os abrigos destinados a pobres e mendigos fossem transformados em casas de trabalho. Isso nos permite inferir que tais casas de trabalho foram instituições destinadas ao adestramento da população considerada "perigosa" e que foram antepassados da prisão. Ou seja, conforme Pereira (2006), uma espécie de manufatura reservada às massas insubordinadas, sobretudo em relação à recusa ao trabalho nas condições determinadas pelas elites.

Cabe, além disso, lembrar que as lutas da classe trabalhadora marcaram a História em prol da conquista de direitos sociais/humanos, expressando a rebeldia consequente da desigualdade social e das péssimas condições de sobrevivência em que muitas vezes se encontraram os trabalhadores, lutas que significaram avanços, mas que também e em grande parte tiveram como resposta a força repressiva do Estado.

Atualmente, a reestruturação do capital vem desencadeando um forte processo de ataque ao Estado e à classe trabalhadora. "Ondas privatistas" e a preconização de um "Estado mínimo", um Estado funcional à maior mobilidade do capital — ou, como indica Netto (1993), um Estado mínimo para os trabalhadores e máximo para o capital — traçam um contexto em que o recrudescimento do imanente processo de mundialização do capital dificulta sobremaneira as lutas da classe trabalhadora. Como já mencionado, esse é um processo que vem esgarçando o pacto político da (frágil) democracia brasileira[30] e evidenciando que forças sociais retrógradas, (ultra)conservadoras, vêm efetivando celeremente a derrocada dos direitos conquistados pelos trabalhadores e, por conseguinte, aprofundando nossa histórica desigualdade social.

Com isso, como discutimos no item 2.1 deste texto, pode-se dizer que a política neoliberal é o modelo hegemônico que atravessa a economia, a política, as relações sociais e a ideologia, posicionando as relações e o lugar de cada país e das coisas em cada país. Isso significa

---

30. Esse é um processo que, não obstante afetar de modo intenso as economias capitalistas periféricas, vem atravessando, com diferentes formas e intensidades, as sociedades mundialmente.

dizer, por conseguinte, que temos um quadro de proeminente lógica mercantil: recuo da proteção social coletiva, significativa ampliação da insegurança social suscitada pelo declínio e pela fragmentação do trabalho assalariado, mercantilização das relações humanas etc. — uma lógica que, inclusive, como explicita Wacquant (2001a, p. 8):

> [...] pretende remediar com um "mais Estado" policial e penitenciário o "menos Estado" econômico e social que é a própria causa da escalada generalizada da insegurança objetiva e subjetiva em todos os países, tanto do Primeiro como do Segundo Mundo.

Enfim, estamos diante de um quadro em que produção capitalista, desigualdade social e punição aos pobres são as tonalidades que se tornaram marcantes, sobretudo nos países capitalistas periféricos, que nem chegaram a constituir um Estado de Bem-Estar que possa ser desmontado, substituído ou remediado pelo "mais Estado Penal".

Sabemos que a crise contemporânea do capital, comumente denominada crise do padrão fordista/keynesiano, decorre de um complexo de fatores — um contexto em que o *welfare state* foi abalado e as classes dominantes puseram em curso uma reação alternativa à altura da ameaça que todo esse processo significava para ela. As classes dominantes responderam a essa crise com o que Ruy Braga (1996) denomina posicionamento restauracionista do capital, ou seja, uma contratendência erigida pelas classes dominantes com o objetivo de retardar as consequências da tendência à queda da taxa de lucro.

Isso possibilitou que o neoliberalismo tomasse fôlego como reação teórico-política ao Estado Intervencionista e de Bem-Estar, combatendo o keynesianismo e, além disso, forjando o que Loïc Wacquant (2001a, p. 8) denomina penalidade neoliberal, ou seja, "o conjunto das práticas, instituições e discursos relacionados à pena e, sobretudo, à pena criminal". Dessa maneira, a insegurança social, ou seja, as sequelas geradas pela ausência de política social, pelo desemprego, pela instabilidade ocasionada pela "flexibilização" dos direitos do trabalho e pela mercantilização das relações humanas vêm sendo discutidas e, sobretudo, enfrentadas pela razão penal em substituição à lógica outrora instituída pelo Estado Social.

Em elaboração crítica à criminologia positiva, Thompson (1983) esclarece que, em uma sociedade complexa e hierarquizada, as leis são ditadas pela classe que dispõe de poder, e isso permitirá a essa classe definir e manter a ordem legal, com a existência das desigualdades que lhe possibilitam os privilégios, enquanto for uma realidade sustentada pelos subalternos. Isso, segundo o autor, retira a conotação idealística que envolve os termos crime e criminoso, tornando evidente que ambos não são entidades absolutas, ou naturais, nem são entidades passíveis de serem vistas como algo em si.

Se, por exemplo, nos detivermos, mesmo que *en passant*, nas questões do delito contra o patrimônio (Código Penal), as quais são relevantes em nossa sociedade, poderemos observar que tais questões, em suma, fundamentalmente se assentam, conforme Champman, na ideia de "transferir bens ou direitos de uma pessoa para outra, sem o pleno conhecimento e concordância da primeira" (*apud* THOMPSON, 1983, p. 59). Todavia, diante disso, seguindo o raciocínio de Thompson (1983), cabe-nos indagar: quais são o significado e a coerência de tal perspectiva ("criminal") em face do mundo concreto, em face da sociedade industrial-mercantil, em face do mundo dos negócios, dos bons e excelentes negócios?

Wacquant (2001a, 2001b) produziu importantes obras, mostrando quanto a lógica dos "sujeitos perigosos", referindo-se fundamentalmente à camada empobrecida, que inclui negros e estrangeiros, vem produzindo o encarceramento em massa nos Estados Unidos e um sofisticado e economicamente próspero aparato de segurança/vigilância, forma que se mostra mais presente na Europa. Observe-se que essa lógica criminaliza os trabalhadores que a própria crise contemporânea do capital tornou dispensáveis.[31]

---

31. Indaga-se em que medida há conveniência na perpetuação da "lógica do perigo", em função da prosperidade da economia da vigilância.

Os governos de Ronald Reagan e Margaret Thatcher são citados em destaque por Wacquant (2001a) no que se refere aos empreendimentos realizados no combate ao keynesianismo e às políticas justificadoras do aparelho penal.

Ainda segundo o mesmo autor, muitos daqueles sujeitos que produziram obras que antes defendiam "menos Estado" como solução para os problemas das sociedades contemporâneas se alvoroçam com solicitação de "mais Estado" para resolver ou, melhor, conter as atuais consequências desastrosas da desregulamentação do trabalho assalariado e da deterioração das políticas de proteção social. Entretanto, solicitam uma perspectiva de "mais Estado" assentada na lógica mercantil, uma lógica que, em vez de exigir efetivação (ampliada) de políticas públicas, focaliza os problemas sociais de modo individualizante, ou seja, restrito à análise moral e/ou psicossocial, submetendo-os aos aparatos de segurança, como se "questão social" e "questão criminal" fossem sinônimas.

A doutrina da "Tolerância Zero" utilizada em Nova Iorque propagou-se rapidamente e foi significativamente admirada por muitos países, chegando, inclusive, a ser imitada em vários deles, a exemplo do México e da Argentina (1998) e do Brasil (1999).

Conforme Wacquant (2001a, p. 31), em 1999, após visita de dois altos funcionários da polícia nova-iorquina ao Brasil, o governador Joaquim Roriz anuncia a aplicação da doutrina "Tolerância Zero" por meio da contratação imediata de 800 policiais civis e militares suplementares, em resposta a uma onda de crimes que a capital do País já conhecia periodicamente.

Essas ideias estão consoantes com as ideias que, se originárias da direita reacionária americana, ganharam consenso na autoproclamada vanguarda da "nova esquerda" europeia e já partícipes das ideias comuns no continente latino-americano, ideias segundo as quais os "'maus pobres' devem ser capturados pela mão (de ferro) do Estado para que seus comportamentos possam ser corrigidos pela reprovação pública e pela intensificação das coerções administrativas e das sanções penais" (WACQUANT, 2001a, p. 40).

Se em 1999 observamos concepção valorizando a "utilização do aparato repressivo" pelo Sr. Governador Joaquim Roriz, como se a questão da violência urbana devesse meramente ou, essencialmente, ser assim enfrentada, não podemos esquecer que a literatura nos mostra que lidar com expressões da "questão social" — no que se inclui a violência urbana — por meio desse tipo de aparato não é incomum em nosso País, e, a nosso ver, pode-se considerar que seja recorrente.

Dessa maneira, em continuidade a esse raciocínio, mencionamos que só após 1930 podemos nos referir à formação de uma classe operária um pouco mais consistente no Brasil, uma vez que somente a partir daí houve a dinamização da indústria brasileira. No entanto, pode-se dizer que antes disso, mesmo que embrionariamente, especialmente no eixo Rio-São Paulo, havia operários em setores como os de tecelagem e alimentação, por exemplo; diante desse fato, interessa-nos salientar que os problemas inscritos na relação entre o capital e o trabalho não apareciam como questão a ser considerada no aspecto político. Conforme Cerqueira Filho (1982, p. 58-59), "antes de 1930 [...] a 'questão social' não aparecia no discurso dominante. [...] não era uma questão legal, mas ilegal, subversiva, e que, portanto, deveria ser tratada no interior dos aparelhos repressivos de Estado".

A "questão social" só é legitimada no Brasil após a denominada Revolução de 1930 — e a partir daí alternará períodos de trato, ora como "questão política, ora como questão de polícia". Nesse período, como explicamos em seção deste texto, a expressão da economia latifundiária brasileira foi atacada, em favor da expansão da produção industrial. A Revolução de 1930, decorrente em grande parte da crise cíclica do capitalismo em 1929, representa o avanço das forças burguesas em detrimento do latifúndio, ou seja, a busca de adequação do Estado aos interesses de expansão da burguesia.

A chegada de Getúlio Vargas ao poder em 1930 e a consequente queda de Júlio Prestes — representante das "forças sociais agro-exportadoras" — significaram o avanço das forças sociais em favor das relações capitalistas no Brasil — a busca de um modelo nacional industrializador.

O Brasil, tendo sua base produtiva no meio rural, para viabilizar a industrialização, privilegiou a área urbana, o que estimulou o êxodo dos trabalhadores do campo para a cidade, provocando sérias mazelas sociais, especialmente na área urbana, e traçando o caminho para os conflitos no campo que se arrastam até hoje, pela ausência de reforma agrária. Esse movimento dos trabalhadores, mesmo se tratando de uma classe operária urbana ainda incipiente, inquietou significativamente a recente burguesia brasileira.

Entretanto, se foi nessa época que a "questão social" foi tomando vulto — anos 1930 — e, em consequência, sendo legitimada no País, não podemos deixar de considerar diante disso, conforme esclarece Cerqueira Filho (1982, p. 68), que "no Brasil, ainda que muitos tenham escapado à influência do positivismo e nem se definam como tal, é inegável a sua marca, sobretudo reforçando o autoritarismo, [...] o elitismo presentes na formação ideológica brasileira [...]". O autor se refere a aspectos que nos permitem captar a razão costumeira de identificação dos decorrentes conflitos, suscitados pela "questão social", como manifestação de desordem social, como manifestação que mereça, em vez de trato político, de urgente repressão, de urgente trato na esfera policial, haja vista sua semelhança com algo perigoso e não com algo que nos remeta à ideia de direitos ou à ideia de algo a ser considerado politicamente.

Getúlio Vargas iniciou o processo de legitimação da "questão social", a partir de 1930, retirando-a da ilegalidade e a trazendo para a arena política, mas não hesitou, posteriormente, em outros períodos em que esteve à frente do governo, em identificá-la também como "caso de polícia".[32] Após 1930, a "questão social" teve como resposta a formulação de políticas sociais, uma legislação social cujo caráter foi basicamente antecipatório, inviabilizando a organização popular para

---

32. Algumas realizações das gestões de Vargas: criação do Ministério do Trabalho em 1931; da carteira de trabalho em 1932; instituição do salário mínimo em 1940; Consolidação das Leis do Trabalho de 1943 — legislação trabalhista que, entre suas finalidades, contou com o desaparecimento do sindicalismo autônomo, enfraquecendo o movimento dos trabalhadores.

a conquista de direitos. Com o Estado Novo, a ditadura de Vargas colocou a "questão social" novamente na arena policial, porém de maneira diferente daquela que se vira no período que antecedeu 1930, quando tal questão era avaliada como ilegal e subversiva. De modo diverso, nesse período, como explicita Cerqueira Filho (1982, p. 132), Vargas reprime o movimento operário organizado, procurando trazer a legitimidade da "questão social" para dentro de uma arena política específica, liderada pelo Ministério do Trabalho.[33]

Enfim, o que nos interessa destacar é que considerar de modo repressor a "questão social" e suas expressões — criminalizando a classe trabalhadora e pobre — é algo que pode ter nuanças diversas, mas, como já dissemos, não guarda ineditismo.

Ao que discutimos, acrescentamos que, segundo Thompson (1983, p. 94), o *status* de criminoso é atribuído às pessoas não (fundamentalmente) pelo que elas fizeram, mas em grande parte pelo que elas são, ou seja, pela sua trajetória de vida, pelo lugar que elas ocupam na sociedade: "[...] o juiz deveria examinar a prova do processo para concluir [...]. Na prática há uma inversão na operação: faz-se o exame da pessoa do réu, a ver se se adéqua ao estereótipo do delinquente [...]. Não interessa o que ele fez, mas o que ele é".

Como dissemos, apesar da inexistência de ineditismo, hoje, com a crise contemporânea do capital, a repressão à "questão social" e aos conflitos daí decorrentes é algo que toma "ares globalizantes" e, sobretudo, algo que se faz sentir em países, como o nosso, que nem um Estado de Bem-Estar tiveram para que fosse substituído por um Estado Penal, como indica Wacquant (2001a).

Não podemos considerar que o sistema prisional, a punição, seja a solução para os problemas sociais. Não cabe optarmos pelo investimento em equipamentos repressivos em vez de políticas sociais massivas, bem trabalhadas e planejadas, quando não desconhecemos

---

33. A esse respeito, é importante destacarmos também que em 1941 surgiu a Lei de Contravenções Penais, que traz entre os seus artigos a punição para os sujeitos que não comprovem registro de vínculo empregatício em carteira de trabalho.

que ao nosso redor há crianças sem creches, há jovens sem concluírem o ensino fundamental, sem alimentação suficiente, assim como jovens que anseiam por uma oportunidade no mercado de trabalho, jovens que são cooptados pelo tráfico de drogas por não terem condições objetivas/subjetivas de existência e/ou esperança em um futuro melhor etc. Chegamos ao absurdo de considerar possível conviver em uma sociedade que reserva para alguns a possibilidade apenas de um tipo de inclusão às avessas, conforme Pereira (2006, p. 340) — ou seja: inclusão em que o indivíduo só pode usufruir minimamente de certos serviços, por mais precários que nos pareçam, a exemplo do serviço médico, odontológico, profissionalizante ou alimentação suficiente, caso sejam oferecidos por parte de algumas das prisões brasileiras.

Será que queremos imitar a atual lógica mercantil de certos países de economia avançada, nos quais as expressões da "questão social" são basicamente encaminhadas para uma atividade claramente próspera, como é o caso do mercado de segurança que triunfou ao longo das últimas décadas porque mercantilizou a assistência aos encarcerados e utilizou o trabalho dos presos de modo precarizado (*workfare*)?[34]

Wacquant (2001a, p. 96-97) chama atenção para a lógica perversa que vem cumprindo o sistema carcerário na realidade americana. Segundo esse autor, se antes, no século XIX, "a reclusão era um método visando ao controle das populações desviantes dependentes" e aos detentos, principalmente pobres e imigrantes europeus recém-chegados ao Novo Mundo, atualmente, com função análoga, a reclusão se dirige aos supérfluos, seja da reestruturação da relação social, seja da caridade do Estado: as frações decadentes da classe operária e os negros pobres das cidades. Assim, o autor salienta que o sistema penal vem cumprindo o papel de um tipo de gestão da miséria, pois, na medida em que mantém um significativo número populacional de encarcerados, comprime artificialmente uma multidão de "miseráveis" ou, melhor, esconde um potencial número de trabalhadores (desempregados), ao mesmo tempo que gera secundariamente aumento de

---

34. A esse respeito, consultar *Punir os pobres*, de L. Wacquant, 2001b.

emprego no setor de bens e serviços carcerários, setor fortemente caracterizado por postos de trabalho precários.

Diante disso, porém, cabe observar que o efeito do encarceramento em massa sobre o mercado de trabalho é acelerar o trabalho assalariado de miséria e da economia informal, produzindo um grande contingente de força de trabalho submissa disponível. Ou seja, são medidas que, além de perversas, ampliam o problema de origem.

Voltando-nos para a realidade brasileira, é significativo observarmos que Pereira (2006, p. 241, 261), ao analisar o ofício de Inspetor de Administração Penitenciária, considerou que a renovação do quadro de funcionários nas penitenciárias, especialmente na década de 1990,[35] oriundos de concursos públicos, seja na área de segurança penitenciária, seja na área das assistências, ocorreu em função da duplicação do contingente de presos e da construção de novas unidades prisionais. Isso nos leva a pensar no destaque dado à ideia de penalidade neoliberal por Wacquant (2001a) nos países do "Segundo Mundo", quando esse autor sublinha quão violento se torna esse processo nessas áreas e em terras brasileiras, locais que já mereciam ser observados pela fragilidade do sistema de proteção social e por uma cultura democrática não muito solidificada. Pois a ausência de um Estado Social não permite qualquer ideia de substituição por um "mais Estado Policial ou Penal", mas equivale a aprofundar a dessocialização do trabalho assalariado, a pauperização relativa e absoluta de amplos contingentes do proletariado urbano, aumentando os meios, a amplitude e a intensidade de intervenção do aparelho policial e judiciário, restabelecendo uma verdadeira *ditadura sobre os pobres*.

---

35. Devemos lembrar que esse foi o período da introdução das políticas neoliberais no País.

Capítulo 3
Ética e Serviço Social

3.1. Breve histórico

Para discutirmos o tema deste capítulo, partimos da moral, explicitando que, definida como o conjunto de normas, valores e padrões que regem a conduta (e as relações) dos homens em sociedade, tem origem no próprio processo da existência humana, uma vez que o homem é um ser gregário, partícipe de uma coletividade. Ou seja, a relação associativa assentada no trabalho para viabilizar a existência humana suscitou mecanismos de regulação da convivência social; portanto, a moral é um meio de regulação das relações dos homens entre si e destes com a coletividade, presente ao longo da História, com formas várias nos diferentes modos de sociedade.

Dessa maneira, divergindo de concepções que a situam como um mero conjunto de princípios formais, intemporais e abstratos, entendemos a moral como produção do homem concreto, ser real e histórico, representando uma forma de regulação das relações dos indivíduos em uma dada comunidade — algo mutável ao longo do tempo, que indica variedades relativas aos diferentes modos de vida em sociedade.

Como já explanado, a sociedade capitalista assenta-se na pressuposição da sua origem como fruto de um processo que teve como ponto de partida, e fundamento permanente, a existência de indivíduos ontologicamente isolados.

Partindo dessa consideração, pode-se dizer que, com a sociedade burguesa, a moral tornou-se, basicamente, um mecanismo que se sustenta em parâmetros individuais e cuja função social é a manutenção da ordem, ou seja, a legitimação da ordem social instituída, mediante valores adequados aos interesses daqueles que detêm o poder. Uma regulação da convivência social que, por buscar legitimar interesses particulares de indivíduos isolados[1] ou de grupos determinados, caracteriza uma universalidade abstrata. Uma forma de regulação que representa interesses particulares como se fossem gerais (ou até o geral — absoluto), ou seja, interesses próprios ao segmento dos que detêm o poder material como representação de toda a coletividade (universal) — aspecto que implica o campo ético. Em Marx e Engels (1984, p. 56), a esse respeito, cabe apreciarmos:

> [...] as ideias da classe dominante são, em todas as épocas, as ideias dominantes. [...]. As ideias dominantes não são mais do que a expressão ideal das relações materiais dominantes concebidas como ideias [...], as ideias do seu domínio.

Portanto, sob o nosso ângulo de análise, estudarmos a moral significa entendê-la em relação à produção dos modos e meios de vida social, em relação à organização econômico-social, ou seja, as condições concretas produzidas pelos homens fazem deles o que são.

Segundo Vázquez (1975), ao situar a moral fora da História, nós a situamos fora do próprio homem real. Esse a-historicismo moral indica determinadas direções no campo da reflexão ética, que, em síntese, são as seguintes:

---

[1] Mesmo que haja outras concepções, que não defendem o indivíduo isolado, isso é prioritário na ideologia burguesa.

— Deus como origem ou fonte da moral: as normas morais derivariam de um poder sobre-humano e, logicamente, as raízes da moral não estariam no próprio homem;

— a natureza como origem ou fonte da moral: a conduta moral do ser humano não seria senão um aspecto da conduta natural, biológica. Portanto, as virtudes, as qualidades morais, teriam origem nos instintos;

— o Homem (ou homem em geral) como origem e fonte da moral: o Homem como dotado de essência eterna e imutável. A moral constituiria um aspecto que permanece e que dura, independentemente das mudanças históricas e sociais.

Lukács considera que a ética tem a função social de propiciar conexão das necessidades postas pela generalidade humana em desenvolvimento com a superação do antagonismo gênero/particular (*apud* LESSA, 1997, p. 99). Naturalmente, a construção de alternativas voltadas para a superação da contradição gênero/particular é campo vasto para a reflexão ética, para a reflexão acerca dos valores, dos sentidos, das finalidades que correspondam a ações consoantes com tais alternativas. Daí, no nosso entender, a importância da ética como disciplina voltada para o comportamento moral dos homens em sociedade, voltada ao estudo, à reflexão, à crítica, à investigação sobre os valores, sobre as normas e, portanto, as formas morais que moldam e regulam as relações sociais entre os indivíduos e a sociedade. Logicamente, entendemos disciplina como conhecimento acumulado e crítico acerca do que aqui tratamos e, além disso, como algo em movimento e em articulação com as demais produções sociais, diferentemente da ideia de especialização ou, melhor, de um tipo de conhecimento autônomo, independente.

As indagações, os questionamentos e as reflexões no campo do comportamento moral suscitam e constituem a ética. Podemos dizer que, fruto da sociabilidade, a ética é resultado da passagem da posição que meramente se restringe às experiências vividas na esfera moral para uma postura reflexiva diante delas ou, melhor considerando, uma relação entre a moral efetiva, vivida, e as noções e as elaborações teórico-filosóficas daí originárias.

Esse movimento reflexivo pode possibilitar, portanto, a superação do particular em direção ao universal, a superação do que é fruto imediato da vivência cotidiana em grande parte imersa no senso comum, no estabelecido, pelo dever ser, pelo horizonte das finalidades relacionadas ao social-genérico. Permitir avaliar-se o que é e o que pode ser diferente, ou seja, como colocamos no capítulo anterior, apreciar-se na vida em sociedade, no âmbito socioeconômico, o ser e o dever ser, categorias próprias ao âmbito de estudo da ética.

Dizemos isso porque na cotidianidade efetivam-se basicamente as atividades imediatas, destinadas à reprodução do Ser Social; atividades que denotam repetição e espontaneidade ou, se preferirmos, que não exigem elaboração reflexiva, pois são "mecanizadas" em função do tempo disponível voltado à reprodução da vida social. Isso se relaciona à alienação, fenômeno com forma peculiar e condicionada no mundo do capital.

Levando em conta argumentações fundamentadas em Lukács que viemos expondo, inferimos que, mediante as reflexões, os estudos e as consequentes formulações no campo da ética ou, ainda, acrescentando o pensamento de Oliveira (1998, p. 29), por meio da "revisão radical da vida humana pessoal e coletiva", podemos favorecer para as individualidades a compreensão de que elas, indubitavelmente, possuem um inelimínável caráter genérico-social, o que pode ser propício à superação do antagonismo gênero/individualidade, e também propício à opção cada vez mais consciente de objetivar caminhos que expressem valores predominantemente voltados para a genericidade humana, em vez da escolha de valores que se limitem à expressão única de interesses particulares.

Como nos explica Lukács (*apud* LESSA, 1997, p. 98), a ética tem como finalidade a superação da relação dicotômica entre indivíduos e sociedade, e, em seu âmbito de estudo, entendemos caber, como já mencionamos, o campo do comportamento moral (dos homens em sociedade). Ou seja, o campo de um fenômeno sócio-histórico com o qual a ética se depara para refletir como seu objeto de estudo, investigando os seus nexos determinantes e condicionantes em busca de conhecimento, podendo até formular conceitos, interferir e exercer influência sobre esse campo, partindo dos seus questionamentos e das suas considerações teórico-filosóficas. É importante destacar, ainda, que nesse processo está presente a discussão acerca das diferentes formas e concepções de mundo/sociedade/Homem e os seus respectivos valores/normas/padrões de conduta na vida em sociedade. Como qualquer outra produção humana/social, a ética é uma área do conhecimento que *se assenta em e dá origem* a ideias e concepções que indicam determinadas direções sociais, relacionando-se com a estrutura econômica ou, melhor, sendo condicionada em suas alternativas pela estrutura econômica e seus reflexos na vida social, evidenciando mudanças no seu percurso histórico.

Quanto à ética no âmbito profissional, se, por um lado, diante do que viemos discorrendo, podemos afirmar a inexistência de diferença essencial em sua configuração, por outro, temos de considerar as particularidades que são engendradas no seu próprio processo de existência, de vivência. Em outros termos, a ética profissional é uma forma particular de materialização — de expressão — da vida moral em sociedade. Os estudos nesse campo devem voltar-se para a reflexão/investigação acerca dos nexos entre as profissões e as diferentes esferas da vida em sociedade, levando em conta, inclusive, os diversos projetos societários. É necessário apreender o movimento histórico das sociedades em que se situam e se praticam tais profissões e os aspectos que determinaram a sua origem, as concepções que as fundamentam e sustentam inicialmente o trabalho profissional, o percurso histórico próprio de tais profissões, os seus fundamentos teórico-práticos e ideopolíticos, a sua funcionalidade, os seus modos/meios de resposta às necessidades sociais, a seleção/legitimação de seus objetivos e finalidades. Essas questões engendram as referências para o trabalho profissional. Dessa maneira, levando em conta a relação da profissão (elementos teórico-práticos e ideopolíticos) com os projetos societários que correspondem a diferentes concepções de mundo, de Homem, de sociedade, de Estado e de interesses de classe — isto é, projetos diversos, contrastantes e até antagônicos em dada sociedade —, os sujeitos envolvidos com tal temática buscam fundamentos (teórico--filosóficos) para a compreensão, refletem, formulam explicações, questionamentos, projetos profissionais com determinadas direções sociais e, em consequência, podem influir na moral profissional com referências e recomendações ao trabalho dos profissionais; comumente, há, inclusive, a formulação de códigos que regulamentam o exercício profissional — o que, logicamente, está implicado com os processos propulsores da história profissional.

Voltando nossa atenção para o Serviço Social, profissão vinculada ao trato das múltiplas expressões da "questão social", destacamos que a profissionalização nessa área não é mera consequência da qualificação, por meio da ampliação de conhecimentos teóricos, de ações que, mediante a filantropia e o assistencialismo, se voltavam para a "questão social". Diferentemente da hipótese de mera qualificação, a emersão do Serviço Social corresponde a determinadas estratégias do capital em um período específico — a era dos monopólios —, haja vista a própria configuração do capitalismo e da "questão social" à época (NETTO, 1989; 2001).[2]

Devemos observar também que a emersão do Serviço Social se vincula à necessidade de prática assistencial distinta daquelas que caracterizaram as suas protoformas, a exemplo das tradicionalmente realizadas pela ação católica. A gênese dessa profissão resulta de alterações inerentes ao modo de produção capitalista, com coadjuvação do projeto de recuperação da hegemonia ideológica católica, o qual

---

2. Podemos considerar "questão social", como explicitado em página anterior, "o conjunto de problemas econômicos, sociais, políticos, culturais e ideológicos que cercam a emersão da classe operária como sujeito sociopolítico no marco da sociedade burguesa" (NETTO, 1989, p. 90). Logicamente, hoje, problemas presentes, pois inerentes à sociedade capitalista, apesar de suas expressões corresponderem ao atual estágio desse modo de produção. Além das obras já citadas, a respeito da "questão social", é importante consultar Gisálio Cerqueira Filho. *A questão social no Brasil*. Rio de Janeiro: Civilização Brasileira, 1982; e a revista *Temporalis*, Brasília: ABEPSS, ano 2, n. 3, jan./jul. 2001.

foi posto em prática pela Igreja católica com o suporte das encíclicas *Rerum Novarum* de 1891 (divulgada pelo papa Leão XIII) e *Quadragesimo Anno* de 1931 (divulgada pelo papa Pio XI).[3]

Quanto à encíclica *Rerum Novarum*, é importante destacar que contém resposta ao contexto de sua época, defendendo a propriedade privada — tida como um direito natural outorgado e reconhecido divinamente — e fazendo referência à organização do Estado e da sociedade como correspondentes à vontade divina. Por conseguinte, rebelar-se se posicionando contrário à lógica da sociedade burguesa equivale a se opor à justiça natural.

Analisando a referida encíclica, Castro (1987) explicita que a *Rerum Novarum* foi uma resposta à situação da classe operária e ao acirramento da luta de classes, o que a caracterizou como documento eminentemente político, tentando constituir-se como proposta articuladora da conciliação entre as classes. E, apelando para que as coisas terrenas dos homens se submetessem ao poder divino, opunha-se às propostas socialistas.

A *Rerum Novarum* traçou formas de ação para as classes, o Estado e, especialmente, para a estrutura organizacional da Igreja, sustentando a reforma social como instrumento para enfrentar os problemas sociais da época. Isso significou uma matriz ideológica com clara direção social e sustentação para determinadas intervenções, como o Serviço Social, por exemplo, que teve, nessa orientação, base para sua formação.

A respeito da outra encíclica, a *Quadragesimo Anno*, cabe apreciarmos o que nos diz Castro (1987, p. 57-59):

> A *Quadragesimo Anno*, pouco depois da Revolução Russa e da Primeira Guerra Mundial, e em meio à crise de 1929, desenvolve-se em tom mais radical, embora dentro do mesmo espírito da anterior.

---

3. A respeito das relações da produção capitalista, da Igreja católica e do Serviço Social, é importante consultar a obra de Manuel Manrique de Castro. *História do Serviço Social na América Latina*. São Paulo: Cortez, 1987.

[...] assim como antes foram os clérigos os encarregados da "beneficência diária" [...], assim também agora deverão ser os assistentes sociais católicos, entre outros profissionais leigos, os que assumam na prática "o cuidado com a questão social", acrescentando-lhes ao espírito caridoso a perícia técnica [...]. Eis como a caridade, o messianismo, o espírito de sacrifício, a disciplina e a renúncia total passam a ser parte constitutiva dos aspectos doutrinários e dos hábitos que acompanharam o surgimento da profissão sob a perspectiva católica [...].

Dessa maneira, detendo-nos no Serviço Social, observemos que os rumos dessa profissionalização se originaram no marco das alterações que afetaram profundamente a Europa e os Estados Unidos nas últimas décadas do século XIX. Na passagem do capitalismo concorrencial para o seu estágio monopolista, podem ser observados significativos impactos na estrutura societária. Com essa transição, há alterações em toda a dinâmica dos processos inerentes à ordem burguesa. O capitalismo acirrou aspectos que lhe são inerentes, em especial a exploração, a alienação e a livre concorrência. E, em consequência, para assegurar a ordem econômica monopolista, necessitou de mecanismos extraeconômicos, incorporando o Estado um papel destacado, compatível com os interesses postos pela "nova ordem".

Portanto, diferentemente da ação que poderíamos qualificar como episódica e pontual do período concorrencial, o Estado, na fase monopolista, viabiliza a imbricação orgânica do político e do econômico, com estratégias consoantes com os interesses da ordem monopolista. Ou seja, o Estado amplia-se e efetiva ações sistemáticas, contínuas, que chegam até a tocar de modo direto na produção, em função da perspectiva dos superlucros.

Esse é o contexto originário da(s) política(s) social(ais) como elemento funcional, estratégico para a ordem monopolista. Pois, diante dos interesses burgueses e da consequente necessidade de legitimação do Estado burguês e em face das "novas" configurações dos conflitos de classe, suscitados pela "nova" ordem do capital e pela consequente conformação política dos movimentos operários, a(s) política(s) social(ais) torna(m)-se resposta necessária e adequada ao intuito de administrar a ordem social; ou, em outros termos, mecanismo tomado como eficiente para aplacar os conflitos que possam pôr em xeque a ordem societária estabelecida — os antagonismos advindos da relação entre o capital e o trabalho, objetivados nas múltiplas e tipificadas expressões da "questão social". Podemos dizer ainda, sem perder de vista a sua determinação na luta de classes, assentando-nos no pensamento de Netto (2001): um mecanismo hábil frente à perspectiva de refuncionalizar certos interesses da classe trabalhadora em prol da ordem monopólica, efetivando, inclusive, a imagem do Estado "social", mediador dos interesses conflitantes.

Com efeito, o Serviço Social é profissão cuja origem se encontra no tecido da ordem societária do capitalismo monopolista, haja vista a configuração da "questão social" à época e as particularidades da divisão social do trabalho desencadeadas nesse período da História. Os profissionais do Serviço Social — agentes requisitados pelos interesses burgueses, cujas ações devem ser dirigidas à classe subalternalizada — devem implementar e executar as políticas sociais, ou seja, ter ações num espaço instituído pelas lutas travadas entre as classes no processo de expansão do capital; ações, portanto, incompatíveis com perspectivas dissonantes, seja do conservadorismo, seja do reformismo. O Serviço Social, especialmente o de feição europeia, contou com significativa influência da Igreja católica, representando a assimilação por frações classistas dominantes da proposta católica frente ao desenvolvimento da luta de classes. É uma fórmula pertinente para enfrentar os problemas sociais, atenuando-os e permitindo sincronia da Igreja católica com os novos tempos, ou seja, uma militância em prol do "capitalismo harmonioso", como explica Castro (1987).

Até aqui viemos traçando um panorama do Serviço Social que, naturalmente, implicou realçar referências ao Estado e à política social. Agora, tomando como referência a profissão no continente latino-americano, e sem pretensão de esgotar a discussão sobre o tema, complementamos o que foi dito, esclarecendo que nesse continente a gênese do Serviço Social não significou simples prolongamento do desenvolvimento do que fora alcançado na Europa, uma vez que corresponde às relações determinadas pelo modo de produção capitalista nessa região, cujo ritmo de desenvolvimento foi acentuado no último quartel do século XIX. Assim, salvaguardadas as relações estruturais entre a Europa e a América Latina e as singularidades locais de cada um dos países latino-americanos onde o Serviço Social surgiu, podemos fazer referência à emersão da profissão como resultante das condições inerentes ao desenvolvimento do capitalismo periférico e às respectivas formas de expressão da "questão social".

Ratificando o que dissemos, Castro (1987, p. 26-28), ao comentar obras de Ezequiel Ander-Egg e J. Barriex — autores latino-americanos e estudiosos do Serviço Social —, explica que esses autores, equivocadamente, não estabelecem diferença entre a formação dos Estados burgueses, as diversas modalidades que a exploração da força de trabalho adquire, as formas particulares de resistência e organização da classe operária, as camadas médias etc., desconsiderando, desse modo, traços determinados pela maneira como, ao longo do tempo, a lógica da expansão capitalista opera na Europa e na América Latina, o que, em consequência, interfere nas suas análises acerca das condições de emersão e desenvolvimento do Serviço Social.

Esses autores, além de considerarem que a origem da profissão no continente latino-americano se explica no âmbito superestrutural e pela intercorrência de forças desse nível — a exemplo de modelo proposto no exterior, outras profissões e/ou influência de personalidades esclarecidas —, não levam em conta, como deveria ocorrer, a captação de sua gênese a partir da base material, ou seja, da realidade socioeconômica e política interna de cada região que singularizará a origem dessa modalidade profissional na divisão sociotécnica do trabalho. Os autores não consideram o desenvolvimento das forças produtivas, as relações entre as classes inerentes ao capitalismo na sua face latino-americana e no processo histórico de cada um de nossos países, expressando com isso análise equivocada do Serviço Social na América Latina.

A primeira escola de Serviço Social na América Latina, que recebeu o nome do seu fundador, o médico Alejandro Del Rio, foi fundada no Chile, em 1925. Não obstante ser centro laico de formação, a Igreja católica não esteve ausente do seu processo constitutivo e foi a responsável mais diretamente pela fundação da segunda escola de Serviço Social chilena, a escola católica de Serviço Social Elvira Matte de Cruchaga, em 1929.

Enquanto na primeira escola citada a ênfase dada era no Assistente Social como subtécnico, cuja incumbência precípua era colaborar diretamente com o médico, na Elvira Matte de Cruchaga, a perspectiva era, ampliando o âmbito de ação do Assistente Social e representando projeto da Igreja em ação complementar e não antagônica à primeira, pois compartilhavam de base doutrinária comum, viabilizar possibilidades diversificadas de ação profissional católica em face da "questão social".

A formação da Elvira Matte de Cruchaga correspondia aos interesses mais gerais da Igreja católica, ou seja, colocar-se novamente à frente da condução moral da sociedade, pois, "comprimida entre o pragmatismo burguês e o 'ateísmo' socialista, a Igreja redobrava a sua ação nos terrenos mais diversos, renovando os seus intelectuais orgânicos [...]" (CASTRO, 1987, p. 68).

Frente aos seus objetivos, a Igreja católica entendeu a importância da profissionalização da assistência social, uma vez que necessitava lidar com a emergente "questão social", na moderna sociedade capitalista. Sua ação não mais deveria se dirigir aos vitimados pelas pestes ou recém-libertos, mas se dirigir aos que, como explica Castro (1987, p. 69), "suportavam as consequências de uma ordem social que mercantiliza a força de trabalho, redefine a família, promove concentrações urbanas, incorpora ao salariato a mulher, origina novas doenças etc.".

Agora focalizaremos o Serviço Social brasileiro, por meio de considerações acerca da sua gênese, do seu percurso histórico e da inerente configuração da ética nessa profissão.

O panorama mundial das primeiras décadas do século XX comportou as lutas travadas entre as forças da organização política e sindical dos trabalhadores e as forças constitutivas do capitalismo monopolista e do fascismo, além da pressão exercida pela pauperização de significativo contingente populacional. Nesse cenário, foram direcionados esforços para a dimensão "social", na tentativa de aplacar os conflitos e garantir o "equilíbrio" da ordem estabelecida.

Os Estados Unidos, nação que emergia como centro de referência do capitalismo, e a Europa envidaram esforços no sentido de viabilizar ações profissionalizadas no campo social, tomando diferentes rumos na execução dessa tarefa. Todavia, pode-se dizer que a Europa teve suas formulações vinculadas ao pensamento sociológico conservador em conexão com a doutrina social da Igreja católica, o que significa dizer também que essa foi a sua tônica "humanista" na profissionalização do Serviço Social, a qual repercutiu, inclusive, no Serviço Social brasileiro.

No Brasil, o Serviço Social teve origem na década de 1930, tendo como referência fundamental o Serviço Social europeu, o que significou forte influência da doutrina social da Igreja católica — o neotomismo.

A denominada Revolução de 1930 que levou Getúlio Vargas ao poder alterou o quadro político sob a direção das oligarquias. O Estado tomou a dianteira no comando da política econômica e social, alicerçando a ampliação e a consolidação das bases industriais no País. Vargas assumiu luta em prol do declínio do poder oligárquico e da construção das bases para o surgimento de um poder burguês industrial.

Apesar de sua institucionalização só ocorrer verdadeiramente nas décadas seguintes, o Serviço Social despontou, nesse processo, como uma das estratégias concretas para o disciplinamento, o controle e a reprodução da força de trabalho, estratégia viabilizada pelo empenho que uniu esforços do Estado e da Igreja católica em consonância com a expansão do capitalismo no País — a Constituição aprovada em 1934 favorecia significativamente a Igreja católica. Em Castro (1987, p. 97), podemos observar que:

> As vantagens obtidas pela Igreja nesta etapa resultaram de uma complexa interação com o governo de Vargas, [...], especialmente depois de alguns confrontos nos quais a hierarquia deu provas da sua disposição

de luta (em 1931, D. Sebastião Leme não hesitou em proclamar que "[...] ou o Estado [...] reconhece o Deus do povo ou o povo não reconhece o Estado)".

Nesse contexto, o avanço do processo organizativo da classe trabalhadora e os consequentes conflitos na relação entre o capital e o trabalho caracterizavam a realidade brasileira,[4] e eram aspectos captados pelos detentores do poder econômico como fortes ameaças à ordem social, ou seja, à expansão capitalista. Desse modo, mecanismos hábeis no controle das lutas sociais e na difusão de ideário útil ao modo de vida capitalista no seio da classe trabalhadora tornaram-se imprescindíveis para o enfrentamento da "questão social" — formas de ação mais consequentes que a mera repressão policial ou a mera ação caritativa, típicas da República Velha, um tipo de "terceiro caminho" que deveria surgir consoante com o "novo" momento que despontava. Um cenário propício para a emersão do Serviço Social brasileiro, o qual surge materializando o que é requisitado à profissão — o obscurecimento da sua dimensão política aliado à perspectiva de apelo moral no trato das sequelas da "questão social". Com uma concepção de homem/sociedade/Estado alimentada, basicamente, pela doutrina social da Igreja católica — o neotomismo —, os profissionais da área tinham, resguardando a estrutura societária, suas ações restritas a formas viáveis à confirmação da ordem constituída.

Assim como em outras regiões da América Latina, em linhas gerais, as bases para a organização da profissão no Brasil foram definidas predominantemente por segmentos femininos (pertencentes às camadas sociais mais abastadas), com o respaldo da hierarquia da

---

4. Cabe lembrarmos que as primeiras décadas do século passado, no Brasil, foram caracterizadas pela luta operária. Em 1917, houve greve geral em São Paulo, que contou com a adesão de trabalhadores de cidades interioranas desse estado, enquanto no Rio de Janeiro ocorreu forte movimento reivindicatório por jornada de oito horas de trabalho. Após tentativa frustrada de greve geral revolucionária pelos anarquistas, em 1918, movimentos grevistas ocorreram em diversas capitais brasileiras — Porto Alegre, Recife, Salvador, Curitiba, Rio de Janeiro, entre outras —, todos duramente reprimidos. Em 1922, foi fundado o Partido Comunista Brasileiro. Esse contexto foi também o da promulgação das primeiras leis trabalhistas.

Igreja católica. Com o amparo das instituições fundadas à época, de feição católica,[5] cuja importância nesse processo é incontestável, esses segmentos femininos engrossavam a militância católica, desenvolvendo consistentes ações para a recuperação da influência da Igreja na sociedade, dentre elas a profissionalização da assistência social.[6] Aspecto de significado inconteste em face das questões que cercavam a emergente classe trabalhadora urbano-industrial brasileira.

Em 1936, em São Paulo, foi criada a primeira escola de Serviço Social no Brasil, inspirada pela doutrina social da Igreja católica. Essa escola forneceu quadros para a formação da segunda escola de Serviço Social brasileira, ou seja, para a escola de Serviço Social fundada na capital do País, em 1937.

A primeira escola de Serviço Social do Rio de Janeiro surgiu respaldada pelo Grupo de Ação Social (GAS), em 1937. Logo após, em 1938, surgiu outra escola nessa capital — voltada principalmente para o atendimento à criança —, por iniciativa do Juizado de Menores, e o curso preparatório que havia para a formação em Serviço Social incorporou-se à Escola de Enfermagem Ana Nery, em 1940. No entanto, mesmo que órgãos diretamente desvinculados da Igreja católica estivessem envolvidos com essas escolas surgidas posteriormente, as bases religiosas católicas não deixaram de dar o tom da formação desses profissionais.

Castro (1987), analisando as primeiras escolas de Serviço Social no Chile e no Brasil, destaca que, enquanto no Chile a primeira escola surgiu impulsionada pela beneficência pública, no Brasil, surgiu no

---

5. Tendo em vista o seu projeto de revigorar o papel da Igreja na sociedade, ou seja, retomar sua hegemonia na sociedade civil e no Estado, inúmeras instituições foram criadas pela Igreja católica. A esse respeito, consultar Manuel Manrique de Castro. *História do Serviço Social na América Latina*, 1987.

6. Conforme nos explica Manuel M. de Castro (1987), desse processo fez parte o curso intensivo de formação de jovens, promovido pelas religiosas de Santo Agostinho, para o qual foi convidada a senhora Adèle Loneux, da Escola de Serviço Social de Bruxelas, Bélgica. Nesse evento, foi criado o Centro de Estudos e Ação Social (CEAS), considerado o vestíbulo da profissionalização do Serviço Social.

seio do movimento católico. Entretanto, no Rio de janeiro, a expansão da profissão conectou-se à Medicina e ao Direito.

Não obstante ressalvar distinção entre as escolas do Chile e do Brasil, o autor esclarece que sobressai o fato de essas escolas igualmente surgirem como resposta à "questão social" e por meio do estímulo de segmentos das classes dominantes que exerciam ativas práticas de apostolado católico. Ademais, mesmo que não possamos fazer referência à transposição rígida dos modelos europeus para os países da América Latina, cabe-nos citar também a indubitável influência belga na formação das escolas de Serviço Social desse continente.

Dessa maneira, foi com um posicionamento pouco afeto à crítica, compatível no máximo com perspectivas relativas a um anticapitalismo romântico — desautorizando, portanto, questionamentos que negassem os alicerces da realidade social, da vida social concreta no mundo capitalista —, que o Serviço Social estabeleceu as referências e as normas para o trabalho profissional.

Esse rumo ideocultural pode ser percebido no primeiro Código de Ética Profissional do Serviço Social, aprovado em 29 de setembro de 1947, quando analisamos os deveres a serem observados pelos assistentes sociais:

— Cumprir os compromissos assumidos, respeitando a lei de Deus, os direitos naturais do homem, inspirando-se sempre, em todos os seus atos profissionais, no bem comum e nos dispositivos da lei, tendo em mente o juramento prestado diante do testamento de Deus.

— Respeitar no beneficiário do Serviço Social a dignidade da pessoa humana, inspirando-se na caridade cristã (ABAS, 1948, p. 41).

Portanto, o Serviço Social, com um posicionamento moralizador em face das expressões da "questão social", captando o homem de maneira abstrata e genérica, configurou-se como uma das estratégias concretas de disciplinamento e controle da força de trabalho, no processo de expansão do capital monopolista. Essa concepção conservadora, não jogando luz sobre a estrutura societária, contribuiu para obscurecer aos assistentes sociais, durante um amplo lapso de tempo, os determinantes da "questão social" e caracterizou uma cultura profissional acrítica, sem um horizonte utópico que os impulsionasse para o questionamento e às ações consequentes em prol da construção de novos e diferentes rumos, em face das diretrizes sociais postas e assumidas pela profissão.

A expansão industrial no Brasil implicou alterações na racionalidade posta ao enfrentamento da "questão social", pois, além das mazelas decorrentes diretamente do declínio do tipo de produção em bases agroexportadoras, prioritário anteriormente, a constituição da economia urbano-industrial passou a outro consumo da força de trabalho e exigiu meios de qualificação e de integração dos trabalhadores nos processos de trabalho. Com isso, entidades assistenciais emergiram no cenário nacional, desencadeando o processo de legitimação e institucionalização do Serviço Social.

> O processo de surgimento e desenvolvimento das grandes entidades assistenciais [...] é também o processo de legitimação e institucionalização do Serviço Social [...]. O assistente social aparecerá como categoria de assalariados — quadros médios cuja principal instância mandatária será, direta ou indiretamente, o Estado [...].
> Nesse sentido, o processo de institucionalização do Serviço Social será também o processo de profissionalização dos Assistentes Sociais formados nas escolas especializadas (IAMAMOTO; CARVALHO, 1985, p. 315).

Desse modo, a partir das condições que configuram a realidade brasileira e mundial, a busca de "cientificidade" (técnica) torna-se um imperativo para a profissão, a qual foi gradativamente sendo influenciada por determinadas vertentes teóricas em voga na época,[7] especialmente os pressupostos do funcionalismo adotado pelo Serviço

---

7. Daí se pode observar o caminho da construção de um ideário sincrético e do ecletismo na profissão.

Social norte-americano. Entretanto, nesse movimento, não foi superado o ideário neotomista. Nos períodos em que as concepções desenvolvimentistas têm hegemonia no Brasil e no continente latino-americano, uma conjugação da vertente funcionalista com tal ideário neotomista caracterizou a profissão.

Cabe observar que o desenvolvimentismo foi assumido pelos governos latino-americanos como possibilidade de ultrapassagem do denominado subdesenvolvimento da região. Essa perspectiva teve forte impacto no Serviço Social, já que seus agentes foram avaliados como de grande valia na execução de atividades profissionais consoantes com tal diretriz política. O projeto assumido por diversos regimes latino-americanos alinhava-se à estratégia dos países desenvolvidos, especialmente os Estados Unidos, que pretendiam a integração dos mercados desse continente à dinâmica capitalista mundial sob a sua hegemonia financeira. Nesse contexto, tiveram importância diversas profissões e, em meados dos anos de 1950, o Assistente Social e outros profissionais receberam formação especializada — consoante com a diretriz política — para funções de planejamento, de administração e, prioritariamente, para execução de projetos de Desenvolvimento de Comunidade. Esse período caracterizou-se, conforme Castro (1987), pelo chamado *boom* universitário, processo que implicou multiplicação das profissões, inclusive as tributárias das Ciências Sociais, a Sociologia, a Antropologia e a Psicologia. Segundo esse autor, foi por meio do desenvolvimento dessas profissões que o funcionalismo e a influência norte-americana predominaram, alicerçando o discurso oficial em prol do desenvolvimentismo assumido na América Latina após a Revolução Cubana.

O Desenvolvimento de Comunidade — método característico do período em questão — era propagado como método de trabalho capaz de viabilizar a soma dos esforços da população (das comunidades) aos do seu governo para melhorar as condições econômicas, sociais e culturais das comunidades, integrando-as à vida do País e, consequentemente, contribuindo para o progresso da nação. Portanto, um método que, logicamente, necessitava de profissionais devidamente gabaritados para concretizá-lo.

O Serviço Social brasileiro nesse processo conjugava neotomismo com funcionalismo, o que manteve em grande parte a não percepção dos profissionais acerca do antagonismo entre as classes sociais, apagando do conteúdo dos conhecimentos em debate os conflitos, as contradições, ou melhor, os fundamentos da "questão social".

O Código de Ética de 1965 aponta diferenças em relação ao primeiro, datado de 1947, as quais sinalizam as influências da referida conjugação:

— Ao assistente social cumpre contribuir para o bem comum, esforçando-se para que o maior número de criaturas humanas dele se beneficie, capacitando indivíduos, grupos e comunidades para sua melhor integração social (CFAS, 1965, p. 7).

— O assistente social estimulará a participação individual, grupal e comunitária no processo de desenvolvimento, propugnado pela correção dos desníveis sociais (CFAS, 1965, p. 7).

Desde os anos 1940 até meados da década seguinte, a economia brasileira experimentou um considerável crescimento. Todavia,

> [...] a deterioração das relações de troca, o esgotamento das reservas em moeda forte e o endividamento externo crescente — a partir de 1955 —, e a luta pela definição das opções tendo em vista criar condições favoráveis à expansão econômica, nos marcos do "capitalismo dependente", são elementos das condições concretas em que se engendra a ideologia desenvolvimentista [...] (IAMAMOTO; CARVALHO, 1985, p. 346).

Com base no pensamento de Cerqueira Filho (1982, p. 150), entendemos que a referida ideologia desenvolvimentista, dominante no governo Kubitschek, embora propalasse a viabilidade de desenvolvimento econômico com justiça social, apontando para a direção de uma ampla alteração econômico-social que resultaria em desenvolvimento, não ultrapassou a esfera de uma experiência "revolucionária" inconclusa, implicando uma renegociação da dependência.

O desenvolvimentismo não realizou uma ampla mudança econômico-social, efetivando desenvolvimento com justiça social no nosso País. Significou — tendo Kubitschek à frente — um projeto de governo que mesclava conservadorismo com tons progressistas, mas não ultrapassou efetivamente a experiência de renegociação da nossa dependência.

Nesse período, sem maiores embargos, a presença marcante do capital estrangeiro no País foi tomada como essencial à possibilidade de desenvolvimento, à solução dos problemas tradicionais na sociedade brasileira.

Foi um período de forte penetração dos capitais estrangeiros no País e que, apesar de constar no seu Plano de Metas, não viabilizou a evolução da indústria brasileira em bases nacionais.

Não obstante tal ideologia vincular-se a questões que afetavam o horizonte profissional dos Assistentes Sociais, uma significativa parcela desses profissionais manteve-se distante dessa temática por um largo período, excetuando-se aqueles que se relacionaram com experiências em programas e projetos de Desenvolvimento de Comunidade — atividades que deram maior fôlego à influência norte-americana no Serviço Social brasileiro, haja vista o apoio para a capacitação técnica e o patrocínio de organismos internacionais, a exemplo da OEA e da Unesco.

Entretanto, na profissão, em consonância com o contexto da década de 1960, emergiu um movimento crítico, denominado Movimento de Reconceituação Latino-Americano do Serviço Social. Esse movimento, em sua heterogeneidade por países e regiões, trouxe à tona inúmeros questionamentos acerca da sociedade e das injunções postas ao trabalho do Assistente Social, impulsionando um posicionamento crítico em relação ao Serviço Social e, consequentemente, à lógica capitalista.

O Movimento de Reconceituação do Serviço Social não foi um projeto desvinculado do contexto do seu tempo. Não é projeto em que caiba qualificação de "endogenista" ou vanguardista, mas um processo dinâmico e contraditório de mudanças no interior do Serviço Social, consoante com determinadas forças sociais do seu período histórico. Projeto engendrado no momento em que na dinâmica da sociedade latino-americana se encontrava em curso um processo de questionamentos da sua estrutura dependente e excludente.

Não obstante, esse Projeto Profissional não comportou proposta unidimensional, caracterizando-se pela heterogeneidade, pela convivência — debates e embates — de tendências diversas até conflitantes, tendências que podemos avaliar como congruentes, tanto com a conciliação e a reforma social quanto com perspectivas modernizadoras e até transformadoras da ordem social vigente — o Documento de Araxá, formulado por Assistentes Sociais brasileiros em 1967, é exemplo de tendência modernizadora, enquanto no Chile de Allende, conforme explica Faleiros (1987), há propostas do Serviço Social de caráter político-revolucionário.

Cabe observar que, como nos explica Netto (1981), esse foi um Movimento tipicamente latino-americano, que, como fenômeno sociocultural, articulou-se em consequência da crise estrutural que a partir da década de 1950 afetou os padrões de dominação vigentes na América Latina; e, como fenômeno profissional, representou resposta possível dada por determinados segmentos dessa categoria profissional como alternativa ao Serviço Social tradicional — prática empirista, paliativa, reiterativa e burocratizada realizada pelos profissionais na América Latina.

Em decorrência do declínio de um período de crescimento da economia capitalista mundial, assegurado desde a Segunda Guerra Mundial, a tensão nas estruturas sociais do mundo capitalista ganha caráter diferente. Além disso, a Revolução Cubana (1959), com seu ideário de libertação, reverberou em todos os quadrantes do planeta, e a Guerra do Vietnã mobilizou a juventude norte-americana. O cenário mundial passa a contar, assim, com amplos movimentos de luta sindical, entrecruzando-se com lutas pela reordenação de recursos governamentais para as políticas sociais, movimentos com demandas sociais e culturais diversificadas (mulheres, negros, jovens), em defesa do meio ambiente, da terra, dos direitos sociais (educação, lazer, saúde etc.). Enfim, foi um período em que a racionalidade do Estado burguês torna-se alvo de questionamentos.

Tais questionamentos atingiram, em patamares e dimensões diferentes e específicos, além dos países latino-americanos, todos aqueles em que a profissão do Assistente Social contava com um nível avançado de inserção na estrutura sócio-ocupacional. Entre nós, pode-se considerar que os desdobramentos no percurso histórico do Serviço Social brasileiro se iniciam relacionados com as questões do cenário latino-americano dos anos 1960, pois giravam em torno da funcionalidade do Serviço Social, tendo em vista a superação do subdesenvolvimento (NETTO, 1991).

Reportando-nos, ainda, ao pensamento de Netto, cabe acrescentar que o referido movimento sofreu a influência de determinados aspectos exteriores à profissão, dos quais ressaltamos: a revisão crítica operada nas ciências sociais, as quais historicamente forneceram elementos para a validação teórico-metodológica do Serviço Social; as alterações processadas em instituições com evidente vínculo com a profissão, ou seja, a Igreja católica e, em plano de menor significação na nossa realidade, algumas confissões protestantes, as quais adensaram alternativas de interpretação teológicas que justificavam posturas concretamente anticapitalistas; o movimento estudantil, que dinamizou a erosão do tradicionalismo profissional — "a 'rebelião estudantil' foi aí tanto mais eficiente quanto mais capaz se mostrou de atrair para as suas posições estratos docentes" (NETTO, 1991, p. 145).

Diante de tudo isso, cabe-nos observar que a ambiência de contestação das várias práticas profissionais historicamente ligadas à ordem burguesa incidiu também no Serviço Social tradicional.[8] Os pressupostos de *integração* das políticas do *welfare state* passam a ser negados pelos resultados que produzem, a *neutralidade* é questionada e recusada. Na América Latina, como já sinalizamos, a operacionalização dos programas de Desenvolvimento de Comunidade foi questionada,

---

8. É importante lembrar que o processo não se restringiu à nossa profissão nem mesmo às políticas do *welfare state* — ele se deu em todas as atividades institucionalizadas que operavam na reprodução das relações sociais. Referimo-nos aqui apenas ao Serviço Social por ser nosso objeto de estudo.

tendo início o processo de "erosão da legitimidade do Serviço Social Tradicional" (NETTO, 1991, p. 145).

Pode-se dizer que foi um movimento importante para a absorção, por uma parcela dos profissionais, de novos aportes teóricos, uma possibilidade de renovação crítica. A análise crítica da sociedade do capital possibilitou, assim, que uma parcela dos profissionais inseridos nesse processo problematizasse o papel do Assistente Social na sociedade capitalista e as demandas a ele dirigidas. Isso, em consequência, viabilizou alterações nas concepções adotadas de Homem/Sociedade e Estado, fundamentando um diferente referencial teórico e ético para a profissão, que, não obstante, só veio a ser objetivado em um Código de Ética Profissional duas décadas depois, em 1986, após passarmos por um longo período de "conservadorismo com nova roupagem" caracterizando a profissão, representando o seu projeto hegemônico, um rearranjo do tradicionalismo profissional funcional à modernização conservadora, ao Estado ditatorial e ao grande capital, construindo o que Netto (1991) denomina perspectiva modernizadora do Serviço Social.

Conforme apontamos, as diretrizes conservadoras "vestidas em nova roupagem" podem ser verificadas no Código de Ética Profissional de 1975:

— Exigências do bem comum legitimam, com efeito, a ação do Estado, conferindo-lhe o direito de dispor sobre as atividades profissionais — formas de vinculação do homem à ordem social, expressões concretas de participação efetiva na vida da sociedade (CFAS, 1975, p. 6).

— Nas relações com instituições: respeitar a política administrativa da Instituição empregadora (CFAS, 1975, p. 13).

A forma de conceber a profissão, expressa no Código de Ética de 1975, consolida a hegemonia dos modernizadores. Nisso, Netto (1991) identifica um transformismo que absorve os Assistentes Sociais tradicionais, adequando-os aos novos tempos, extraindo possibilidades de crítica, tanto à sociedade na qual a profissão se insere quanto às suas próprias bases ideopolíticas.

Quando analisamos o Documento de Teresópolis,[9] torna-se claro o privilégio a uma concepção operacional da profissão, uma vez que ele, diferentemente do Documento de Araxá que o antecedeu, não se deteve na discussão de valores, de teorias, de finalidades ou da legitimidade profissional, mas priorizou as formas instrumentais capazes de garantir eficácia à ação profissional, buscando a sua validação nos complexos institucional-organizacionais.

No Documento de Teresópolis, constata-se uma busca de qualificação do Assistente Social através de um perfil sociotécnico adequado à modernização conservadora da ditadura militar, consolidando-se o estrutural-funcionalismo como concepção teórica.

Nesse sentido, a perspectiva modernizadora se afirma como concepção profissional geral e como pauta de intervenção, adequando o Serviço Social à ambiência própria da modernização conservadora conduzida pelo Estado ditatorial, atendendo aos interesses do grande capital e das características próprias do desenvolvimento capitalista brasileiro.

No entanto, sabemos que o Movimento de Reconceituação, que surge no Serviço Social a partir de meados da década de 1960, foi marco do início do "percurso crítico" que tomou parte dos profissionais do Serviço Social brasileiro.[10] O processo de reconceituação impulsionou alterações qualitativas para a formação profissional do Assistente Social. Mesmo que nesse processo não tenha ocorrido uma consistente crítica teórica do passado profissional, a partir dele surgiram elaborações teórico-práticas que se desdobraram e romperam a hegemonia do conservadorismo na profissão, possibilitando, inclusive, a construção de um referencial ético que não mais preconizou valores assentados em interesses individuais ou de grupos sociais particulares.

---

9. O Documento de Teresópolis é resultante do Encontro de Teresópolis, em 1970. Trata-se de produção posterior ao Documento de Araxá, que, tal como esse, também é um marco no processo de renovação do Serviço Social na perspectiva modernizadora.

10. Nesse período, considera-se que ocorreu uma renovação crítica no Serviço Social brasileiro.

Esse referencial crítico em relação à sociedade capitalista depurou-se e atualmente busca assegurar valores que se dirijam à legitimação de práticas que contribuam para a construção de uma nova ordem societária, uma ordem cuja lógica não seja a contradição gênero/ indivíduo e tampouco o primado da mercantilização na vida social.[11]

A construção de tal referencial ético objetivou-se com a elaboração do Código de Ética Profissional de 1986, no período de retomada da democracia política no País. Nesse processo, os Assistentes Sociais foram também sujeitos históricos e tiveram a possibilidade de experimentar significativos avanços, tanto no plano intelectual quanto em nível organizativo. Isso possibilitou que a hegemonia da perspectiva modernizadora fosse colocada em questão, e que o veio crítico e progressista do Movimento de Reconceituação se reacendesse, suscitando debates e embates no seio da profissão, que tiveram como um dos resultados a elaboração do Código de Ética do Serviço Social, que é marco na busca de rompimento com o conservadorismo na profissão. Nesse Código de 1986, é visível a derrocada do privilégio das referências éticas sem conexão com a História, seja pela perspectiva alinhada com os valores da fé religiosa, seja pelos pressupostos da "neutralidade". Com esse instrumento profissional, apesar de não desconsiderarmos a existência de equívocos teórico-filosóficos partícipes das questões intrínsecas aos desdobramentos do Movimento da década de 1960, podemos dizer que se procurou superar as reflexões éticas obscurecidas pelas construções idealizadas da realidade, as quais situam a ética fora do campo dos condicionantes históricos e das implicações dos interesses de classe. Ao mesmo tempo, há reconhecimento, por parte dos segmentos profissionais que defendem essa nova postura, da dimensão político-ideológica que marca a profissão desde o seu início e caracteriza a sua história.

---

11. Hoje, consoante as tendências ultraconservadoras no contexto brasileiro (e até internacional), pode ser dito que há evidências de tendências conservadoras (até ultraconservadoras) que se esforçam em busca de progressão no meio profissional.

Na própria introdução do Código de Ética de 1986, é possível observar tal superação e tal reconhecimento:

> Inserida nesse movimento, a categoria de Assistentes Sociais passa a exigir também uma nova ética que reflita uma vontade coletiva, superando a perspectiva a-histórica e acrítica, [...]. A nova ética é resultante da inserção da categoria nas lutas da classe trabalhadora, e, consequentemente, de uma nova visão da sociedade brasileira [...] (CFAS, 1986, p. 7).

Não obstante essa consideração de equívocos teórico-filosóficos, a exemplo de certa limitação ao explicitar posicionamentos profissionais em relação às classes sociais,[12] a importância do Código de Ética de 1986 é evidente, pois este pode ser considerado um "divisor de águas" na história da ética profissional do Serviço Social. Esse Código representa, em face dos desdobramentos históricos do Movimento de Reconceituação, a sua vertente de inspiração mais crítica. Porém, em acréscimo, considerando seus limites, cabe apreciarmos o pensamento de Iamamoto (1998a, p. 223-225 grifos nossos) acerca do marxismo da reconceituação:

> Embora contraposto ao conservadorismo profissional, mantém com ele [...] uma linha de continuidade. É esse elo que faz com que a reconceituação não ultrapasse o estágio de uma *busca de ruptura* com o passado profissional. Tal fenômeno encontra-se diretamente dependente das *formas específicas* pelas quais se deu a aproximação do Serviço Social com a tradição marxista [...]. A junção de um marxismo positivado e de uma ação política idealizada são as novas capas de um velho e sempre mesmo problema que perpassa a trajetória do Serviço Social,

---

12. Esse Código de Ética é avaliado, por vezes, como equivocado em algumas referências ao exercício profissional. Além das críticas que o observam como um documento que expressa certo "maniqueísmo" e abstração na maneira de apreender/referir-se às classes sociais, há comentários de distorções no que lhe compete como instrumento de orientação profissional, uma vez que lhe atribuem tom um tanto "militantesco" em certas posições.

segmentando o campo cognitivo do campo dos valores implicados na ação profissional, redundando em uma atualização às avessas, dos dilemas postos pela herança conservadora do Serviço Social.

Apesar da importante repercussão no percurso histórico do Serviço Social, possibilitando avanços e qualificação intelectual, as primeiras aproximações do Serviço Social com as heranças de Marx, conforme Iamamoto (1996), evidenciaram desconsideração da História e esvaziamento da riqueza analítica contida no pensamento desse autor. Foram apreensões que travestiram tal pensamento com uma lógica positivista, formulando questões que marcaram fortemente o Código de Ética Profissional do Serviço Social de 1986. Um Código Profissional que sobressai na trajetória dessa profissão por representar claramente perspectiva de rompimento com seu histórico conservadorismo. Código que golpeia o mito da "neutralidade" no Serviço Social, anunciando seu compromisso com as lutas e os interesses da classe trabalhadora. Todavia, se nisso, na superação da visão do Assistente Social como mero executor das políticas sociais, pois visto como capaz de participar da estrutura decisória dos programas institucionais, ou por meio de outros posicionamentos, como o de inaceitação de determinação patronal que violasse os princípios assumidos pela categoria contidos no código, esse documento demonstrou amadurecimento e avanço profissionais, paralelamente não deixou de evidenciar limites, a exemplo da não captação da contradição inerente às relações sociais na sociedade capitalista, expressando, de certo modo, posição dualista com relação às classes sociais.

Em seu último Código de Ética, datado de 1993, o Serviço Social garantiu e buscou ampliar as conquistas profissionais impressas no código anterior.[13] Ou seja, a revisão do Código Profissional de 1986,

---

13. Salientamos: a) o perfil do Assistente Social como profissional voltado à investigação científica e à formulação e à gestão das políticas sociais; b) o não corporativismo, expresso especialmente no destaque à denúncia da desqualificação do trabalho profissional; c) o compromisso com a qualidade dos serviços prestados à população; d) a importância atribuída ao trabalho com os estagiários.

que deu origem ao de 1993, objetivou o refinamento e a ampliação das referências para o trabalho profissional, mantendo o sentido do código precedente (1986).

O Código de 1993 foi aprovado em período de ampla discussão e mobilização da sociedade brasileira com relação à ética na política, na vida pública, pois foi um momento marcado por escândalos de corrupção que contaram com a abertura do processo de *impeachment* do Presidente da República, o Sr. Fernando Collor de Mello. Um contexto também fortemente marcado pela implementação da política neoliberal por esse governo em terras brasileiras, marcado pelas injunções do projeto neoliberal no País. É período em que a "globalização", a "mercantilização traçada mundialmente" — resposta à crise capitalista contemporânea —, sobressai nos países periféricos, evidenciando sua lógica de desresponsabilização do Estado em face da "questão social". Com isso, há a exacerbação das mazelas sociais típicas do mundo capitalista, particularmente em áreas da periferia capitalista cujos sistemas de proteção social já mereciam ser observados como frágeis.

O Código de Ética vigente[14] representa, a nosso ver, de maneira destacada, uma vez que orientação para a ação profissional,[15] a direção

---

14. Esse documento aqui é privilegiado, haja vista suas referências para a orientação do trabalho profissional.

15. Entendemos que o Serviço Social é profissão inserida na divisão social do trabalho e que, apesar de poder estar indiretamente na produção, recebe assalariamento em função da requisição patronal/institucional de participar no sentido de viabilizar a subordinação do trabalho à produção/ao capital. É uma profissão que, mesmo que não consumida diretamente no processo de produção visando à valorização do capital, é requisitada para participar disso, do seu engrandecimento. Além disso, cabe esclarecermos que, não obstante a polêmica acerca de trabalho, processo de trabalho e Serviço Social, a qual não faz parte do nosso universo de discussão neste texto, ora utilizamos indistintamente os termos ação profissional, intervenção/exercício profissional e trabalho do Serviço Social/Assistente Social. A respeito dessa polêmica, são interessantes para consultas as diferentes produções: Rosângela N. C. Barbosa et al. "A categoria 'processo de trabalho' e o trabalho do Assistente Social". *Serviço Social & Sociedade*. São Paulo: Cortez, n. 58, 1998; Maria Norma Alcântara B. Holanda. "O trabalho em sentido ontológico para Marx e Lukács: algumas considerações sobre trabalho e serviço social". *Serviço Social & Sociedade*. São Paulo, Cortez, n. 69, 2002; Raquel Raichelis (org.). A nova morfologia do trabalho no Serviço Social. São Paulo, Cortez, 2018. Além disso, avaliamos como oportuno destacar a seguinte consideração, extraída da obra de Netto e Braz (2007),

dos compromissos assumidos pelo Serviço Social brasileiro nas últimas décadas do seu percurso histórico — o atual Projeto Ético-Político (crítico).[16] Nele podem-se observar claramente uma perspectiva crítica à ordem econômico-social estabelecida e a defesa dos direitos dos trabalhadores. Isso porque o avanço experimentado pelo Serviço Social nas últimas três décadas, que possibilitou, inclusive, a concretização do seu Código atual ou, melhor, o processo de renovação em curso nessa profissão em detrimento do Serviço Social tradicional, vem sendo acompanhado por metamorfoses sociais, que, em favor do capital, aviltam o trabalho, chegando não só a representar a inviabilidade de ampliação do movimento de conquistas da classe trabalhadora como também o seu retrocesso.

A crise capitalista contemporânea desencadeou alterações, principalmente nos países periféricos, que exacerbam dificuldades na vida social por meio de aspectos como: a reestruturação da produção, a penetração intensificada do capital financeiro, as reformas na esfera estatal, obstaculizando os direitos sociais e as políticas sociais, âmbito de ação caracteristicamente do Serviço Social.

Diante do que viemos discorrendo, cabe destacarmos os Princípios Fundamentais do Código Profissional vigente:

— Reconhecimento da liberdade como valor ético central e das demandas políticas a ela inerentes — autonomia, emancipação e plena expansão dos indivíduos sociais.

---

acerca da práxis: a práxis envolve o trabalho que é a sua atividade modelar, mas não é a sua única, uma vez que a práxis inclui todas as objetivações humanas, desde formas voltadas para o controle e a exploração da natureza até as formas voltadas para influir no comportamento e na ação dos homens.

16. Segundo Marcelo Braz M. Reis (2001), os elementos constitutivos que emprestam materialidade ao Projeto subdividem-se em: a) dimensão da produção de conhecimentos no interior do Serviço Social; b) dimensão político-organizativa da categoria; c) dimensão jurídico-política da profissão. Nesta última, estão presentes o Código de Ética Profissional, a Lei de Regulamentação da Profissão e as Diretrizes Curriculares, mais precisamente as Diretrizes Curriculares da Associação Brasileira de Ensino e Pesquisa do Serviço Social (ABEPSS). Sem qualquer discordância do que foi indicado pelo autor e considerando as possibilidades e limites desse Projeto, avaliamos caber acrescentarmos como parâmetro o trabalho profissional cotidiano.

— Defesa intransigente dos direitos humanos e recusa do arbítrio e do autoritarismo.

— Ampliação e consolidação da cidadania, considerada tarefa primordial de toda a sociedade, com vista à garantia dos direitos civis, políticos e sociais das classes trabalhadoras.

— Defesa do aprofundamento da democracia, como socialização da participação política e da riqueza socialmente produzida.

— Posicionamento em favor da equidade e da justiça social, que assegure universalidade de acesso a bens e serviços relativos a programas e políticas sociais, bem como sua gestão democrática.

— Empenho na eliminação de todas as formas de preconceito, incentivando o respeito à diversidade, à participação de grupos socialmente discriminados e à discussão das diferenças.

— Garantia do pluralismo, através do respeito às correntes profissionais democráticas existentes e suas expressões teóricas, e compromisso com o constante aprimoramento intelectual.

— Opção por um Projeto Profissional vinculado ao processo de construção de uma nova ordem societária, sem dominação-exploração de classe, etnia e gênero.

— Articulação com os movimentos de outras categorias profissionais que partilhem dos princípios desse Código e com a luta geral dos trabalhadores.

— Compromisso com a qualidade dos serviços prestados à população e com o aprimoramento intelectual, na perspectiva da competência profissional.

— Exercício do Serviço Social sem ser discriminado, nem discriminar, por questões de inserção de classe social, gênero, etnia, religião, nacionalidade, orientação sexual, idade e condição física (CFESS, 1993).

É de fácil observação que os compromissos assumidos pelo Serviço Social brasileiro não endossam, tampouco "absolutizam", a lógica instituída pelo capital.[17] Essa profissão, que inicialmente se caracterizou pela prática moralizante e pelo privilégio, por longo período de tempo, do controle e do "papel educativo" favorável ao mundo capitalista, tem atualmente — salvaguardada a heterogeneidade profissional — o seu histórico conservadorismo e/ou neoconservadorismo defrontado com um Projeto Profissional, referido hegemônico, engendrado em bases progressistas (internas e externas ao Serviço Social). Isso porque, conforme Netto (1999), a ruptura com o quase monopólio do conservadorismo no Serviço Social não significou a erradicação de tendências conservadoras ou neoconservadoras na profissão. Além do mais, em tempos de democracia política, elas representam a concorrência entre projetos distintos nas categorias profissionais.

Assim, retomando a ideia lukacsiana da ética como via favorecedora da superação da contradição gênero/particular, indivíduo/sociedade, podemos inferir, tendo em conta a gênese e o percurso do Serviço Social, que essa profissão avançou e amadureceu tanto em sentido teórico quanto em ético-político. Para o alcance de tal conclusão, coube-nos comparar as diretrizes e as finalidades expressas nos códigos de ética profissional do Serviço Social anteriores com a direção social dos compromissos expressos no último Código de Ética Profissional — entendendo significar revisão do Código de 1986.[18] Esses compromissos representam um Projeto Profissional[19] que, a partir dos anos 1990, no Brasil, se tornou denominado Projeto Ético-Político

---

17. Isso se tornará mais claro por meio da discussão do item 3.2.3 sobre os Princípios Fundamentais do atual Código de Ética Profissional.

18. É importante lembrar que a primeira manifestação pública dos Assistentes Sociais de ruptura com o conservadorismo — até então característica marcante na profissão — ocorreu em 1979, no III Congresso Brasileiro de Assistentes Sociais, conhecido como "Congresso da Virada". Além disso, lembremos também que apenas a partir de 1990 é que os Assistentes Sociais brasileiros se voltaram para a ética como tema privilegiado. A grande discussão dos anos 1980 girava em torno, basicamente, da dimensão política da profissão, não indicando, ainda, profundidade quanto à fundamentação ética.

19. Entendemos que, apesar de o Código expressar tais compromissos, esses não se esgotam nesse documento. A esse respeito, é importante consultar: José Paulo Netto. A construção do projeto ético-político do Serviço Social frente à crise contemporânea. *In: Capacitação em Serviço Social e Política Social*. Módulo 1 — Brasília: ABEPSS/CFESS, 1999.

do Serviço Social, porém produto de desdobramentos do Movimento Latino-Americano de Reconceituação do Serviço Social, iniciado em meados da década de 1960, que tomaram maior vulto nos anos da década de 1980.

Nos limites definidos pelo âmbito da ação profissional, esse Projeto — diferentemente das perspectivas conservadoras que caracterizaram o Serviço Social por um longo período e/ou neoconservadoras, as quais hoje também estão presentes nessa profissão — tenciona contribuir para legitimar valores que apontem para a necessidade de desenvolvimento da generalidade humana e a possibilidade de emancipação humana, em vez de privilegiarem o corporativismo, os interesses apenas particulares de grupos sociais ou indivíduos. Não fortalece, desse modo, a propalada ideia de dissociação entre o particular-individual e o social-genérico, ou seja, não contribui para fomentar "particularismos", que, predominando sobre a perspectiva de interesses genérico-coletivos, criem obstáculos ao desenvolvimento dos próprios indivíduos e da sociedade.

Diante do exposto, destaca-se a consideração de Lessa (1995) sobre a "supervalorização" por parte do liberalismo das "iniciativas individuais", as quais, segundo o autor, chegam ao absurdo de converter o ser-homem em algo cujas "raízes últimas" seriam "ontologicamente independentes da existência da sociedade, de maneira que nos encontraríamos, em alguns casos, forçados a indagar sobre as inter-relações de duas entidades ontologicamente autônomas (individualidade e sociedade)" (LUKÁCS *apud* LESSA, 1995, p. 74). Lessa lembra também, valendo-se ainda do pensamento de Lukács, que a individualidade só pode vir a ser enquanto um ente social concreto, cuja atividade imprescindível para a sua reprodução efetiva-se em interconexão com a totalidade social e é o que fundamenta a existência da própria sociedade. Portanto, individualidade e sociabilidade não se contrapõem, mas pressupõem interação entre a totalidade social e o indivíduo singular concreto. E a ética, segundo Lukács, "ata os fios entre o gênero humano e o indivíduo que supera sua própria particularidade" (*apud* LESSA, 1995, p. 103), pois um tipo de "exigência" que "eleva à generalidade o horizonte das finalidades operantes nas decisões alternativas de cada indivíduo, isto é, faz do indivíduo uma individualidade autêntica, genérica, o torna consciente de ser membro do gênero humano" (LESSA, 1995, p. 102).

Desse modo, considerando o explanado, salientamos a fecundidade de investigações que se voltem para o trabalho profissional do Serviço Social (aqui destacamos o brasileiro), para a materialização do seu Projeto Ético-Político — que tem expressão destacada no Código de Ética Profissional —, haja vista os já mencionados compromissos assumidos por essa profissão, que indubitavelmente supõem estudos qualificados e sistemáticos,[20] e a realidade ora traçada pelo recrudescimento do imanente processo de mundialização do capital, que, conforme Mészáros (2003), evidencia a pretensão de controle da totalidade. Outrossim, salientamos que, para a efetivação de tais investigações, nos cabe ter claro, conforme aprendemos com Iamamoto (1998a), que as conjunturas não condicionam unilateralmente as perspectivas profissionais; porém, impõem a elas limites e possibilidades. Significa, dessa maneira, se considerar, no limite das instituições empregadoras, as possibilidades e os óbices para o Assistente Social efetivar a sua relativa autonomia na execução do seu trabalho — profissional assalariado que surge em função de necessidades típicas de certa fase do capitalismo, vinculado às políticas sociais e sujeito, como os demais trabalhadores, às injunções postas pela atual conjuntura.

---

20. O conhecimento qualificado é essencial para que se possa discutir e encaminhar esse Projeto Ético-Político. Isso nos leva a indagações quanto ao nível e à direção social da formação profissional, especialmente na atual conjuntura de avanço da iniciativa privada em face das instituições de ensino. Não é desconhecido que o ensino universitário vem se transformando em alvo de empreendimento dos grandes capitais. Observe-se que os cursos de graduação a distância têm enorme presença no Serviço Social. A esse respeito, é importante consultar Larissa D. Pereira. *Educação e Serviço Social*: do confessionalismo ao empresariamento da formação profissional. São Paulo: Xamã, 2009; PEREIRA, Larissa Dahmer.; ALMEIDA, Ney Luiz T. (org.). *Serviço Social e Educação*. 2. ed. Rio de Janeiro: Lumen Juris, 2013; Vânia C. da Motta e Larissa D. Pereira *Educação e Serviço Social*: subsídios para uma análise crítica. Rio de Janeiro: Lumen Juris, 2017.

Pensarmos a concretização do Projeto Ético-Político do Serviço Social, a materialização dos Princípios Fundamentais do seu Código de Ética no cotidiano profissional ou captarmos a percepção dos Assistentes Sociais a esse respeito é mister para a compreensão dessa profissão frente à crise capitalista contemporânea. Isso significa buscarmos entender em que medida as mudanças macrossocietárias vêm produzindo alterações nas necessidades e demandas sociais, espaços de intervenção, finalidades, competências e objetivos profissionais, requisições institucionais e condições objetivas de trabalho; em suma, em que medida essas mudanças vêm tocando condições histórico-materiais e ideopolíticas que delineiam as possibilidades e os limites do trabalho profissional do Assistente Social.

Outrossim, significa, haja vista a sua relevância para a profissão, discutir a hegemonia do citado Projeto Profissional, lembrando que a abstração no campo ético, além de não se contrapor à desumanização da vida, também torna-se funcional a ela, conforme esclarece-nos Tonet (2002), ao analisar a fratura entre a realidade objetiva e os valores éticos proclamados na sociedade capitalista. Trata-se de uma forma de abstração que favorece a reprodução da ordem do capital, obscurecendo suas contradições internas e permitindo que essa ordem funcione sem perder sua natureza essencial.

Só assim poderemos nos voltar a indagações substanciais sobre os rumos que vem tomando essa profissão (Serviço Social) na História humana. Pois, voltando-nos à realidade brasileira, mesmo que possa ter surgido em função da última eleição presidencial qualquer vislumbre de mudança no cenário nacional, como abordamos em capítulo anterior, a mudança não tem sido característica do atual governo.

Vivemos uma crise profunda, que, tendo em vista as marcas do redimensionamento da economia, da redução da participação do Estado e da abertura à concorrência internacional, iniciada no País nos anos 1990, nos leva a questionamentos sobre os rumos da História humana, do País e do Serviço Social. Assistimos ao paradoxo de um país de vasto potencial econômico, como é o Brasil, que, ao lado de sofisticação tecnológica para produção, exibe crescente aumento da precarização do trabalho, fome, violência e desamparo de um significativo contingente de seus cidadãos. Assistimos à atrofia do Estado[21] e das políticas de proteção social, assistimos à criminalização da pobreza, a um "retorno" da consideração da "questão social" como caso de polícia e não de política, à "informalização" e à vulneração do trabalho pelo subcontrato, pela inserção temporária, gerando fragilidade técnica e organizativa, pela perda de direitos, pela diminuição de postos, pela instabilidade/insegurança e pela sua intensificação.

Em escala mundial, assistimos a um processo que ameaça de destruição a própria humanidade pelo perigo de uma guerra nuclear ou da exploração desmedida dos recursos naturais, ao qual Höffe denomina "globalização da violência", uma vez que sua característica principal é a substituição do direito pelo arbítrio e pela força nas relações entre as pessoas (*apud* OLIVEIRA, 2004, p. 24).

Esse processo em curso caracteriza-se pela submissão ou substituição da política pelo mercado, sobretudo financeiro, na condução dos processos sociais. Ou seja, caracteriza-se pela "mercantilização da vida social como um todo, na medida em que o lucro se põe como o grande mecanismo de estruturação de todas as esferas da vida social" (OLIVEIRA, 2004, p. 24).

Desse modo, entendendo que os Homens fazem sua História e o curso dessa História depende não só de suas decisões e ações, mas também dos condicionamentos colocados às alternativas de ação desses sujeitos, uma vez que essas decisões e ações são efetivadas em situações concretas, pretendemos discutir, na seção seguinte do presente texto, a materialização no cotidiano do trabalho profissional dos Assistentes Sociais dos Princípios contidos no Código de Ética Profissional, uma vez que dissonantes das diretrizes propaladas e efetivadas no atual ordenamento socioeconômico definido pela crise capitalista

---

21. Como explica Netto, na obra *Crise do socialismo e ofensiva neoliberal*, Cortez, 1993, o Estado torna-se mínimo em face das necessidades da classe trabalhadora, mas o mesmo não ocorre em função dos interesses do capital.

contemporânea e as políticas neoliberais. Portanto, buscaremos discutir a percepção que os Assistentes Sociais têm da materialização no cotidiano do seu trabalho profissional dos Princípios contidos no seu Código de Ética Profissional — o que significa dizer uma forma de consideração desses profissionais acerca do atual Projeto Ético-Político do Serviço Social. Isso porque, apesar de constatarmos as conquistas históricas desses profissionais, temos de considerar — especialmente dadas as implicações da atual conjuntura —, frente às suas decisões e alternativas de ação, a existência de condicionamentos, uma vez que decisões e ações no campo profissional, mesmo não condicionadas unilateralmente, são tomadas em situações concretas.

Para a efetivação desse propósito, selecionamos os Hospitais de Custódia e Tratamento Psiquiátrico do estado do Rio de Janeiro[22] — âmbito de ação do Serviço Social que conta com exígua produção acadêmica, apesar de exibir traços relevantes, os quais o torna, a nosso ver, parâmetro para outras apreciações ou estudos desse gênero, que podem incluir e/ou interessar outras áreas do conhecimento —, pois é campo de ação profissional que evidencia interseção de diferentes faces da política social, de diferentes profissionais, e abarca um contingente populacional que representa de maneira "emblemática", ou, se melhor considerarmos, potencializada, um segmento para o qual o Serviço Social habitualmente dirige sua ação — camadas pauperizadas (e estigmatizadas) que costumam recorrer às políticas públicas. Trata-se de segmento da população amplamente estigmatizado e

---

22. Em 1984, com a edição da Lei de Execução Penal, os Manicômios Judiciários passaram a se chamar Hospitais de Custódia e Tratamento Psiquiátrico.

No presente texto, podem-se utilizar, por vezes, indistintamente as denominações: Hospital de Custódia e Tratamento Psiquiátrico, Hospital de Custódia, Manicômio Judiciário, Hospital Psiquiátrico Penal, este último porque o hospital criado para urgência psiquiátrica dos presos acometidos de transtornos psiquiátricos — Hospital Psiquiátrico Penal Roberto Medeiros — também recebia(e) Internados por Medida de Segurança, como os Hospitais de Custódia e Tratamento Psiquiátrico, antigos Manicômios Judiciários. Todavia, hoje, essa Unidade do Sistema Prisional está prioritariamente se voltando (fase de transição) para o tratamento da dependência química, e foi denominada Centro de Tratamento de Dependência Química Roberto Medeiros.

excluído socialmente,[23] seja pela representação de "possível perigo" para a sociedade, seja pela ideia de sua improdutividade no mundo do trabalho, especialmente nesse momento em que a crise contemporânea do capital traz profundas questões tanto pela desregulação do trabalho assalariado quanto pela necessidade de hipermobilidade do capital, remediando, conforme Wacquant (2001a), com "mais Estado Policial e Penal" a falta de Estado Social, ou seja, trazendo a possibilidade de criminalização da pobreza. Vale destacar ainda que os referidos hospitais são locais em que se verifica particularmente a associação do transtorno mental com o delito e onde se mesclam diferentes faces da "questão social".

Todavia, não obstante a condição criminal, o que se está focalizando aqui é um contingente populacional inimputável (ou semi-imputável) que se encontra em Instituição pública para tratamento e que necessita de política social. Fato irrefutável até pelo "senso comum", por se tratar de pessoas oficialmente portadoras de condições psíquicas que requerem tratamento para seu retorno à sociedade, o que inviabiliza qualquer hipótese de que sejam incluídas no rol daqueles sujeitos, por vezes equivocadamente considerados, em decorrência de seus atos de violência, como sujeitos apenas merecedores de punição — sujeitos sem direitos. Ou seja, nos referimos a Sujeitos em Instituição pública — colocados sob a guarda do Estado — com direito à política social, o que define a necessidade do trabalho de diversos profissionais. Dessa maneira, apesar de aqui ser focalizado, especificamente, o trabalho do Assistente Social, o qual deve ser orientado pelas referências/diretrizes do Código de Ética Profissional em vigor,

---

23. Entendemos ser a exclusão inerente à sociedade capitalista, uma vez que esta supõe hierarquia e desigualdade. Todavia, destacamos que, além da "não integração" no processo produtivo, a população ora referida é excluída do convívio social, pois institucionalizada enquanto persistir avaliação de sua ameaça para a sociedade — ou seja, reclusa, sob Medida de Segurança, pelo período de um a três anos, porém, diferentemente do preso comum, é dependente da avaliação do grau de sua periculosidade para definição do tempo real de sua saída —, podendo ainda ser observada como desnecessária economicamente (até por possuir comprometimento crônico de saúde) e, em consequência, totalmente dispensável para a sociedade.

é discussão que possibilita elementos interessantes a diferentes profissionais e/ou estudiosos.

3.2. O cotidiano profissional e a referência dos Princípios do Código de Ética do Assistente Social

Como já explanamos, nas décadas de 1980 e 1990, constituiu-se no Serviço Social a hegemonia da perspectiva de rompimento com o tradicional conservadorismo na profissão. Apesar de não podermos nos referir à erradicação desse conservadorismo, constatamos a solidificação de bases progressistas que democratizaram a profissão, declinando, assim, as estreitezas do doutrinarismo cristão e das vertentes teóricas refratárias à crítica substancial da ordem capitalista. As aproximações com diferentes aportes teóricos, especialmente com o marxismo, em função do Movimento de Reconceituação (e seus desdobramentos), viabilizaram avanços tanto organizativos quanto teórico-culturais no Serviço Social, resultando em nova perspectiva ético-política ora expressa em aspectos da profissão, como exemplifica o Código de Ética em vigor. Contudo, embora identifiquemos a importância dos Princípios e/ou referências contidos nesse documento, sabemos que eles só ganham significado, só podem ser objetivados, no âmbito das situações concretas, ou seja, no cotidiano do trabalho profissional.[24] Se assim não for considerado, incorreremos nos limites do formalismo, cuja lógica do "dever ser" obscurece a importância dos elementos materiais, transformando a ética em mero conteúdo prescritivo desvinculado da realidade concreta (do ser), ou de um

---

24. Como um dos profissionais graduados no âmbito das Ciências Sociais, o Assistente Social caracteriza-se não apenas pelo trabalho no campo acadêmico, mas também, e principalmente, pelo trabalho dirigido ao atendimento daqueles que o procuram, visando à satisfação de alguma necessidade social (material ou não) em diversas instituições públicas ou privadas.

plano ideal que sustenta uma ética da intencionalidade, no qual a intenção do ato constitui critério decisivo.

Portanto, salientando a dissonância das diretrizes do Projeto Ético-Político do Serviço Social, em face do que preconiza e efetiva o atual ordenamento socioeconômico, e destacando que já apontamos características da área selecionada para a efetivação da nossa pesquisa de campo, discutiremos a materialização dos Princípios do Código no cotidiano do trabalho profissional dos Assistentes Sociais nos Hospitais de Custódia e Tratamento Psiquiátrico do estado Rio de Janeiro. Buscaremos captar se há materialização desses Princípios, considerando as injunções postas ao trabalho profissional e sabendo, como dissemos, que as perspectivas profissionais não são condicionadas unilateralmente pela conjuntura, mas que a ela cabem possibilidades e limites, conforme nos explica Iamamoto (1998a).

Dessa maneira, inicialmente, faremos considerações sobre a origem dos referidos Hospitais de Custódia e Tratamento Psiquiátrico e sobre o Serviço Social no Sistema Prisional.[25] Em sequência, abordaremos a referência ética no Serviço Social — ou, melhor dizendo, os Princípios do Código e a sua materialização no cotidiano do trabalho profissional —, partindo, fundamentalmente, da percepção dos entrevistados, por meio da análise das entrevistas realizadas com os Assistentes Sociais dessas Instituições.

3.2.1. Considerações acerca dos Hospitais de Custódia e Tratamento Psiquiátrico no estado do Rio de Janeiro

Os Hospitais de Custódia e Tratamento Psiquiátrico surgiram, em 1921, a partir da construção do Manicômio Judiciário do Rio de Janeiro. Em 21 de abril de 1920, nos fundos da Casa de Correção,

---

25. Por não existirem dados suficientes, nem relatos orais, não foi possível particularizarmos o Serviço Social dos Hospitais de Custódia e Tratamento Psiquiátrico.

na rua Frei Caneca, foi lançada a pedra fundamental do primeiro Manicômio Judiciário do Rio de Janeiro, que seria inaugurado em 30 de maio do ano seguinte[26] e são locais que, conforme explica Carrara (p. 26), conseguem "articular duas das realidades mais deprimentes das sociedades modernas — o asilo de alienados e a prisão — e dois dos fantasmas mais trágicos que nos 'perseguem' a todos — o criminoso e o louco". Esses hospitais são locais que, se, por um lado, mostram a semelhança entre prisão e manicômio no que se refere à exclusão do convívio social, por outro, ressaltam a diferença entre eles, no que diz respeito ao fato de para a prisão enviarmos culpados[27] e para os hospitais, inocentes que necessitam de tratamento de saúde — mesmo que se refira a tratamento em busca de saúde mental, pois loucura é

---

26. Esta seção foi realizada, basicamente, com dados extraídos do livro de Sérgio Carrara *Crime e loucura*: o aparecimento do manicômio judiciário na passagem do século, 1998. Como utilizamos apenas esse livro do autor, as referências que aqui fizemos prescindem de indicação da obra.

27. Os Internados dessas Instituições, como já explicamos, são inimputáveis, cumprem Medida de Segurança, que, diferentemente de punição, se aplica por fato provável, ou seja, por possível repetição de novos crimes. A Medida de Segurança não evidencia caráter repressivo, pois se fundamenta no dever de defender a sociedade daqueles que, sem plena consciência dos seus atos, realizaram ações tipificadas na lei como crimes. Além dos menores de 18 anos de idade, a Medida de Segurança, por meio da psiquiatria, abrangeu o portador de transtorno mental e infrator, mais diretamente os considerados psicopatas ou sociopatas. Encontra-se isento de pena (inimputável) ou pode ter sua pena reduzida em um a dois terços (semi-imputável) o agente que, por ser avaliado portador de doença mental ou de desenvolvimento mental incompleto ou de retardo, não possui plena capacidade de entender ao tempo da ação ou omissão o caráter criminoso do fato ou determinar-se de acordo com esse entendimento. Portanto, a Medida de Segurança é fundamentada na ideia da periculosidade e não da culpabilidade. Conforme encontramos em obra referente à psiquiatria — *As razões da tutela*, de Pedro G. Delgado (1992) —, a Medida de Segurança — inovação capital do Código de 1940, segundo disse o ministro Francisco Campos — é providência de cunho individual destinada à dupla finalidade: proteger a sociedade dos inimputáveis perigosos e tratá-los até que cesse sua periculosidade. É produto da Escola Positiva que se distingue da pena, pois considera a necessidade da cura e da readaptação do portador de transtorno mental infrator. A efetivação do crime e a existência da periculosidade são pressupostos para a Medida de Segurança.

A Medida de Segurança pode ser de dois tipos: a detentiva, que implica internação, e a restritiva, que implica tratamento ambulatorial obrigatório e é medida jurídica que, regulada pelo artigo 97 do Código Penal, se executada, só será suspensa mediante laudo psiquiátrico de cessação de periculosidade.

diferente de delinquência. A esse respeito, é interessante complementarmos com a observação de Carvalho (2002, p. 45): "loucos na cadeia e criminosos no hospital, os Internados dos hospitais penais são os excluídos entre os excluídos da sociedade". Isso ratifica o que explica Carrara (p. 28) acerca desse tipo de Instituição que abarca Tratamento Psiquiátrico e encarceramento, um campo institucional cuja "marca distintiva é a ambiguidade como espécie de 'defeito constitucional'". Essa ambiguidade se expressa nos conflitos de competências entre os profissionais considerados como responsáveis pela ordem e pela lei (guardas, juízes etc.) e aqueles considerados responsáveis pelo tratamento da saúde (médicos, assistentes sociais, terapeutas ocupacionais etc.), ou também nas contrastantes concepções de períodos de permanência do Internado na Instituição e nas diferentes construções da identidade dele.[28]

Retornando ao que citamos inicialmente, em 1921 apareceu o primeiro Manicômio Judiciário no Rio de Janeiro. Essa foi a primeira Instituição do gênero na América Latina e esteve, a princípio, sob a direção do médico psiquiatra Heitor Pereira Carrilho, que já vinha chefiando a Seção Lombroso do Hospital Nacional — ou seja, a seção que foi embrião do referido manicômio.

A partir do final do século XIX e início do século passado, as ciências e as instituições se articularam em torno da questão dos considerados loucos-criminosos. Tudo indica ter sido a Inglaterra o primeiro país a erguer, em 1870, uma Instituição especial para os indivíduos considerados delinquentes alienados. Os Estados Unidos e a França até então apenas haviam destinado anexos de alguns presídios para a reclusão e o tratamento dos considerados delinquentes-loucos ou dos condenados que enlouqueciam nas prisões.

Mas as discussões que sistematicamente ocupavam o mundo científico e articulavam ciências e instituições científicas/profissionais

---

28. São comuns diferentes referências aos Internados dessas Instituições, mas, de modo geral, são alternadamente chamados de pacientes ou de presos.

Neste texto, preferencialmente, utilizaremos a denominação oficial — Internados.

em torno do crime e da loucura ultrapassaram essa esfera e ganharam as ruas através da imprensa popular. Isso devido ao significativo aumento da criminalidade nas grandes metrópoles na passagem do século XIX para o século XX, comumente explicado pelos que se dedicaram ao assunto como relacionado à intensificação do processo de urbanização e de industrialização não só nas cidades de países de economias centrais como também, guardadas as proporções e as especificidades, nas cidades de países periféricos, como as brasileiras.

No Brasil, o Código Penal de 1890 apenas fazia referência aos delinquentes, penalmente irresponsáveis, no sentido de entregá-los às suas famílias ou interná-los, se representassem ameaça à segurança dos cidadãos. Caberia ao juiz a decisão em cada caso. Em 1903, porém, a construção de manicômios judiciários torna-se proposta oficial. Surgiu uma lei especial regularizando a assistência médico-legal aos alienados do Distrito Federal, com o objetivo de tornar essa medida regional modelo para a organização desse serviço nos diversos estados da União (Decreto n. 1.132, de 22 de dezembro de 1903). Enquanto não fosse possível a construção de manicômios judiciários, os estados deveriam providenciar anexos especiais aos asilos públicos para o recolhimento desse tipo de doente chamado alienado. Foi provavelmente desse modo que se introduziu uma seção especial para abrigar indivíduos tidos como loucos-criminosos no Hospício Nacional de Alienados, a chamada Seção Lombroso do Hospício Nacional.

Como dissemos, a ênfase na reflexão acerca do crime e da loucura ocorreu basicamente em fins do século XIX e início do século XX, e esteve especialmente ligada às alterações decorrentes do processo industrial. No caso do Brasil, um processo industrial sem planejamento que vinha consumindo força de trabalho, numa economia que não muito tempo atrás era tocada basicamente em função da agricultura e do trabalho escravo e que entrava no mercado competitivo de tipo capitalista. Essa mudança marcava fortemente a vida da sociedade brasileira, trazendo contradições e conflitos, ou seja, tensões sociais típicas de cidades que abarcam aglomerados de trabalhadores sem que tenham infraestrutura suficiente em face do acelerado processo de industrialização, produzindo inúmeras mazelas sociais. Tais aspectos concorreram para a formação dos "meios delinquenciais" fechados e para a organização e a especialização do crime e do aparato repressivo.

> Através da prisão, o "crime" se organiza, se especializa e se profissionaliza no meio urbano, e a nova feição que adquire aparece marcada pelo fenômeno da **reincidência**. Desligado de seu meio social de origem, dados os longos períodos de reclusão a que é submetido, e preso nos jogos da marginalização, começa a se desenhar para o criminoso uma trajetória social sem retorno. Foi, sem dúvida, frente a uma tal realidade sociológica que se tornou possível conceber o criminoso como um "tipo natural" (CARRARA, p. 64, grifo do autor).

A exacerbação das sequelas das desigualdades sociais inerentes às relações sociais capitalistas define o perfil que o crime e a delinquência assumem no nosso meio urbano. Isso e a possibilidade de reincidência foram justificativas para que técnicas de controle e repressão fossem prontamente desenvolvidas e/ou modernizadas pelos aparelhos de Estado. Logicamente, também se somaram como justificativas as manifestações contrárias à ordem estabelecida, e essas técnicas não se limitaram ao "mundo do crime", mas se dirigiram à sociedade em geral e, em especial, às classes/frações das classes subalternas ou, se preferirmos, às "classes perigosas",[29] avaliadas como necessitadas de maiores cuidados com relação à vigilância e à disciplina.

No entanto, interessa-nos observar que, diferentemente de análise que recaia sobre argumentos totalizantes, ou seja, argumentos que considerem a diversidade dos determinantes dos fenômenos sociais e busquem na crítica substancial da ordem social os fundamentos essenciais da "questão social", dos processos de resistência e rebeldia, e, portanto, da transgressão às normas e aos valores sociais ou até da

---

29. A esse respeito, é importante consultar Cecília Coimbra. *Operação Rio*: o mito das classes perigosas, 2001. A autora discute o mito das classes perigosas partindo da "Operação Rio", ou seja, partindo da ocupação pelas Forças Armadas (1994-1995) de áreas faveladas do Rio de Janeiro consideradas perigosas.

emersão de certas formas de delinquência e de criminalidade, a sociedade burguesa forja argumentos que parecem não aceitar que alguém conscientemente possa não se submeter à sua lógica, à sua moral, às suas normas, aos seus valores. Dessa maneira, a lógica burguesa torna questão individual e naturaliza processos de ordem social, torna questão da natureza humana ou coloca em questão a própria natureza humana, o que com ela não for compatível ou estiver colidindo.

Nesse ângulo de análise, como explicita Carrara, a aproximação entre crime e loucura — temática que, em face dos objetivos desta obra, tem abordagem definida e limitada, pois tratada em função de aspectos que, não obstante se relacionarem diretamente com ela, não a constituem —, expressando reflexão que coloca o crime como manifestação de uma doença mental ou nervosa, surge simultaneamente ao aparecimento das sociedades fundamentadas em ideais liberais. Sociedades em que supostamente, por meio de contratos sociais, teríamos interesses individuais e sociais se sobrepondo harmoniosamente — o que significa dizer que ataques a essas sociedades e aos contratos sociais que as constituem são sinônimos de irracionalidade, pois nada poderia ser tão representativo de tamanha irracionalidade quanto atos contra sociedades que ao mesmo tempo significam atos contra si próprio.

Com isso, desenvolvem-se ideias de alma humana pervertida, culpas, punições etc. E, como explica Castel (*apud* CARRARA, p. 69),

> As razões dessas dificuldades não me parecem ser muito obscuras: a sociedade burguesa, liberal, democrática, progressista, representação do próprio paraíso reconquistado (ou, ao menos, passo fundamental para tal reconquista), não parece aceitar que alguém possa agredi-la em sã consciência.

Ancorado em autores como Robert Castel e Michel Foucault, Carrara explicita que, no século XIX, os alienistas franceses tiveram suas primeiras incursões fora dos muros dos asilos dos alienados a chamado de tribunais de justiça para desvendar crimes que se apresentavam como "enigmáticos". Esses crimes eram assim qualificados por não denotarem motivação aparente, tampouco serem praticados por pessoas que se enquadrassem nos moldes clássicos da loucura, ou seja, pessoas que parecessem delirantes. Esses profissionais eram chamados à elucidação de problemas que estariam subvertendo escandalosamente valores considerados básicos para o convívio social e que, portanto, deveriam estar enraizados na própria "natureza humana", tais como amor materno, amor filial, solidariedade em face da dor e/ou do sofrimento humano. Aspectos que poderiam colocar em xeque a "humanidade" dos parricidas, dos infanticidas etc., tornando os atos desses sujeitos mais viáveis de explicação pelas interpretações das ciências biológicas, das ciências da natureza, ou seja, relacionando-os às selvagerias da natureza ou, a nosso ver, descaracterizando-os como produção consciente, social.

Contudo, aqui é importante registrar que foi através de tais casos que se desenvolveu uma primeira reflexão sobre a relação entre crime e loucura, o que tem a ver com a origem dos manicômios judiciários em fins do século XIX.

Nessa relação, encontra-se a categoria nosológica da monomania, elaborada no campo da patologia mental no início do século XIX pelos alienistas franceses.

A noção de monomania guarda nítida referência a uma concepção intelectualista da loucura, tendo como seu tipo exemplar o maníaco.

Para os alienistas franceses, as monomanias significavam espécies de delírios parciais, tipos de delírios que estariam circunscritos a apenas uma ideia. Essa ideia operaria uma espécie de premissa falsa a partir da qual tudo se edificaria pelo doente. O tipo ideal de monomaníaco parece ter sido o "perseguido-perseguidor", porém outras formas de monomania se mostraram, como monomanias religiosas, homicidas etc.

Todavia, além dos delírios parciais, a monomania progressivamente passou a codificar, em várias de suas formas, uma perturbação mental que já não mais se referia às desordens da inteligência ou a qualquer delírio, mas sim aos movimentos inesperados e incontroláveis das paixões e dos afetos. Sem pretensão de aprofundamento, podemos fazer referência a um quadro em que apareciam diferentes formas de monomania, sendo dois os blocos das mais significativas das suas tendências, as chamadas "monomanias raciocinantes" e as "monomanias instintivas". As últimas são doenças que comumente se manifestam em surtos rápidos e repentinos. Os doentes acometidos desses tipos de monomania têm vida pacata, e o transtorno mental, apesar de presente, pode ser imperceptível, podendo ocasionar a qualquer momento um delito ou um ato insano que cause perplexidade pela "ausência de razão aparente". Diferentemente, na monomania raciocinante, ou loucura moral, os indivíduos expressam, ao longo de sua trajetória de vida, um comportamento indisciplinado, reivindicador, agressivo, amoral, cruel. São indivíduos que constantemente são alvos de críticas e avaliações negativas. Em suma, esse foi o caminho encontrado, à época, pelos alienistas franceses em busca de explicação para os atos cometidos por tipos tão diferentes de transgressores.

Diante disso, importa-nos salientar que o aparecimento da noção de monomania relaciona-se com a interpretação que a psiquiatria faz de certos crimes e, também, se vincula tanto à própria história da psiquiatria quanto à da loucura. Foi essa noção que permitiu a elaboração da concepção de loucura como alienação mental, ou seja, como doença que não se caracteriza apenas e/ou necessariamente pelo delírio.

A introdução da noção de monomania no pensamento psiquiátrico, além de consequências para a concepção de loucura que vinha sendo articulada no século XIX, influiu profundamente na chamada "síntese asilar" — internamento mais tratamento moral. Com isso, houve a ampliação do poder de intervenção social dos alienistas, uma vez que a eles coube a competência do diagnóstico de tal enfermidade. Tal consideração caberia aos alienistas, porque se tratava de uma forma de alienação entendida como de tal modo oculta que poderia não ser captada pelo doente, pelas pessoas mais próximas ou até mesmo pelas autoridades judiciárias. Ademais, a noção de monomania situa a doença mental não apenas como um estado mórbido transitório e de reversão possível por meio de terapêutica individualizada, mas também como algo que possui atributo (mesmo que ainda não bem definido) da própria natureza do sujeito.

Dessa maneira, os alienistas trouxeram à baila questões que, partindo da nova acepção, das monomanias, tornaram-se aspectos que passaram a fazer parte do universo não só de suas discussões e práticas, mas também dos juristas, dos magistrados e dos psiquiatras nos tribunais, aproximando crime e loucura, estabelecendo vínculo entre a esfera médica e a legal.

Quanto a algumas dessas questões, podemos observar:

> Como curar algo que se delineia como fruto de um processo mórbido congênito ou hereditariamente adquirido, que já é muito mais uma condição anormal do que uma situação doentia?
> [...] como utilizar um tratamento moral [...] (como os loucos morais) cuja doença não lhes permite justamente assimilar regras morais da sociedade [...]?
> É a partir dessas novas figuras da loucura que o internamento asilar adquire a ambivalência que parece explicar por que ainda resiste há séculos: [...] prática terapêutica humanitária mas é, ao mesmo tempo, [...] contenção relativa a uma loucura que, [...], tornou-se incurável e perigosa (CARRARA, p. 77-78).

A nova concepção situou a loucura fora ou, no mínimo, distante da esfera pública e lhe tirou sinais que permitiam que fosse percebida com facilidade, o que levou os tribunais a dependerem do aval dos alienistas para que pudessem desenvolver seus trabalhos. Ademais, o ingresso desses alienistas nos tribunais trouxe à tona questões de ordem teórico-práticas, tanto para a psiquiatria quanto para o judiciário. No entanto, isso não significou questionamentos à lógica punitiva ou ao sistema penal que se instalava nas sociedades liberais, uma vez que, no início do século XIX, "se existe uma reflexão médica sobre o criminoso, ela dizia respeito às maneiras de humanizar e potencializar o poder corretivo da pena, e não ao seu fundamento jurídico" (CASTEL *apud* CARRARA, p. 79).

Contudo, a partir de meados do século XIX, as elaborações acerca das monomanias passaram a receber severas críticas. Surgiram outras argumentações teóricas, e o que então se discutia eram os degenerados[30] — eram esboços de reflexões médicas específicas sobre o crime, os primeiros fragmentos teóricos de uma espécie de "criminologia". Esse material contava, inclusive, com elaborações que iniciavam questionamentos acerca dos fundamentos do direito penal liberal.

Foi com o austríaco Benedict-Augustin Morel, em meados do século XIX, que a doutrina da degeneração recebeu sua elaboração mais significativa no interior do pensamento psiquiátrico. Intensificando a lógica própria das monomanias, a qual concebia o louco mais como um tipo específico do que como um indivíduo afetado por uma situação doentia, a teoria da degeneração concebeu a loucura e as doenças nervosas em geral como sendo, em sua maioria, expressão da anomalia nervosa original e irredutível da degeneração de um dos principais sistemas vitais: o sistema nervoso.

Entretanto, nas suas formulações, Morel não deixa de distinguir formas de doenças mentais, ou seja, para ele, existem as doenças que têm origem degenerativa e as que não têm. As doenças não degenerativas teriam possibilidade de cura e poderiam ser originárias, por exemplo, de infecção intercorrente, de um choque emocional violento etc. Porém, caso não fossem tratadas, poderiam tornar-se doenças degenerativas das futuras gerações. As doenças mentais provenientes da degeneração do sistema nervoso eram, em princípio, diferentemente das outras, consideradas incuráveis.

Dessa maneira, o diagnóstico de degeneração mental implicava concretamente uma observação médica criteriosa, bastante sensível às condições e à história de vida do "doente" e de sua família, uma

---

30. O termo monomania continuou a ser utilizado pelos médicos por todo o século XIX e não caiu em desuso, apesar das teorizações sobre os degenerados.

vez que as fontes de degeneração poderiam ser encontradas tanto no meio natural quanto no meio social, atingindo o indivíduo, direta ou indiretamente, por meio de herança deixada por seus ascendentes. Além disso, é importante observarmos que entre as várias características que Morel atribui à degeneração ou, se preferirmos, a também chamada loucura hereditária, surge como um traço marcante *o crime*.[31]

Com Morel e seus discípulos, a teoria da degeneração, quando atravessava a segunda metade do século XIX, foi questionada de modo contundente, especialmente pelos estudiosos da antropologia criminal, uma área do conhecimento que antecipa a constituição de uma doutrina do direito penal: a criminologia.[32]

É interessante o comentário de Carrara (p. 97) sobre a questão da degeneração:

> Enquanto a monomania parece incorporar à figura do louco a face do perigo e do crime, a degeneração claramente patologiza e medicaliza o crime. É a partir dessa reflexão genérica sobre o crime como comportamento mórbido que a medicina mental poderá, na segunda metade do século XIX, romper o equilíbrio prisão/hospício, incidindo mais agressivamente no campo do direito criminal, questionando suas premissas básicas. Como punir criminosos se o crime não é senão uma manifestação patológica?

A psiquiatria expandiu seus estudos, ampliando categorias nosológicas, e abarcou, nos quadros da alienação mental, uma série de comportamentos até então apenas observados pelo ângulo moral ou legal. A noção de monomanias e as elaborações em torno das degenerações buscaram compreensão médica para comportamentos que

---

31. Grifo nosso.

32. Segundo Carrara, o termo criminologia apareceu pela primeira vez em 1890, para designar a parte da antropologia geral que se ocupava do homem delinquente, ou seja, apareceu como sinônimo de antropologia criminal. Atualmente, a criminologia parece ser uma "ciência" menor, que oscila entre abordagens do crime e do criminoso, ora com perspectivas biologizantes, ora com perspectivas psicossociologizantes (p. 101-102).

aproximavam a loucura e o crime. Ou seja, para comportamentos em que os crimes eram observados como resultantes de mentes perturbadas ou consequentes das degenerações, como disfunções orgânicas. Diferentemente do modo de abordagem da psiquiatria, ou seja, sem a necessidade de, para abordar o crime, submetê-lo à dualidade sanidade/insanidade, e tampouco considerá-lo em função dos limites estabelecidos pelas suas consequências para a prática penal e penitenciária, surgirá uma abordagem de uma disciplina que nasceu nas últimas décadas do século XIX: a antropologia criminal. Essa disciplina, dirigindo seu foco de estudo para o crime e reivindicando posição de ciência natural positiva e legítima, forjou as críticas mais radicais ao sistema jurídico-penal das sociedades liberais. Esse sistema teve sua base orientadora no pensamento iluminista, sistematizado por Cesare Beccaria em seu livro *Dos delitos e das penas*, publicado em 1767.

As bases do direito clássico repousam em três postulados básicos; o primeiro diz respeito à igualdade de todos os homens perante a lei; o segundo propõe o rigor da lei de acordo com a gravidade do delito cometido; o terceiro prega a não retroatividade da lei penal, o que significa dizer que não há crime sem que haja lei anterior que o preveja. Essas diretrizes foram postas em questão pela antropologia criminal, que teve como um dos seus mais notórios representantes o médico italiano Cesare Lombroso (1835-1909), cujos estudos, que utilizaram técnicas de antropometria e cranioscopia, buscavam demonstrar a existência de uma variação singular do gênero humano — ou seja, a existência do "criminoso nato". Essa perspectiva de se alcançar o conhecimento de uma variação humana em que a maldade faria parte de sua natureza, estando estampada em seu corpo, é bastante mais antiga que a do criminoso nato, mas encontrou aí uma matriz de pensamento, fez significativo número de adeptos e aliou-se a vertentes do pensamento positivista, por ser adepta do mecanicismo, da perspectiva de causalidade inerente às leis da natureza no mundo humano, nas ações e nas reações humanas, como se essas fossem produtos biodeterminados e não resultantes da vontade e da consciência dos homens em condições determinadas.

A concepção do criminoso nato fez sua grande aparição em 1870, com publicação de autoria de Cesare Lombroso, intitulada *Uomo delinquente*. Nessa obra, Lombroso traçou para a espécie humana uma variação na perspectiva do crime, pois, assim como a loucura com Morel e outros estudiosos desse tema, o crime passara a ser explicado por uma variação antropológica da espécie humana, ou seja, por mecanismos da hereditariedade.

Não obstante parecer haver semelhança com a formulação em torno do que já expusemos acerca da degeneração, Lombroso marcou sua distinção na medida em que desconsiderou, diferentemente do que fizeram Morel e seus seguidores com a loucura, qualquer sentido patológico na variação que traçou para a espécie humana sobre o crime. Para ele, o crime deveria ser entendido como fenômeno do *atavismo* — um comportamento próprio das formas humanas inferiores, mas com possível retorno em grupos sociais nos quais já estaria ultrapassado. Tratava-se, portanto, de ação de tipos humanos regressivos, que obedeciam à sua natureza bestial. Pode-se dizer que o que Lombroso entendia como criminoso nato era uma espécie de homem pré-histórico.[33]

---

33. Não podemos desconsiderar que ainda são comuns cotidianamente ideias que atribuem às pessoas, a partir de determinados traços físicos ou determinados comportamentos, apenas por serem diferentes, estigmas de doentes e/ou criminosos. Dessa maneira, é interessante observarmos destaques sobre o "criminoso nato" de Lombroso, verificando que, apesar de diferenças, algumas das características que observaremos também se referem aos degenerados — formulação iniciada por Morel. Salientamos que, diferentemente de formulações acerca da degeneração, no caso do criminoso nato os estigmas tornaram-se imediata e grosseiramente indicadores de ferocidade original e não de anomalia orgânica.

Segundo Carrara (p. 105), algumas características do criminoso nato são:

Anatomicamente: ausência de pelos, braços compridos, a "obtusidade" das feições, as orelhas munidas do tubérculo de Darwin, fronte "fugidia", maxilares superdesenvolvidos etc.

Fisiológicos: analgesia, desvulnerabilidade (rápida recuperação de ferimentos) etc.

Psicológicos: gosto pela tatuagem, pela gíria e onomatopeias, imprevidência, vaidade, impulsividade, amor à orgia e à preguiça etc.

Fisionômicos: olhar frio e fixo nos assassinos e errante, oblíquo e inquieto nos ladrões. Além disso, os criminosos natos costumavam ser sensíveis aos metais, à eletricidade, aos meteoros e às mudanças atmosféricas, especialmente a tempestades, sendo em grande parte homossexuais (pederastas) ou com pouco gosto pelas mulheres.

A ideia do criminoso nato, pelo que inferimos, alinha-se à ideia de lei natural, ou seja, ao que não é produção consciente, regido ou decidido pelo sujeito, pelo mundo dos homens. É como se o crime fosse produto de uma lógica natural: qualquer delito cometido corresponderia ao imponderável efeito da inferioridade biológica, evidenciando uma espécie de impossibilidade do indivíduo que o cometeu de conviver em sociedade, que já alcançara um estágio além da sua capacidade evolutiva. Avaliação similar também poderia ser estendida a outros segmentos da sociedade cuja desvalorização social ou, melhor, a tal "inferioridade biológica" pode ser considerada (indevidamente) evidente, a exemplo das mulheres e/ou dos negros etc.

A teoria do criminoso nato e das demais ideias que dela se desdobraram — grande parte presente na Escola Positiva de Direito Penal — foram fortemente combatidas por intelectuais e/ou cientistas de diferentes áreas contrários às concepções biodeterministas.[34] As críticas e as polêmicas que disso resultaram serviram de fundamentos iniciais para formar o quadro das ciências humanas com as características que predominam atualmente.

As ideias biodeterminantes contrastavam com o ideário liberal, o que, segundo Carrara (p. 117), em fins do século XIX, motivou juristas e filósofos do direito, em detrimento do biodeterminismo e em favor da organização sociopolítica liberal, a colocarem no centro da discussão a concepção de livre-arbítrio. Esses estudiosos defendiam um entendimento do Homem como produto da cultura, como um ser que se aperfeiçoa através da cultura, afastando-se da natureza e conquistando a liberdade, sendo capaz de escolhas, uma vez que não se vê mais limitado às leis da natureza. O Homem torna-se observado como único entre os seres da natureza que é capaz de "nadar contra

---

34. Hoje, além de outras concepções, com posicionamento diverso, pode-se recorrer à vertente crítica da criminologia — forma de pensamento que entende que a criminalidade não é uma qualidade ontológica dos comportamentos de determinados sujeitos. A esse respeito, consulte-se Tania Maria D. Pereira, *O guarda espera um tempo bom*: a relação de custódia e o ofício dos inspetores penitenciários. 2006. Tese (Doutorado em Serviço Social) — Programa de Pós--Graduação em Serviço Social da Universidade Federal do Rio de Janeiro, 2006 (original inédito).

as correntes"[35] da biologia. Nisso, as instituições jurídicas teriam papel fundamental, uma vez que a elas caberia a função de garantir o convívio social, a função de garantir aquilo que foi produzido pelos homens — as leis do mundo dos homens —, administrando e limitando a luta pela vida.

É nessa perspectiva que Tobias Barreto, jurista e filósofo brasileiro, ocupou-se do combate às elaborações da antropologia criminal. Foi estudioso que não aceitou explicações em bases positivistas sobre os fenômenos que investigava.

Outros intelectuais, no entanto, recorreram às concepções da nascente sociologia (cujos fundamentos positivistas eram presentes), buscando articular uma concepção de Homem sem qualquer recurso às ideias metafísicas a salvaguarda dos fundamentos das instituições liberais, entre eles Silvio Romero, que se inspirou na sociologia de H. Spencer, e Clóvis Beviláqua, cujos trabalhos são especialmente baseados em Gabriel Tarde. Além disso, Carrara (p. 118) salienta que entre esses intelectuais houve representantes de um subgrupo composto por adeptos de uma espécie de sociodeterminismo. Eram intelectuais e juristas que compunham um subgrupo em defesa da eficácia da intervenção penal, desde que acompanhada de programas corretivos, disciplinares e moralizadores.

As polêmicas e os embates no meio científico prosseguiram acerca das ideias do criminoso nato, ideias que ao longo do tempo tornaram-se cada vez mais combatidas e observadas como fora das possibilidades e/ou dos padrões de comprovação científica, sendo dessa maneira paulatinamente aproximadas do conceito de degeneração. Essa concepção, quando surgiu, também gerou muita polêmica, especialmente no meio psiquiátrico, mas, apesar disso, teve grande repercussão no meio científico, tanto assim que Carrara destaca que no pensamento de Freud — autor ao qual acreditamos poder nos referir como o maior expoente na área psicanalítica —, encontramos antigas

---

35. Segundo Carrara (p. 117), essa era a expressão utilizada à época.

figuras da degeneração incorporadas ao perfil de suas elaborações sobre as neuroses.

Em âmbito nacional, Heitor Carrilho, especialista em crimes cometidos por portadores de transtornos mentais e primeiro diretor do Manicômio Judiciário do Rio de Janeiro, em artigo que discute a responsabilidade penal das personalidades psicopatas, publicado em 1951, refere-se a essas personalidades como sendo as mesmas que anteriormente recebiam a denominação de degeneradas mentais.

Enfim, com o passar do tempo, houve a interpenetração da ideia do criminoso nato com a ideia da degeneração, o que fez com que a figura do criminólogo ou do antropólogo criminal se tornasse prescindível aos tribunais. Diferentemente, a presença médica permaneceu com algumas funções (o médico-legista e o médico perito em psiquiatria).

Diversos acontecimentos, sobretudo delitos cometidos por portadores de transtornos psiquiátricos, ou, como eram chamados, "degenerados mentais", foram justificativas, nas primeiras décadas do século passado, para a construção de manicômios judiciários nos estados do Brasil ou, na sua impossibilidade imediata, para a construção de pavilhões destinados especificamente aos considerados loucos-criminosos nas casas existentes de assistência pública aos alienados mentais. Essa foi a Lei n. 1.132, de 22 de dezembro de 1903, amplamente influenciada por Teixeira Brandão e Juliano Moreira, a qual, como no início explicitamos, instituiu a Seção Lombroso do Hospício Nacional.

Não obstante, um crime cometido, em 1919, por um taquígrafo do Senado, o qual matou a mulher de um senador da República — figura da alta sociedade carioca —, associado a outro acontecimento de grande repercussão à época, que foi uma séria rebelião ocorrida em janeiro de 1920 na Seção Lombroso do Hospício Nacional, foram os episódios mais proximamente responsáveis pelo êxito da campanha de construção de um manicômio judiciário na cidade do Rio de Janeiro, então capital do País. Assim, em 21 de abril de 1920, foi lançada, nos fundos da Casa de Correção, na rua Frei Caneca, a pedra fundamental do primeiro asilo criminal brasileiro, o qual seria inaugurado no ano seguinte, no dia 30 de maio — hoje Hospital de Custódia e Tratamento Psiquiátrico Heitor Carrilho. Essa foi a primeira Instituição do gênero na América Latina, e esteve a princípio sob a direção do médico psiquiatra Heitor Pereira Carrilho, inaugurando a história de um local que consegue, conforme já mencionamos no início desta seção, recorrendo a Carrara (p. 26), "articular duas das realidades mais deprimentes das sociedades modernas — o asilo de alienados e a prisão — e dois dos fantasmas mais trágicos que nos 'perseguem' a todos — o criminoso e o louco".

Posteriormente, na década de 1950, foi inaugurado outro hospital denominado Heitor Carrilho, mas dessa vez em Niterói, após reforma do antigo Hospital psiquiátrico, que funcionava ao lado de uma casa de detenção, na rua São João. Esse hospital, que recebeu o nome em homenagem ao psiquiatra forense e professor da disciplina de psiquiatria da faculdade de Medicina da Universidade Federal Fluminense, teve a finalidade de separação entre os pacientes portadores de transtornos mentais que haviam cometido atos avaliados contrários à sociedade, em decorrência do seu estado mental, daqueles (também portadores) que não cometeram tais atos (D'ELIA, 2001).

Dada a ampliação do contingente de pacientes, esse Hospital de Custódia e Tratamento Psiquiátrico de Niterói foi construído em outra área da região com dimensões e condições melhores, e hoje está localizado próximo ao Centro de Saúde Antônio Carlos da Silva. Todavia, com a fusão dos estados da Guanabara e do Rio de Janeiro, passando este último a ser Capital, onde já existia um Hospital de Custódia e Psiquiatria com o mesmo nome (Heitor Carrilho), houve a proposta de mudança do nome do Manicômio de Niterói para Hospital Henrique Roxo — ou seja, não permanecer com o mesmo nome do Hospital do Rio de Janeiro.[36] Esse fato aconteceu, em 1981,[37] como

---

36. O Manicômio Judiciário de Niterói — Hospital Heitor Carrilho (atual Henrique Roxo) — foi inaugurado em 1967, tendo como diretor o Sr. Médico Manoel Martins Tavares.

37. Segundo dissertação de mestrado de autoria de Célia Maria de Abreu Santos (1987) intitulada *História da Divisão de Serviço Social do sistema penal do estado do Rio de Janeiro: de sua criação até 1985*.

homenagem a um professor de psiquiatria da Faculdade de Medicina da Universidade do Brasil e substituto de Juliano Moreira.

Por fim, além do Hospital Henrique Roxo, contamos com uma terceira Instituição, o Hospital Psiquiátrico Penal Roberto Medeiros, situado em Bangu, Rio de Janeiro, criado inicialmente para atender os presos acometidos por transtornos psiquiátricos, em caráter de emergência.[38]

Inaugurado em 30 de dezembro de 1977, assim como os outros hospitais destinados aos presos, o Hospital Roberto Medeiros funciona em regime de cumprimento de pena fechado. Com capacidade de 150 leitos, e apesar de ser destinado a Internados de ambos os sexos, abriga um reduzido número de mulheres em comparação com o número de Internados do sexo masculino.[39]

Em 2005, pelo Decreto n. 38.073, de 2 de agosto de 2005, atendendo à proposta da Divisão de Assistência e Prevenção em Dependência Química, foi criada a Unidade de Internação e Tratamento em Dependência Química do Hospital Roberto Medeiros, transformando-se

---

38. Esse Hospital, apesar de inicialmente se destinar à emergência psiquiátrica dos encarcerados, também recebia Internados por Medida de Segurança, ou seja, caracterizava-se (e caracteriza-se) como os antigos Manicômios Judiciários.

39. O Hospital de Custódia e Tratamento Psiquiátrico Heitor Carrilho costuma funcionar com cerca de 200 Internados, sendo 10% do sexo feminino; o Hospital Henrique Roxo tem capacidade para 150 Internados do sexo masculino, mas funciona com cerca de 130 Internados; o Hospital Roberto Medeiros, com capacidade para 150 Internados, funciona comumente com cerca de 120 Internados de ambos os sexos, sendo, em média, 10% do sexo feminino — há possibilidade de as mulheres serem transferidas para o Hospital Heitor Carrilho —, sendo que, aproximadamente, 50% dos Internados do sexo masculino são dependentes químicos.

Observação: não é possível maior precisão nos dados devido à mobilidade da população institucionalizada — especialmente os dados do Hospital Roberto Medeiros, que lida também com portadores de dependência química.

Além do que dissemos, cabe mencionar que os hospitais do Sistema Penitenciário funcionam em regime fechado.

Esses dados foram obtidos em conversas com os profissionais nas visitas que realizamos para conhecimento do local e efetivação das entrevistas, no segundo semestre de 2006.

essa Unidade do Sistema Prisional em Centro de Tratamento de Dependência Química Roberto Medeiros.[40,41]

3.2.2. Considerações acerca do Serviço Social no Sistema Penal do estado do Rio de Janeiro: a inserção do "pessoal do social"[42]

No estado do Rio de Janeiro, a origem do Serviço Social no Sistema Penitenciário ocorreu na década de 1950, por meio da Associação de Serviços Sociais, criada em 22 de março de 1951. Essa Associação teve à sua frente o Sr. Victorio Caneppa, major do Exército, que visitou estabelecimentos penais na Europa e nos Estados Unidos que contavam com o trabalho de Assistentes Sociais e que introduziu experiência similar na realidade brasileira. Ao retornar ao País, com o suporte da Igreja católica, assumindo o cargo estatal de Diretor da Penitenciária Central, posteriormente denominada Penitenciária Lemos de Brito, mobilizou um grupo de voluntários para exercer atividades de assistência social, inicialmente em caráter experimental, para avaliar as necessidades desse serviço no Sistema Penitenciário. O referido grupo

---

40. No momento em que estivemos na Coordenação de Serviço Social da Secretaria de Administração Penitenciária solicitando autorização para pesquisa, tivemos informação de que a referida Unidade permanecia como Hospital Psiquiátrico Penal e tinha Internados com Medida de Segurança. Dessa maneira, ao chegarmos ao local, constatamos que há realmente as duas realidades — o tratamento "anterior" e, especificamente, o tratamento de dependência química —, pois apenas parcela dos antigos Internados fora transferida para os outros dois hospitais — Heitor Carrilho e Henrique Roxo.

41. Segundo dados extraídos da dissertação de mestrado de Simone F. Messias, *Ética e direitos humanos*: desafios do Serviço Social no Manicômio Judiciário do estado do Rio Grande do Sul. PUCRS, 2005 (original inédito), apenas 17 estados brasileiros possuem Hospitais de Custódia e Tratamento Psiquiátrico. São eles: Alagoas, Amazonas, Bahia, Ceará, Espírito Santo, Goiás, Minas Gerais, Pará, Paraíba, Pernambuco, Paraná, Rio de Janeiro, Rio Grande do Norte, Rio Grande do Sul, Santa Catarina, Sergipe e São Paulo.

42. Referência que comumente é feita aos profissionais do Serviço Social no Sistema Prisional. Experiência vivida pela autora desta obra no primeiro dia em que foi ao encontro da equipe do Hospital Heitor Carrilho, pois foi abordada por um Internado no pátio do referido Hospital, que lhe indagou se ela ia conversar com a "Dra. tal do Social".

era composto por um presidente: monsenhor João Batista da Motta e Albuquerque, representante da Igreja católica; uma secretária: Sra. Sílvia Ludolf; um estudante de Serviço Social (não obtivemos o nome); e uma tesoureira: Sra. Lea Correa Leal, Assistente Social.

Como podemos verificar, a relação do Estado com a Igreja católica ratifica o que discutimos no item dedicado ao percurso histórico do Serviço Social no início deste capítulo. Mesmo que coubesse definição prioritariamente estatal, como em outras regiões da América Latina, as bases para a organização do Serviço Social no Brasil foram definidas, prioritariamente, por segmentos femininos, com o respaldo da hierarquia da Igreja católica. Esses segmentos femininos engrossaram a militância católica, desenvolvendo ações para a recuperação da influência da Igreja na sociedade, entre elas a prestação da assistência social. Esse aspecto é de extremo significado em face das questões que cercavam a emergente classe trabalhadora urbano-industrial brasileira.

A esse respeito, podemos observar em Goldman (1989, p. 122) que "a intermediação da Igreja na política penitenciária se faz de forma nítida, ao mesmo tempo em que, de maneira oficiosa, o Serviço Social se atrela ao controle direto do Estado representado pelo Diretor".

Em fevereiro de 1954, foi aprovado o Regime Penitenciário, pelo Decreto n 35.076, art. 16, que instituía "Assistência Social nos estabelecimentos penais, aos sentenciados, aos egressos definitivos das prisões, aos liberados condicionalmente, às famílias dos mesmos e das vítimas" (GOLDMAN, 1989, p. 122). Com isso, cria-se o Centro de Serviço Social — uma seção de Serviço Social vinculada ao Serviço de Recuperação Social.

O Serviço de Recuperação Social coordenava as atividades assistenciais e dividia-se da seguinte maneira: Seção de Disciplina, Seção de Assistência Jurídica e Serviço Social.

O médico Victor Messano, funcionário do quadro efetivo do estado, chefiava o Serviço de Recuperação Social. O Centro de Serviço Social, uma das Seções que eram subordinadas ao médico, contava com Assistentes Sociais contratadas que, por não serem funcionárias do quadro efetivo, não podiam ocupar a chefia da sua área. A Seção de Serviço Social tinha quatro Assistentes Sociais que desenvolviam atividades em uma política nitidamente assistencialista.

Conforme relato de uma delas, a Assistente Social Maria de Lourdes C. Lima:

> O Serviço Social na história adquiriu marcos de assistencialismo, principalmente na época em que os recursos financeiros eram mais vultosos [...]. Havia distribuições de bolsas de alimentos aos familiares, festas de Natal fartas de presentes aos Internos e aos familiares, promoviam-se shows na comunidade livre para arrecadar dinheiro, e assim por diante [...] fazer Serviço Social era a mesma coisa que prestar ajuda material ao preso (*apud* SANTOS, 1987, p. 44).

Santos (1987, p. 44), ao analisar esse comentário, destaca o vínculo que, no seu entender, ele tem com a política populista de Vargas — ou seja, salienta uma conexão entre populismo, política social e assistencialismo como meio de conseguir adesão das massas populares.

Pereira (2004, p. 43-44), discutindo o fato de seções com funções tão diversificadas, como aquelas do Serviço de Recuperação Social, serem subordinadas a um profissional da área médica, levanta argumentos hipotéticos acerca do Serviço Social: como argumento primeiro, o fato de existir entendimento à época de subordinação da intervenção do Assistente Social a outras áreas profissionais, a exemplo do médico, do advogado, do professor etc. Para favorecer nossa compreensão, a autora cita Gordon Hamilton e demais autores norte-americanos, que entendiam as organizações de assistência à sociedade divididas em primárias e secundárias.

> [...] nas organizações primárias, isto é, nas Agências de Serviço Social, tem-se considerado melhor a classificação segundo os tipos de serviço dentro da comunidade: de família, de menores e de orientação juvenil; nas organizações secundárias, o papel do Serviço Social, em relação aos objetivos da Medicina, do Direito, da Educação e outros mais, deve

ser definido segundo um ponto de vista do trabalho em colaboração (HAMILTON *apud* PEREIRA 2004, p. 44).

A prisão, na visão explicitada, não era uma organização primária ou uma "Agência de Serviço Social". Se a finalidade primária do Serviço Social era fazer cumprir a sentença judicial de pena de prisão, nessa visão, o Serviço Social se colocaria "em colaboração".

Como segundo argumento, Pereira (2004, p. 43-44) levanta a hipótese da vinculação do Serviço Social ao "Serviço de Recuperação Social", pelo fato de a criminologia estar hegemonicamente vinculada ao pensamento que relaciona o crime ao desvio de conduta, uma vez que vincula o crime a características criminógenas individuais.

Até então, todo aparato de execução penal não era objeto de política pública. Havia poucas unidades prisionais no Distrito Federal que funcionavam de maneira autônoma sob a orientação da direção do estabelecimento prisional.

Influenciado pelo desenvolvimentismo, com suas ideias de expansão do País para o interior e a consequente construção de Brasília, para onde foi transferida a capital em 1960, surge o novo estado da Guanabara, o que altera a arquitetura político-administrativa desse local. Com isso, Secretarias Estaduais são criadas e distribuídas por diferentes áreas, seguindo o novo critério de administração: Saúde, Educação, Trabalho, Fazenda, Cultura, Segurança, Justiça etc. Esta última área recebeu a incumbência de implementar ações relativas à Superintendência do Sistema Penal — SUSIPE —,[43] órgão administrativo recém-criado, responsável pela gestão dos estabelecimentos penais do estado da Guanabara.

A criação da Superintendência do Sistema Penal — SUSIPE — deu origem, pouco mais tarde, à Divisão Cultural e de Serviços Assistenciais, entre eles o Serviço Social. Foi um momento de certa importância para a profissão, uma vez que a direção da Divisão foi

---

43. Decreto-lei n. 3.752, de 14 de março de 1960, que criou o estado da Guanabara.

exercida, inicialmente, e por diversas outras vezes, por profissionais da área — Assistentes Sociais.

Se, por um lado, mencionamos o significado da criação da Divisão Cultural e de Serviços Assistenciais em face da trajetória do Serviço Social no campo da execução penal, pois o exercício da direção por um Assistente Social possibilitou que esse profissional experimentasse posição no planejamento e na supervisão de programas em nível de macroatuação junto a todos os estabelecimentos penais, por outro, não é possível deixarmos de destacar que:

> Havia, no entanto, nomeações de outros funcionários, como guardas de presídios, tidos como "de confiança" e, na ótica dos diretores, capacitados para fazer "serviço social ou assistência social".
> O caráter assistencialista da intervenção profissional contribuía para forjar uma imagem em que requisitos como boa vontade, bondade, disponibilidade e boa comunicação eram essenciais para chefiar aquelas seções de assistência social. Ser portador de uma formação profissional em Serviço Social, portanto, não era requisito institucional prioritário (PEREIRA, 2004, p. 47).

O governo de João Goulart, após a renúncia do presidente Jânio Quadros, que sucedera a JK, pode ser observado, conforme explicitamos no capítulo anterior, como um governo dirigido ao desenvolvimento nacional por meio de reformas econômicas e sociais. Porém, com o golpe militar de abril de 1964, dias após a assinatura de decretos de nacionalização de refinarias e reforma agrária, esse governo foi interrompido sem que tivesse implementado as reformas propostas, e a história brasileira passou a contar com mais uma interferência dos militares nos rumos políticos do País, dessa vez, porém, com uma ditadura militar que golpeou brutalmente um patrimônio que foi conquistado à custa de anos de lutas sociais.

Esse contexto também gerou modificações na Superintendência do Sistema Penal — SUSIPE —, sendo sua estrutura administrativa alterada e extinta a Divisão Cultural e de Serviços Assistenciais.

Com isso, o avanço organizativo que os Assistentes Sociais haviam experimentado declinou. O Serviço Social voltou a atuar de forma isolada nas unidades, sem coordenação central, sem programa comum definido por tal coordenação. Além disso, no sentido administrativo, o Serviço Social também teve perda hierárquica, pois foi rebaixado do *status* de serviço para a condição de seção — Seção de Assistência Social, vinculada diretamente a cada Direção de Unidade. E permaneceu, desse modo, até 1972, quando foi criada a Divisão Assistencial, dirigida por um advogado de formação presbiteriana, cujo objetivo precípuo era a coordenação da assistência religiosa aos presos. Nesse período, houve uma significativa ampliação do credenciamento de agentes religiosos evangélicos nas unidades penais. "Não obstante sua competência formal, essa Divisão nunca coordenou a ação dos Assistentes Sociais" (GOLDMAN, 1989, p. 124).

Em 1973, retratando o quadro político do País, deu-se a transferência da Superintendência do Sistema Penal — SUSIPE — da Secretaria de Justiça para a Secretaria de Segurança Pública, o que significa que a prisão passa a ser considerada no âmbito da Segurança e não no âmbito da Justiça. A Lei de Segurança Nacional e sua ideologia atingem grande parte da vida social dos brasileiros e todos os setores da política de repressão em que se encontra o Sistema Penitenciário.

Dessa maneira, nesse período, os funcionários foram para a Secretaria de Segurança Pública sob a direção de oficiais graduados da Polícia Militar. Foi também nesse período que se deu o encaminhamento dos presos políticos para as prisões do Sistema Penitenciário. Mais detalhadamente, foi o início desse processo, pois se tratou do período de chegada dos presos políticos à Penitenciária Cândido Mendes, localizada na Ilha Grande.

A esse respeito, é importante a observação de Goldman (1989, p. 125):

> Entende-se não ser coincidência, mas sim uma estratégia do poder, a desarticulação e o retrocesso do Serviço Social. Os dezessete Assistentes Sociais que atuavam nas sete unidades prisionais são desarticulados e

neutralizados exatamente no período mais severo da repressão. Justamente nessa fase é que uma clientela nova passa a integrar o efetivo penitenciário: os presos políticos.

O Serviço Social passa, então, a lidar com uma população um tanto diferente daquela que habitualmente atendia e a enfrentar questões também bastante "singulares", uma vez que, se tradicionalmente lidava com presos[44] originários das camadas mais pobres e de perfil cultural e político empobrecido, pois esse é o perfil populacional comumente penalizado pela lei, passou a lidar também com presos oriundos das camadas médias ou médias-altas da sociedade, e com subjetividades que denotavam participação cultural e política efetiva na vida nacional. Ademais, presos sofriam forte esquema de suspeição, o que também repercutia nos profissionais, na medida em que naturalmente tinham de se relacionar com os presos. Cabe ainda mencionarmos que:

> Para esses presos "especiais", foi desenvolvido sofisticado e violento esquema específico de repressão. [...]. Por exemplo: a coluna dorsal e os membros inferiores são os alvos prediletos dos policiais, que assim provocam paralisia, hemiplegia nos presos [...]. Isto dificultava a vida não só do preso, mas de toda a administração penitenciária [...].
> O Serviço Social na época envidava esforços para tentar os recursos mínimos indispensáveis para minorar as dificuldades dessa população. Por outro lado, procurava mostrar aos policiais a desumanidade da repressão. Os resultados, porém, foram insignificantes em ambos os sentidos (GOLDMAN, 1989, p. 125).

Em março de 1975, ocorreu a fusão do estado da Guanabara com o estado do Rio de Janeiro. Isso fez com que a SUSIPE retornasse para

---

44. Apesar de, por vezes, poder aparecer neste texto, indistintamente, os termos internados, internos, presos, apenados e encarcerados, seja pela nossa, seja pelas menções de outros sujeitos, estar internado é uma condição que se refere, propriamente, àqueles que estão nos Hospitais de Custódia e Tratamento Psiquiátrico. Inclusive, por esse motivo, como já dissemos, foi a denominação que utilizamos, preferencialmente.

a Secretaria de Justiça com uma nova denominação — Departamento do Sistema Penal do Rio de Janeiro (DESIPE) —, incorporando as seis unidades prisionais do antigo estado do Rio: quatro em Niterói, uma em Magé e outra em Campos. Esse fato representou um acréscimo de aproximadamente 1.000 presos aos cerca de 8.000 já existentes no estado da Guanabara.

Pode-se considerar que o retorno à Secretaria de Justiça foi uma mudança consoante com o período de "abertura controlada" na sociedade brasileira, ou seja, com o período em que a repressão, apesar de timidamente, inicia um processo de declínio, mostrando sinais de recuo pelo desgaste do poder ditatorial em face das constantes denúncias de violação dos direitos humanos. Além disso, foram esse retorno e a decorrente reestruturação da Secretaria de Justiça que originaram a Divisão de Serviço Social, em 18 de agosto de 1975, com o objetivo de coordenar tecnicamente a ação dos profissionais de Serviço Social nas unidades prisionais e ser um órgão de assessoria técnica à Direção-Geral do DESIPE — Departamento do Sistema Penal do Rio de Janeiro — e às Direções das prisões.

O Departamento do Sistema Penal do Rio de Janeiro, além de sua função precípua de manter presa a pessoa que cometeu delito, que responda a inquérito criminal ou que já tenha pena definida, destacou como objetivo complementar a "ressocialização" do preso por meio do "tratamento penitenciário". Dessa maneira, com base em Goldman (1989), podemos afirmar que, nessa Instituição, punir e "ressocializar" evidenciam-se como uma contradição presente não só na vida dos presos como também no âmbito de ação dos funcionários, na ambiguidade das suas percepções, de suas concepções e suas ações no campo prisional.

A criação da Divisão de Serviço Social, em 1975, ocorreu em um período em que o Serviço Social vinha refletindo e desvendando a sua origem, a sua dimensão política e as demandas tradicionalmente a ele dirigidas. Isso não significou um movimento linear e homogêneo, como discutimos na primeira parte deste capítulo, mas um processo que repercutiu de maneira e intensidade diversas nas diferentes áreas dessa profissão. Segundo Pereira (2004, p. 60), em linhas gerais, essa Divisão de Serviço Social ou, melhor, a organização técnica e a mobilização que ela possibilitou no sentido da capacitação profissional fizeram com que Assistentes Sociais que atuavam no Sistema Prisional participassem de eventos com o apoio da política de recursos humanos da Secretaria do Estado de Justiça, visando ao aperfeiçoamento e à reciclagem profissionais. Basicamente, esses eventos restringiam-se aos temas mais comuns nas discussões profissionais à época, tais como a distinção entre ações de cunho assistencialista e ações claramente profissionais — a promoção da orientação psicossocial do preso e da sua família era considerada uma ação de cunho não assistencialista —, funções de micro e de macroatuação do Serviço Social, as características do campo de atuação (prisional) e a possibilidade de implantação da metodologia do Serviço Social etc. No entanto, mesmo que possamos avaliá-los como bastante limitados, correspondiam, em média, às possibilidades daquela época, e foram encontros que favoreceram que alguns profissionais despertassem, mais tarde, para a necessidade de compreensão da relação entre a sociedade contemporânea, a produção da criminalidade e a punição. Assim, houve profissionais que investiram na busca desse entendimento, ampliando conhecimentos, observando com maior profundidade a relação entre o trabalho que desenvolviam e a sociedade em que o desenvolviam, percebendo, com espírito mais crítico, fenômenos como a exclusão social e a penalização das populações empobrecidas.

A criação da Divisão de Serviço Social marcou importância em face da vinculação, pela primeira vez, da ação desse profissional a um programa geral do Serviço Social na Instituição. Isso favoreceu certa uniformidade na definição de atribuições e no exercício de atividades referentes ao Serviço Social e, em consequência, rumou na direção de uma melhor coordenação técnica para o alcance dos objetivos profissionais pretendidos.

Como viemos explanando, a Divisão de Serviço Social abre um período que evidencia a importância da capacitação profissional para os Assistentes Sociais que atuam no Sistema Prisional. Assim, em

1976, é realizado o primeiro curso sobre Serviço Social no Sistema Penitenciário e, em 1978, a Divisão de Serviço Social responsabiliza-se pelo treinamento dos agentes religiosos (Portaria n. 266, de 17 de fevereiro de 1978). Dada a impossibilidade de continuar arcando com os custos de cursos para a capacitação dos seus profissionais, por falta de dotação orçamentária, a Divisão passou a realizar grupos de estudos e a promover debates e palestras. Com isso, procurou rever a documentação, elaborar rotinas e orientar projetos do Serviço Social.

A partir de 1981, foram adotadas supervisões dos Assistentes Sociais por áreas e uma Comissão Especial, com o objetivo de rever as ações do Serviço Social em todas as unidades prisionais da Secretaria de Estado.

Em 1983 foi implementada a supervisão grupal e individual dos Assistentes Sociais por área. No mesmo ano, foi reorganizada a Coordenação de Estágio e outra vez foram revistas as atribuições do Serviço Social, incluindo-se o atendimento de plantão aos familiares dos presos no sistema penitenciário.

Com o surgimento da Lei de Execuções Penais (LEP) em 1984 (Lei n. 7.210/1984), o Serviço Social mostrou-se relevante frente à política penitenciária do Estado. Na Lei: "os profissionais estão capacitados para pesquisar, elaborar, executar políticas sociais, planos, programas e projetos assistenciais, terapêuticos, promocionais, educativos-preventivos junto a uma rede de relações que constituem a vida prisional".

Ademais, as atribuições definidas no Regulamento do Sistema Penal do Estado do Rio de Janeiro (RPERJ), em março de 1986 (Cap. II — Seção II — Da Assistência, art. 22), rezam que: "objetivando preservar-lhes a condição de ser humano, tanto quanto prevenir o crime e lhes orientar o retorno à convivência em sociedade, o DESIPE propiciará aos presos provisórios, aos condenados e aos Internados, assistência: material, à saúde, à defesa legal, educacional, de Serviço Social e religiosa. Tal assistência estende-se ao egresso e aos filhos das presas".

De modo geral, avalia-se que a Divisão de Serviço Social foi fundamental para o agrupamento dos profissionais em busca de alternativas consequentes que garantam a execução dos objetivos da LEP, bem como tenham em conta as recomendações do Código de Ética Profissional do Assistente Social e a Lei de Regulamentação Profissional do Serviço Social.

Assim, destacando ainda a integração à Superintendência de Saúde em 2002, que ampliou significativamente seu quadro profissional, e a promoção, em 2003, de algumas atividades de capacitação profissional que trouxeram saldo de qualidade para profissionais e estagiários — Fórum de debates sobre especificidades do trabalho do Assistente Social no Sistema Penitenciário e Supervisões temáticas com Assistentes Sociais e estagiários de Serviço Social —, cabe mencionarmos que atualmente a Divisão de Serviço Social tornou-se Coordenação da Subsecretaria Adjunta de Tratamento Penitenciário da Secretaria de Estado de Administração Penitenciária.[45]

3.2.3. Os Princípios do Código de Ética Profissional vigente e a questão da sua materialização no trabalho cotidiano dos Assistentes Sociais dos Hospitais de Custódia e Tratamento Psiquiátrico do estado do Rio de Janeiro

Como já afirmamos nesta obra, no Serviço Social brasileiro há um Projeto Profissional cujo rumo implicou rompimento com o histórico conservadorismo da profissão. Isso não significa a erradicação do conservadorismo, sua superação e a do reacionarismo, mas a existência de um projeto resultante de posicionamentos críticos que emergiram a partir do Movimento de Reconceituação, desdobraram-se e, paulatinamente, foram conquistando possibilidade de expressão

---

45. As duas últimas páginas foram elaboradas com dados do Relatório de Gestão do Quadriênio 2003-2006 e outros documentos de circulação institucional, cedidos pela Coordenação de Serviço Social da Subsecretaria Adjunta de Tratamento Penitenciário da Secretaria de Estado de Administração Penitenciária.

no meio profissional e fora dele, ou seja, na direção de setores mais progressistas da sociedade.

Esse Projeto Ético-Político do Serviço Social referenda princípios democráticos e "progressistas" — portanto dissonantes do ideário neoliberal, o qual não vem, na atual conjuntura brasileira, defrontando-se com expressivas resistências. São princípios incompatíveis com posicionamentos profissionais funcionais à ordem estabelecida, submetidos à lógica mercantil, mesmo que sob novos parâmetros de contribuição para a reprodução capitalista/neoliberal. Esse Projeto do Serviço Social, não obstante polêmicas a esse respeito, é comumente mencionado como hegemônico na profissão[46] e expressa determinados princípios, valores, concepções teóricas, finalidades, objetivos e indicações operacionais que podem ser observados em grande parte nas referências contidas no atual Código Profissional.[47]

Apesar de se tratar apenas de um dos elementos que compõem o Projeto Ético-Político do Serviço Social, o Código de Ética Profissional destaca-se como uma de suas maiores expressões, haja vista caber-lhe relação direta com o trabalho cotidiano do Assistente Social. Esse aspecto nos fez, após explicitarmos os motivos de selecionarmos nosso campo de pesquisa, abordá-lo aqui como tema, priorizando seus Princípios, por meio de entrevistas realizadas com profissionais

---

46. Entendemos que, como em qualquer outra categoria profissional, os profissionais do Serviço Social têm diferentes projetos (ético-políticos) que objetivam a direção social na profissão. Isso corresponde, em certa medida, aos diferentes segmentos em disputa no espaço societário, aos diferentes projetos ideopolíticos existentes na sociedade.

47. São inúmeras as polêmicas acerca da hegemonia desse Projeto. Contudo, apesar de a ofensiva neoliberal vir intensificando dificuldades em face das possibilidades de seu encaminhamento/efetivação, entendemos que a categoria profissional contou (e conta) com forças sociais internas e externas para sua construção/seu encaminhamento. Mesmo não podendo ser confundido com direção social majoritária no Serviço Social, o atual Projeto Ético-Político norteia parcela importante de seus profissionais no campo acadêmico (o que é mais perceptível nas instituições públicas de ensino) e dá direção sociopolítica às Entidades representativas da profissão. Todavia, para que se possa discutir essa questão de maneira substancial, consideramos necessários estudos qualificados que apreciem o trabalho cotidiano do Assistente Social — isso poderia trazer à baila também discussões elucidativas sobre as possibilidades e os limites da relação entre o campo acadêmico e o de intervenção do Assistente Social, propriamente.

dos Hospitais de Custódia e Tratamento Psiquiátrico do estado do Rio de Janeiro.

Dessa maneira, após tecermos comentário sobre os Princípios do Código de Ética Profissional vigente, passaremos ao conteúdo das entrevistas realizadas, observando a materialização de tais Princípios no trabalho cotidiano desses profissionais — ou seja, observando se em seu cotidiano profissional os Assistentes Sociais demonstram objetivar as orientações que trazem os Princípios ou se elas, por exemplo, significam apenas um conteúdo formalista, uma prescrição descolada da realidade concreta do "ser", obscurecida pela lógica do "dever ser", ou, ainda, um plano idealista que sustentaria uma ética da intencionalidade, cujo critério decisivo restringe-se à *intenção* do ato.

O Código de Ética Profissional do Assistente Social, datado de 1993, firmou importantes princípios norteadores da prática profissional. Trata-se de um instrumento que dá respaldo ao conhecimento, às decisões e às atitudes profissionais, uma vez que assegura referências ético-políticas (também teórico-metodológicas) e normas para o trabalho profissional. São referências e normas que condensam os valores fundamentais dos compromissos prioritários assumidos pelo Serviço Social nas últimas décadas. Ou seja, nesse instrumento estão fundamentos teórico-filosóficos, valores e diretrizes que se alinham aos compromissos democráticos em face dos direitos humanos, e são consoantes com os avanços possibilitados pela Constituição brasileira de 1988 e com a ideia de que os valores emergem da vida social, mais especificamente da práxis, na sua forma privilegiada — o trabalho. Portanto, uma perspectiva ética no campo profissional que transcende posicionamentos corporativos, uma perspectiva de ética profissional que transcende o limite definido apenas pelos interesses da categoria profissional. Todavia, nisso temos orientações que colidem com aquelas que vêm sendo propagadas e efetivadas pela ordem econômica capitalista/neoliberal. Esse fato realça a importância de apreciarmos a viabilidade de materialização de tais Princípios no cotidiano profissional, especialmente se ainda considerarmos a tensão, hoje bastante acirrada, que se estabelece entre as condições objetivas que incidem sobre o trabalho dos profissionais do Serviço Social e o compromisso deles — explícito em Princípio Fundamental — com a qualidade dos serviços prestados à população.

Diferentemente da maior parte do percurso histórico da profissão, o Serviço Social brasileiro hoje tem como orientação para a ação profissional Princípios-valores não convenientes aos interesses do capital, mas à qualidade dos serviços profissionais desempenhados e prestados em correspondência às necessidades da população. Desse modo, o avanço teórico e político-organizativo do Serviço Social torna evidente que em si essas orientações não asseguram o curso definido pela categoria profissional, tampouco toma tais orientações numa perspectiva descontextualizada.

Diante do exposto, ressalte-se também que, com base em Iamamoto (1998b), o Assistente Social é um trabalhador assalariado que, nos limites das instituições empregadoras, tem relativa autonomia na execução do seu trabalho, o qual se situa, prioritariamente, no exercício de funções de controle social e difusão de ideologias oficiais junto às classes trabalhadoras. Esse sentido, contudo, pode ser redirecionado, voltando-se para a efetivação de direitos sociais, para a construção da cultura do público, para o exercício democrático, haja vista o caráter contraditório das relações sociais na sociedade capitalista, evidência do caráter político do trabalho desse profissional. Com base ainda em Iamamoto (1998b, p. 14), podemos também concluir que a dimensão *ético-política* pode minorar a alienação do trabalho assalariado, para quem o realiza, permitindo que um profissional como o Assistente Social, por exemplo, possa se afirmar como sujeito que luta por atribuir direção social (emancipatória) ao seu trabalho.

Os Princípios de que aqui traremos resultam da depuração das conquistas asseguradas no Código de 1986 e expressam valores que permeiam todo o Código vigente (1993), um conjunto de valores que atravessa tudo o que foi exposto nesse documento e que, como já dito, são referências fundamentais ao projeto crítico que, no meio profissional, é denominado Projeto Ético-Político do Serviço Social. São onze Princípios, que se articulam e se embasam na ontologia do

Ser Social, que tem no trabalho seu fundamento ou, nos termos de Lukács (1978), para quem o trabalho é uma base dinâmico-estruturante, como explicitamos no Capítulo 1. Os Princípios Fundamentais estão no atual Código Profissional, cujo valor central é a liberdade, compreendida como liberdade do indivíduo social — diferentemente das interpretações que a situam nos limites e nas possibilidades definidas pelo âmbito do "individual absoluto/isolado" ou, melhor dizendo, do individualismo, que, como sabemos, tem uma concepção abstrata de indivíduo, uma vez que o situa isolado, independentemente das relações sociais.[48] No Código, a liberdade é compreendida como categoria inerente ao Ser Social, uma vez que sua existência comporta escolhas. É uma prerrogativa do indivíduo que pressupõe a sociedade e, portanto, em nossa realidade, tem a ver com a discussão da justiça social e da exigência democrática. O Código não se limita à perspectiva de liberdade formal, não sendo uma proposição meramente enquadrada nos parâmetros da lógica liberal, ou que se reduza à socialização da política, mas proposição que considera também a socialização econômica em face da relação entre a efetivação da liberdade e a riqueza socialmente produzida.[49]

Reconhecimento da liberdade como valor ético central e das demandas políticas a ela inerentes — autonomia, emancipação e plena expansão dos indivíduos sociais

Esse é o Princípio que abre o Código de Ética Profissional do Assistente Social e que já foi aqui comentado. Todavia, nos cabe destacar quão complexa torna-se tal orientação — especialmente pelo seu vínculo com a questão da necessidade e da liberdade na vida humana —, tendo em vista as condições objetivas de trabalho para o assalariado, como o Assistente Social, que lida com a política social

---

48. Negar o mito do "indivíduo absoluto" não significa negar a existência do singular ou do individual, mas captar este em relação social, conforme abordamos no Capítulo 2.

49. Não obstante grande polêmica em torno do tema ética e economia (política), objetivamos contribuir para esclarecer essa relação, por meio das considerações desenvolvidas no Capítulo 2.

no quadro atual de recrudescimento do capitalismo, com consequente atrofia da proteção social, estímulo à competitividade, ao individualismo, à desproteção social, ao "privatismo" etc.

Defesa intransigente dos direitos humanos e recusa do arbítrio e do autoritarismo

Recorrendo, apenas, à História recente, podemos dizer que o Brasil, tendo passado por duas décadas de ditadura militar, sofre sequelas de evidente autoritarismo e discriminação em sua "mentalidade coletiva", em sua cultura política e no funcionamento do Estado. Isso traz sérias repercussões em diversas esferas da vida social: no plano doméstico, no plano institucional etc. — enfim, em áreas que podem exigir intervenção profissional em defesa dos direitos humanos, um posicionamento que, recusando o arbítrio, deve se colocar criticamente em prol do humanismo. Isso inclui posicionamento contrário às formas de exploração e degradação das condições de vida, dado o acirramento da "questão social", com suas múltiplas expressões.[50]

Ampliação e consolidação da cidadania, considerada tarefa primordial de toda a sociedade, com vistas à garantia dos direitos civis, políticos e sociais das classes trabalhadoras

Os Assistentes Sociais são trabalhadores historicamente envolvidos com as políticas sociais, uma vez que surgem em função das expressões da "questão social". Dessa maneira, lidam com programas, projetos e atividades institucionais no âmbito dos direitos humanos, podendo firmar valores e projetos profissionais consoantes com projetos societários que sirvam para ultrapassar os parâmetros definidos pela

---

50. Quanto à temática ética e direitos humanos, é interessante consultar as obras de Marlise Vinagre e Tania Maria D. Pereira. *Ética e direitos humanos*: curso de capacitação ética para agentes multiplicadores. 2. ed. Brasília: Conselho Federal de Serviço Social — CFESS, 2008; Valeria Forti e Cristina Brites. *Direitos Humanos e Serviço Social*: polêmicas, debates e embates. 3. ed. Rio de Janeiro: Lumen Juris, 2013; Jefferson L. Ruiz. *Direitos humanos e concepções contemporâneas*: São Paulo: Cortez, 2014.

lógica que estabelece contradição entre gênero e particular, indivíduo e sociedade, e se alinhe a uma ética que favoreça a superação de tal contradição. Logicamente, essa ética compreende cidadania — direitos/deveres, ou seja, participação do cidadão na sociedade — como possibilidade que contribua para a superação dos limites definidos pelas relações sociais capitalistas. Todavia, isso não significa apenas podermos visualizar projetos coletivos de médio ou de longo prazos, uma vez que é também e, prioritariamente, no cotidiano do trabalho profissional, em meio às tensões e aos conflitos decorrentes da árdua tarefa de busca de universalização de direitos frente à ininterrupta exacerbação da lógica do lucro, que cabe ao Assistente Social competência teórica, política e ética para pôr em prática a referência desse e dos demais Princípios do Código.[51]

Defesa do aprofundamento da democracia como socialização da participação política e da riqueza socialmente produzida

Habitualmente, a referência que observamos acerca da democracia é restrita ao âmbito da política, uma vez que é a possibilidade considerada viável no âmbito da sociedade regida pela lógica liberal burguesa. Contudo, o Princípio em questão indica concepção de maior abrangência, pois, além da socialização da participação política, destaca a socialização da riqueza socialmente produzida, uma vez que torna clara a participação dos trabalhadores na produção da riqueza do País e a sua necessária participação no usufruto dessa riqueza — que toca na concepção de liberdade, justiça social, ética, economia, política, conforme dissemos anteriormente.

Na sua intervenção cotidiana, na medida em que o Assistente Social não sujeita, tampouco tutela, aquele com quem está trabalhando — o usuário dos serviços institucionais —, ao contrário, procura fortalecer a participação desse usuário na estrutura decisória institucional,

---

51. Cabe observarmos que a sociedade capitalista consegue, em certa medida, garantir direitos políticos e civis, porém é tênue sua possibilidade de garantia e ampliação de direitos sociais. A esse respeito, é importante considerarmos o comentário do Princípio seguinte.

levá-lo a perceber-se como um sujeito de direitos, melhor dizendo, um sujeito a quem cabe assegurar e lutar por direitos (garantia e/ ou ampliação),[52] uma vez que se esmerar profissionalmente para socializar informações acerca de direitos sociais e serviços favorecerá a efetivação desse Princípio.

Posicionamento em favor da equidade e justiça social que assegure universalidade de acesso aos bens e serviços relativos aos programas e políticas sociais, bem como sua gestão democrática

Esse Princípio não se refere à ideia abstrata de justiça ou de igualdade assentadas na legalidade, meramente, como comumente são colocadas. Refere-se ao compromisso com a universalidade de direitos, o que obviamente tem a ver com o que expusemos anteriormente sobre produção e usufruto da riqueza socialmente produzida, bem como com o reconhecimento das e o respeito às diferenças no mundo (humano).

É imprescindível frisarmos que, ao trabalhar por universalidade de direitos, o profissional do Serviço Social estará, além da imprescindível intervenção qualificada na esfera do atendimento institucional, engajado de modo competente (considerada a participação do usuário) na luta em prol de políticas públicas que visem a possibilitar o efetivo acesso da população aos serviços sociais e, portanto, à democratização deles, o que apontaria na direção da equidade e da justiça social.

Empenho na eliminação de todas as formas de preconceito, incentivando o respeito à diversidade, à participação de grupos socialmente discriminados e à discussão das diferenças

Conforme explica Agnes Heller (1989, p. 43), o preconceito é categoria presente na nossa experiência cotidiana e está alinhado com os argumentos destituídos de conteúdo lógico, racional. Os preconceitos

---

[52]. Sem desconsiderar as possibilidades e os limites desses direitos na sociedade capitalista.

são concepções sem sustentação científica, fixadas na experiência, concepções ultrageneralizadoras, repetitivas e simplificadoras. São ideias e correspondentes comportamentos que trazem prejuízo tanto para quem pode sofrer com as atitudes e ações dos preconceituosos como para os próprios preconceituosos, haja vista as restrições impostas por aspectos como a ignorância, o irracionalismo, entre outros, característicos desse tipo de comportamento. Esses aspectos, além de poderem penalizar o outro, dificultam significativamente a vida do próprio sujeito portador, uma vez que obscurecem a sua capacidade de observação crítica da realidade, de discernimento, de superação do senso comum, de escolha.

Se pretendermos considerar o direito à liberdade e o fortalecimento da democracia, temos de ter clara compreensão do necessário respeito à diversidade.

Dessa maneira, é tarefa do Assistente Social estimular à participação os grupos socialmente discriminados e esclarecer e debater as diferenças.

Garantia do pluralismo, através do respeito às correntes profissionais democráticas existentes e suas expressões teóricas, e compromisso com o constante aprimoramento intelectual

É evidente nesse Princípio a especificação de respeito às correntes profissionais, desde que *democráticas*. Além disso, pluralismo — expressão destacada no presente Princípio — não significa "ecletismo", ou seja, a aceitação da junção sem critério de diferentes vertentes teórico-filosóficas, ou "neutralidade": a ideia de *equivalência* de expressões teórico-filosóficas diversas. Significa a existência de diferenças teórico-filosóficas e operacionais que precisam ser respeitadas, sem que isso seja confundido com ausência de explicitação de posição teórico-filosófica assumida e/ou falta de debate, uma vez que o posicionamento claro, a honestidade teórica e o debate são, como sabemos, ingredientes indispensáveis para o convívio profissional e o aprimoramento intelectual. Significa que, apesar de optar por determinada direção social, há o entendimento da diversidade como horizonte dos profissionais, há a captação de direção social como possibilidade (de escolha), como uma direção que deverá ser opção da categoria por considerar que esta decifra melhor a realidade e, por conseguinte, favorece ao profissional responder às demandas que se colocam no cotidiano do seu trabalho institucional.

Frisamos também que o Assistente Social realiza um trabalho em que conhecimentos acumulados e atributos profissionais são recursos fundamentais para o êxito ou não da atividade. Ou seja, ao longo de sua formação, a capacidade adquirida de expressão oral e escrita, de estabelecer relacionamento profissional com indivíduos e grupos no espaço institucional de modo democrático para a realização de programas sociais, a possibilidade de leitura crítica da realidade com ações correspondentes — tecnicamente e ético-politicamente qualificadas —, ou seja, sua competência profissional, expressa de modo singular e que depende de constante aprimoramento, é fator indispensável para o bom andamento e o bom êxito do trabalho e, portanto, um compromisso prioritário para o desempenho profissional individual e coletivo.

Opção por um Projeto Profissional vinculado ao processo de construção de uma nova ordem societária, sem dominação-exploração de classe, etnia e gênero

Estruturalmente, a dinâmica da sociedade burguesa é marcada por conflitos determinados pelos antagonismos das classes fundamentais, porém há outras formas de conflito que com esses se articulam, os quais se mostram nas relações interpessoais e intergrupais que permeiam a sociedade e que também mereceram atenção do Serviço Social, a exemplo das questões de gênero e etnia. Dessa maneira, o atual Código vincula-se, como o anterior, aos interesses da classe trabalhadora, preconizando contribuição no sentido profissional para a construção de uma nova ordem societária, mas considera, além da essencial dominação ou exploração de classe, outras formas de exploração ou dominação coadunadas, como as de gênero e etnia.

Articulação com os movimentos de outras categorias profissionais que partilhem dos princípios deste Código e com a luta geral dos trabalhadores

Logicamente, finalidades colocadas nesse Código, tais como a luta em prol das políticas sociais, da democratização dos serviços sociais, não são de interesse apenas de um segmento profissional, mas também uma questão que se relaciona com os trabalhadores, com todos aqueles que tenham dimensão crítica do significado da relação entre o indivíduo e a sociedade. Além disso, os Assistentes Sociais devem ter clareza de que a articulação com profissionais que compartilhem dos Princípios desse Código possibilita somar forças em prol de projetos interventivos substanciais — alinhados com as reais necessidades da sociedade —, que mostrem compromisso ético-político consoante com os rumos da emancipação dos indivíduos.

Compromisso com a qualidade dos serviços prestados à população e com o aprimoramento intelectual, na perspectiva da competência profissional

Como explicitamos no início desta seção do presente livro, diferentemente de quase todo o percurso histórico do Serviço Social, hoje essa profissão tem como norteadores de sua ação Princípios que não privilegiam valores compatíveis com os interesses do capital, mas com a boa qualidade dos serviços profissionais desempenhados e prestados à população, ou seja, em consonância com suas reais necessidades. Isso decorreu das conquistas asseguradas no Código anterior e que expressam valores que permeiam todo o Código vigente. Ademais, a perspectiva de aprimoramento intelectual e a competência profissional são evidenciadas como compromissos do profissional e distintas da ideia de mero treinamento técnico para a intervenção em um determinado campo com a máxima eficácia operativa, haja vista trazer como requisito o intelectual que, qualificado para operar em uma área determinada, compreende o sentido social da operação e a significância da área no conjunto da problemática social (NETTO, 1996, p. 125-126).

Exercício do Serviço Social sem ser discriminado, nem discriminar, por questões de inserção de classe social, gênero, etnia, religião, nacionalidade, orientação sexual, idade e condição física

Esse Princípio assegura direito ao próprio profissional e dever desse profissional no que se refere aos usuários dos serviços e aos demais profissionais.

A valorização da aceitação, o reconhecimento da(s) diferença(s) e o respeito a ela(s) sobressaem nesse Princípio que finda esta parte da explanação, uma vez que se trata do 11º, ou seja, o último Princípio do Código. Cabe, assim, frisarmos que esse Princípio encerra um fundamento essencial, pois enfatiza o respeito ao outro, exatamente com aquele que nos permite ser quem somos, pois é através do outro, "do diferente", que se tornam possíveis a construção e o alcance da nossa identidade. Além disso, aí reside o cerne da possibilidade de convívio social qualificado, rico em diversidade, portanto, em humanidade.[53]

Assim, dando sequência ao que nos cabe desenvolver neste capítulo, ou seja, para a discussão seguinte acerca da materialização dos Princípios do Código atual no cotidiano do trabalho profissional, é importante explicitar que partiremos, fundamentalmente, da percepção dos Assistentes Sociais entrevistados. Todavia, consideramos necessário destacar que se, para o desenvolvimento do tema, partiremos, fundamentalmente — por meio das entrevistas realizadas —, da percepção dos Assistentes Sociais dos Hospitais de Custódia e Tratamento Psiquiátrico do estado do Rio de Janeiro, isso não significa a exclusão de outros recursos também relevantes para o alcance desse objetivo, tais como a pesquisa bibliográfica, a observação realizada nos diversos momentos em que visitamos os Hospitais (o que incluiu diálogo informal com diferentes trabalhadores desses Hospitais) e o saber que acumulamos em decorrência de anos de trabalho como Assistente Social e professora de Serviço Social.

---

53. A sociedade em que vivemos se caracteriza pela desigualdade social e pela hierarquia, o que se desdobra e se expressa de várias maneiras em diversas dimensões da vida social.

Dessa maneira, concluídos os argumentos preliminares, e iniciando as considerações acerca da materialização dos Princípios do Código no cotidiano do trabalho profissional, esclarecemos que, após contato inicial com a chefia da Coordenação de Serviço Social da Subsecretaria Adjunta de Tratamento Penitenciário da Secretaria de Estado de Administração Penitenciária, para expor os objetivos desta pesquisa e solicitar autorização para sua realização, e reunião com Assistentes Sociais dos Hospitais de Custódia e Tratamento Psiquiátrico, tanto na Coordenação de Serviço Social quanto nos próprios locais de trabalho com a mesma finalidade, obtivemos o entendimento e a concordância de praticamente todos os profissionais da equipe (intraprofissional) quanto à realização da pesquisa e retornamos várias vezes aos Hospitais para melhor conhecê-los, conhecer a direção institucional, suas equipes e viabilizar a realização das entrevistas.

Os três Hospitais de Custódia e Tratamento Psiquiátrico[54] contam com nove Assistentes Sociais, respectivamente: quatro no Hospital Heitor Carrilho, três no Hospital Henrique Roxo e dois no Hospital Roberto Medeiros. Desses profissionais, apenas um não quis participar da pesquisa.

Dessa maneira, não obstante a falta de dois profissionais, um por licença médica e outro por se negar à entrevista, o número de entrevistados representará o universo dos profissionais da área investigada, uma vez que dois Assistentes Sociais que haviam saído pouco antes dos Hospitais de Custódia e Tratamento Psiquiátrico e encontravam-se lotados em outras áreas do sistema prisional ofereceram-se para participar da pesquisa e foram entrevistados. Ou seja, realizamos entrevistas com nove Assistentes Sociais dos Hospitais de Custódia e Tratamento Psiquiátrico do estado do Rio de Janeiro. E, com exceção de dois dos entrevistados que optaram por serem

---

54. Todos os dados aos quais nos referimos foram coletados em períodos de observação nas Instituições e entrevistas com os profissionais no decorrer de 2006. Todavia, como já afirmado, os argumentos e as polêmicas produzidos nesta obra permanecem atuais, suscitando relevantes reflexões acerca da dimensão ética no trabalho profissional do Assistente Social.

entrevistados em domicílio, as outras entrevistas foram realizadas nas próprias dependências dos hospitais.

As entrevistas obedeceram à marcação de local, data e horário previamente definidos com os Assistentes Sociais e foram baseadas em roteiro preestabelecido e gravadas em fitas cassete, possibilitando ao entrevistado não apenas responder às perguntas, mas também tecer comentários, se isso lhe conviesse, o que visava a facilitar nosso entendimento acerca do seu posicionamento. Além disso, desde o primeiro contato com os profissionais, deixamos claros nosso objetivo e nosso compromisso quanto ao sigilo — obtivemos autorização escrita dos profissionais entrevistados para a utilização dos dados. Assim, seriam utilizados apenas dados gerais do interesse da temática desta produção, ou seja, do trabalho científico realizado, salvaguardando aspectos relativos à identificação pessoal. Daí, a exposição de tabelas, quadros e gráficos ou trechos das transcrições das entrevistas é feita de um modo que não possibilite identificação, especialmente se considerarmos o reduzido número de profissionais entrevistados.[55]

A partir desse momento, para considerarmos os dados coletados com as entrevistas, iniciaremos pelos obtidos por meio das perguntas referentes ao perfil do profissional e à sua formação (trata-se do primeiro bloco de perguntas), para depois discutirmos as questões relativas ao trabalho profissional e ao Serviço Social (em um segundo bloco de perguntas). Isso porque, dessa maneira, reproduzimos a lógica que presidiu o roteiro de perguntas aos entrevistados.

Como foi mencionado, entrevistamos nove Assistentes Sociais. Desses profissionais, sobressai a faixa etária entre 45 e 50 anos, todos do sexo feminino; todos professam uma religião, com pais com nível de instrução concentrado no 1º grau completo.

A religião é um dos fatores que determinam o modo de as pessoas conceberem a vida, a sociedade e de se posicionarem profissionalmente;

---

55. Houve prejuízo de dados — exposição e/ou análise — em face da possibilidade de quebra de sigilo. Quanto a isso, cabe mencionarmos, também, que, visando a assegurar o sigilo, nos referimos aos profissionais em um único gênero.

portanto, um elemento que pode mesclar de modo significativo a percepção ético-política dos entrevistados. Em linhas gerais, a hipótese é de que, com o idealismo religioso ou, melhor, com o quadro sociocultural permeado pela religião, os entrevistados possam tender para vertentes teórico-filosóficas que fundamentem concepções ético-políticas idealistas — desconectadas da realidade concreta —, o que poderá ser observado no final do trabalho. Esse item, porém, não receberá atenção especial aqui, por se tratar de um tema complexo que merece aprofundamento, ou seja, uma pesquisa específica. O grau de instrução dos pais parece situar os entrevistados em acordo com as famílias das camadas médias e/ou pobres da população urbana brasileira, uma vez que, décadas atrás, a formação universitária não era compatível com pais dessas camadas populacionais, mesmo nessas áreas do País (Gráfico 1). Além disso, é necessário considerar as dificuldades e/ou menores possibilidades que devem ter encontrado aqueles que pretenderam realizar sua graduação na Faculdade de Serviço Social com qualidade. Ou seja, aqueles que buscaram no vestibular acesso às universidades mais qualificadas para o ensino e que pretenderam acesso à literatura específica ou complementar, bem como mais alternativas para aprimoramento técnico e cultural. Cabe considerarmos que o pertencimento a uma família cujo nível de instrução é baixo tende a ser um empecilho tanto para a formação superior, em termos materiais e/ou financeiros, quanto no que se refere às possibilidades subjetivas e/ou intelectuais.

Os demais itens selecionados para traçar o perfil dos Assistentes Sociais entrevistados mostram-se de modo diverso, conforme se poderá ver nas tabelas, nos quadros e nos gráficos que seguem — ou seja, não há homogeneidade ou características marcantes que justifiquem um destaque por bloco.

Os profissionais entrevistados se formaram em instituições públicas e privadas em períodos diversos, que vão de meados da década de 1960 ao final da década de 1990 (Quadro 1), e não podemos, por exemplo, relacionar ao profissional que concluiu o curso há mais tempo ou que se formou em Instituição privada a não identificação do

Código vigente à época da conclusão do seu curso ou a demonstração de concepção ético-política (mais) conservadora, o que endossa a tese de fragilidade das análises assentadas em argumentações monocausais.

Ademais, sabemos que apenas os profissionais formados após meados dos anos 1980 tiveram a chance de contar com as alternativas abertas pela Proposta de Reforma Curricular realizada pela ABESS, atual ABEPSS,[56] iniciada em 1982. A influência dessa proposta só pode ser considerada a partir desse período e, ainda, de modo bastante incipiente, e, fundamentalmente, voltada às faculdades públicas do Rio de Janeiro e Belo Horizonte e à Pontifícia Universidade Católica de São Paulo.[57]

Quase metade dos profissionais conseguiu identificar o Código de Ética Profissional vigente quando concluiu o curso, o que não significa necessariamente compreensão histórica desse documento. Cabe observar, inclusive, que apenas três dos entrevistados se graduaram na década de 1990, ou seja, se graduaram em um período no qual a consolidação da renovação do currículo de Serviço Social havia se dado. Considere-se aqui o avanço obtido com os cursos de pós-graduação e as publicações daí decorrentes, e também a importância do vulto que tomaram as discussões em torno da ética na sociedade brasileira e na profissão do Assistente Social.

A maioria dos entrevistados identificou a corrente teórico-metodológica hegemônica na Instituição onde se graduou, o que representa captar diferenças teóricas e político-ideológicas nos rumos da formação profissional (Quadro 2). Avaliamos isso como demonstração de avanço quanto ao entendimento constante no Serviço Social de homogeneidade teórica e político-ideológica na profissão, apesar de não observarmos, paralelamente, nenhuma discussão acerca do pluralismo no Serviço Social, o que, como mencionamos, é um dos Princípios do Código de Ética Profissional. Além disso, um dos profissionais, apesar de afirmar saber a corrente hegemônica da Instituição onde concluíra o seu curso

---

56. Associação Brasileira de Ensino e Pesquisa em Serviço Social.

57. Pelo que pudemos apreciar, foram os locais em que houve maior adesão às ideias propostas.

de graduação, não a indicou. Disse que a Instituição de ensino mostrara aos alunos todas as correntes teóricas, mas o entrevistado não as nomeou. Disse apenas que tomou conhecimento e optou por uma delas — ou seja, ele optou pela fenomenologia —, parecendo-nos querer afirmar, com isso, que a posição da Instituição deva ser possibilitar o conhecimento, sem direção social no seu projeto de ensino do Serviço Social, como se houvesse projeto pedagógico neutro. Consideramos haver semelhança com a discussão acerca do pluralismo no Código, uma vez que o profissional traz a ideia da possibilidade de caracterizar as vertentes que orientam o trabalho profissional como tendências com suposta paridade na história do Serviço Social. Isso tende à compreensão equivocada de que a definição de um campo de estudo ou de orientação teórico-filosófico se dá por mera questão de gosto.

Seis dos profissionais entrevistados não se limitaram ao curso de graduação em Serviço Social; dois concluíram outra faculdade relacionada à área jurídica; e três realizaram especialização *lato sensu*, mas apenas um deles realizou pós-graduação *stricto sensu*, buscando especialização pela segunda vez dentro da própria área de sua graduação, tendo concluído o mestrado em Serviço Social em Instituição particular e, na ocasião da entrevista, cursava doutorado em uma Instituição pública (Gráfico 2 e Quadro 4).

Observando-se adiante o Quadro 3, podemos concluir que os entrevistados não exerciam atividade profissional no Sistema Penal à época da realização da graduação em Serviço Social. Isso evidencia que não faziam o curso visando ao processo de ascensão funcional por concurso interno, por exemplo. Recurso que, por vezes, foi utilizado na esfera estatal e que pode gerar implicações desfavoráveis para o trabalho profissional,[58] a exemplo das situações de aguardo de concurso em desvio de função, as quais, comumente, suscitam ambiguidade de posicionamento nos profissionais e dificuldades na fiscalização do exercício profissional pelas Entidades competentes da categoria, especificamente os Conselhos Profissionais Regionais e Federal.

---

58. Nossa referência não é ao mérito legal da questão.

Quadro 1 — Formação profissional dos Assistentes Sociais dos Hospitais de Custódia e Tratamento Psiquiátrico do estado do Rio de Janeiro

Ordem	Instituição privada ou pública	Horário do curso	Ano de conclusão
A	Privada	Diurno	1967
B	Pública	Diurno	1981
C	Privada	Diurno	1981
D	Pública	Diurno	1983
E	Privada	Diurno	1984
F	Pública	Diurno	1985
G	Privada	Noturno	1990
H	Privada	Noturno	1992
I	Pública	Noturno	1998

Obs.: *Não há relação entre os dados expostos em cada coluna, se lidas horizontalmente.*
Fonte: Dados da pesquisa realizada por Valeria L. Forti, para confecção da sua tese de doutorado, defendida em novembro de 2008.

Quadro 2 — Identificação da corrente teórico-metodológica hegemônica nas instituições em que os Assistentes Sociais dos Hospitais de Custódia e Tratamento Psiquiátrico do estado do Rio de Janeiro concluíram a graduação em Serviço Social e identificação do Código de Ética Profissional do Assistente Social vigente no período da conclusão do curso

Ordem	Identificação da corrente teórico-metodológica	Identificação do Código de Ética
A	Funcionalismo	Não identificou
B	Funcionalismo	Não identificou
C	Funcionalismo	Não identificou
D	Funcionalismo	Identificou
E	Conservadora[59]	Não identificou
F	Marxismo	Não Identificou
G	Marxismo	Identificou
H	Não revelou hegemonia[60]	Identificou
I	Não indicou	Identificou

Obs.: *Não há relação entre os dados expostos em cada coluna, se lidas horizontalmente.*
Fonte: Dados da pesquisa realizada por Valeria L. Forti, para confecção da sua tese de doutorado, defendida em novembro de 2008.

---

59. Expressão do entrevistado.

60. O profissional correspondente à letra H do quadro, apesar de afirmar identificar a corrente teórico-metodológica hegemônica pela qual concluiu seu curso, não a citou.

Quadro 3 — Assistentes Sociais dos Hospitais de Custódia e Tratamento Psiquiátrico do estado do Rio de Janeiro

Se os entrevistados trabalhavam no período da realização do curso de graduação em Serviço Social		
Ordem	Resposta	Tipo de trabalho
A	Sim	Bancária
B	Sim	Bolsa-trabalho na universidade
C	Sim	Professora primária
D	Sim	Técnica de enfermagem
E	Não	
F	Não	
G	Não	
H	Não	
I	Não	

Obs.: *Há relação entre os dados expostos em cada coluna, se lidas horizontalmente.*
Fonte: Dados da pesquisa realizada por Valeria L. Forti, para confecção da sua tese de doutorado, defendida em novembro de 2008.

Gráficos 1 e 2 — Assistentes Sociais dos Hospitais de Custódia e Tratamento Psiquiátrico do estado do Rio de Janeiro

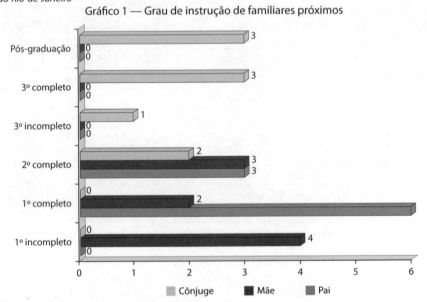

Gráfico 1 — Grau de instrução de familiares próximos

Fonte: Dados da pesquisa realizada por Valeria L. Forti, para confecção da sua tese de doutorado, defendida em novembro de 2008.

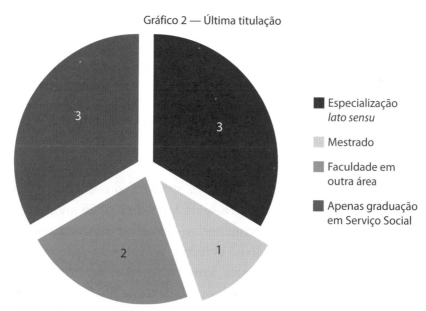

Gráfico 2 — Última titulação

Fonte: Dados da pesquisa realizada por Valeria L. Forti, para confecção da sua tese de doutorado, defendida em novembro de 2008.

Quadro 4 — Dados referentes aos Assistentes Sociais dos Hospitais de Custódia e Tratamento Psiquiátrico do estado do Rio de Janeiro

Tipo de titulação concluída, além da graduação em Serviço Social	
Ordem	Tipo da titulação
A	Graduação em Direito
B	Graduação em Direito
C	Especialização *lato sensu* em Saúde Pública
D	Especialização *lato sensu* em Política Pública e Governo
E	Especialização *lato sensu* em Terapia Familiar
F	Mestrado em Serviço Social

Obs. 1: Quatro dessas titulações foram obtidas em instituições privadas e duas delas em instituições públicas.

Obs. 2: Além dos cursos concluídos e ora citados, dois desses profissionais estavam com cursos em andamento. Um deles cursava doutorado e o outro cursava faculdade de Enfermagem.

Fonte: Dados da pesquisa realizada por Valeria L. Forti, para confecção da sua tese de doutorado, defendida em novembro de 2008.

Como já foi explicitado, indagamos aspectos diretamente vinculados ao exercício profissional e ao Serviço Social em um segundo bloco de perguntas aos entrevistados. Esses aspectos serão discutidos a partir daqui. Assim, após breve comentário dos dados que serão expostos por meio de gráfico e tabelas, a título de organização, iremos numerar as demais questões, partindo do número 2.1, ou seja, representação do segundo bloco (n° 2) e da primeira pergunta da sequência (n° 1).[61]

Como se pode ver no Gráfico 3, apresentado adiante, a maior parte dos entrevistados encontra-se na faixa de 21 a 25 anos de tempo de trabalho como Assistente Social. Nos Hospitais de Custódia e Tratamento Psiquiátrico, não há evidente prevalência quanto ao tempo de trabalho dos profissionais. Entretanto, há certa "tônica" nesse sentido em torno de um ou três anos, o que torna possível pensarmos em uma média aproximada de dois anos de tempo de trabalho na Instituição (Tabela 1).

Por outro lado, apenas um Assistente Social estava participando de atividades em entidade da categoria profissional, mas três haviam participado, sendo que apenas um dos profissionais atuou dois anos antes efetivamente — ou seja, menos de cinco anos antes da entrevista. Todavia, cabe observar que quatro dos entrevistados tiveram proximidade com entidade da categoria profissional — um número expressivo, que representa quase metade do total, isto é, 44% dos Assistentes Sociais dos Hospitais de Custódia e Tratamento Psiquiátrico (ver Tabela 2).

---

61. Nesta parte da exposição, também constam gráfico e tabelas referentes aos dados dos entrevistados — Assistentes Sociais dos Hospitais de Custódia e Tratamento Psiquiátrico —, respectivamente: Gráfico 3 — Tempo de trabalho como Assistente Social; Tabela 1 — Tempo de trabalho em Hospital de Custódia e Tratamento Psiquiátrico; Tabela 2 — Participação em entidade da categoria.

Gráfico 3 — Dados referentes aos Assistentes Sociais dos Hospitais de Custódia e Tratamento Psiquiátrico do estado do Rio de Janeiro

Fonte: Dados da pesquisa realizada por Valeria L. Forti, para confecção da sua tese de doutorado, defendida em novembro de 2008.

Tabela 1 — Dados referentes aos Assistentes Sociais dos Hospitais de Custódia e Tratamento Psiquiátrico do estado do Rio de Janeiro

Tempo de trabalho dos Assistentes Sociais nos Hospitais de Custódia e Tratamento Psiquiátrico do estado do Rio de Janeiro[62]	
Ordem	Tempo
A	1 ano
B	6 anos
C	5 anos
D	3 anos
E	Menos do que 1 ano
F	Menos do que 1 ano
G	6 anos
H	3 anos
I	1 ano

Fonte: Dados da pesquisa realizada por Valeria L. Forti, para confecção da sua tese de doutorado, defendida em novembro de 2008.

---

62. É importante destacar que: a) mesmo com pouco tempo de trabalho no Hospital de Custódia e Tratamento Psiquiátrico, há profissionais que têm muitos anos de experiência

Tabela 2 — Dados referentes aos Assistentes Sociais dos Hospitais de Custódia e Tratamento Psiquiátrico do estado do Rio de Janeiro

Participa(ou) de alguma entidade da categoria profissional dos Assistentes Sociais?		
Ordem	Resposta	Tempo
A	Sim	Participa há 1 ano
B	Sim	Participou há 10 anos
C	Sim	Participou há 2 anos
D	Sim	Participou há 5 anos
E	Não	
F	Não	
G	Não	
H	Não	
I	Não	

Obs.: *Há relação entre os dados expostos nas duas colunas, se lidas horizontalmente.*
Fonte: Dados da pesquisa realizada por Valeria L. Forti, para confecção da sua tese de doutorado, defendida em novembro de 2008.

2.1 — Quando indagados acerca da razão de terem ido trabalhar no Hospital de Custódia e Tratamento Psiquiátrico, chamou-nos atenção, em grande parte das respostas dadas pelos profissionais, o modo como se deram suas lotações nessa Instituição. Desse modo, prosseguindo na explanação a respeito dos dados obtidos com a pesquisa empírica, seguem as respostas dos entrevistados a tal indagação.

1 ▶ Entrou no Sistema Penitenciário por concurso público por necessidade de sobrevivência; sua lotação foi no Hospital de Custódia e Tratamento Psiquiátrico sem qualquer opção.

2 ▶ Trabalhava no Sistema Penitenciário há muitos anos como Assistente Social e quis vir para o Hospital de Custódia e Tratamento Psiquiátrico

---

(de trabalho) em outras áreas do Sistema Penal; b) muitos dos profissionais trabalharam aproximadamente seis anos nos Hospitais de Custódia como estagiários, sendo efetivados apenas após esse período e só mediante exaustiva luta (informação obtida em entrevista com profissionais do Serviço Social); c) há profissionais que atuam diretamente com os Internados, como o Assistente Social, os quais se encontravam sob contrato de prestação de serviço (terceirizados) havia três anos ou mais.

por causa dos comentários que ouvia sobre a Reforma Psiquiátrica, pois tinha curiosidade sobre esse tipo de trabalho.

3 ▸ Não foi opção, fui concursada e colocada aqui. Questão de sobrevivência.

4 ▸ Não houve opção, foi concurso. Não pude escolher. Eu fui colocada aqui.

5 ▸ Já trabalhava no Sistema Penal e vim para cá, para o Hospital, substituir a Assistente Social que se encontra em licença médica.

6 ▸ Fiz concurso público para o Sistema Prisional, sendo inicialmente lotada em determinado Programa, e depois fui transferida para uma unidade prisional comum, já que o Programa deixou de contar com Assistente Social. Porém, quando cheguei à unidade prisional, encontrei um ofício determinando que me dirigisse para esse Hospital, sem qualquer justificativa, sem qualquer treinamento.

7 ▸ Fui lotada, não escolhi trabalhar no Hospital de Custódia e Tratamento Psiquiátrico.

8 ▸ Fiz o concurso, pois havia trabalhado no Sistema Penitenciário e eu pretendia retornar. Logo que cheguei, fui lotada no Hospital por necessidade de profissional neste local. Até me assustei, pois tinha tido experiência muito ruim com psiquiatria em um tempo bastante sombrio, "do choque elétrico". Enfim, não tive escolha.

9 ▸ Havia encaminhado currículo para a Coordenação de Serviço Social e fui convidada para trabalhar no Hospital de Custódia e Tratamento Psiquiátrico como prestadora de serviço.

Fundamentalmente, é a necessidade de vender sua força de trabalho para garantir sua sobrevivência que conduz o chamado trabalhador livre aos postos de trabalho na nossa forma de sociedade. Isso, naturalmente, não é o que se espera como imagem do trabalho como atividade livre e criativa, vital para a existência e o aprimoramento do ser humano, mas com isso se capta a alienação nessa atividade. Com efeito, é na contradição que se institui nessa organização social que se objetiva o trabalho concreto, necessário às reais necessidades sociais. Como explica Iamamoto (2007, p. 218), no processo de compra e venda da sua força de trabalho especializada, o Assistente Social entrega ao empregador o valor de uso específico da sua força de trabalho qualificada, o que implicará transformação de uma matéria sobre a qual incidirá essa força de trabalho e à qual ele tem acesso por mediação de seu empregador. Cabe observar que os Assistentes Sociais são profissionais assalariados (públicos ou privados), segundo parâmetros institucionais e trabalhistas que regulam as relações de trabalho e as condições de trabalho e permitem aos empregadores definir exigências, requisições, estabelecer certas funções e atribuições.

> Todavia, as atividades desenvolvidas sofrem outro decisivo vetor de demandas: as necessidades sociais dos sujeitos, que, condicionadas pelas lutas sociais e pelas relações de poder, se transformam em demandas profissionais, reelaboradas na ótica dos empregadores no embate com os interesses dos cidadãos e cidadãs que recebem os serviços profissionais (IAMAMOTO, 2007, p. 219).

Não obstante, tratando-se de trabalhador qualificado, particularmente de trabalhador especializado e com nível universitário, vinculado ao quadro funcional de Instituição pública, salvaguardados o conhecimento qualificado de sua função e os limites impostos pelas instituições empregadoras, pode-se falar em certa autonomia desse trabalhador, considerando-se que ele pode, desde que munido de conhecimentos essenciais, optar por atribuir determinada direção social ao seu trabalho. Ou seja, desde que munido de conhecimento suficiente e qualificado que lhe possibilite o exercício profissional — intervenção com conteúdo teórico e direção social, portanto com clareza das razões, das decisões e das consequências da ação e, por isso, comprometimento ético. Diante disso, é valioso lembrar, ainda, o que aprendemos com o pensamento marxiano: apesar de Sujeitos da História, a História não é mero produto da nossa vontade, uma vez que nossas escolhas ocorrem em condições determinadas.

Voltando nosso foco para o ponto central de discussão deste texto, parece-nos que o planejamento de uma atividade em resposta à necessidade social sob a responsabilidade do Estado, como esta que aqui é tratada — que deve contar com profissional para lidar com questão delicada e que por isso requer capacitação mais específica —, deve definir finalidades, objetivos e metas de maneira clara, possibilitando o conhecimento daqueles que supostamente estarão envolvidos em tal questão.

Pelo que pudemos observar, os profissionais não receberam o mínimo de esclarecimento quanto à Instituição, tampouco quanto à unidade em que trabalhariam; não houve qualquer tipo de recepção, treinamento, acompanhamento ou supervisão para que pudessem alicerçar, nem mesmo no início, o seu trabalho. A nosso ver, esse fato, que evidencia o momento da lotação dos profissionais, já é demonstrativo da maneira como o Estado vem dispensando atenção a esse segmento de usuários que está sob sua responsabilidade. Além disso, sem nos aprofundarmos no modo como o Estado lida com certos segmentos de trabalhadores que ele próprio emprega, fique claro que, no nosso entender, nesse caso há demonstração de falta de zelo, de desrespeito com a "coisa pública". A falta de respeito com esses trabalhadores, que são servidores públicos, evidencia-se já na demora em contratar alguns deles, recém-concursados, os quais se sujeitam a trabalhar durante anos como se fossem estagiários, como nos informou um profissional entrevistado em conversa à parte. Há evidente desrespeito também no tipo de recepção e na não capacitação desses trabalhadores para o exercício das suas funções institucionais. Contudo, esses trabalhadores também, mesmo que "inconscientemente", parecem compactuar, em certo grau, com essa lógica do desprestígio da "coisa pública", na medida em que aceitam esses fatos sem buscar expressar, mesmo que no limite possível, um posicionamento profissional contrário. Logicamente, não podemos desconhecer as implicações relativas ao vínculo empregatício, mas em período algum há contestação desses profissionais e expressão com fundamentação crítica e significativa nesse sentido. Tal postura ressoa, mesmo que de maneira escamoteada, a presença da "antiga cultura" do Serviço Social, em que a sociedade burguesa é tida como inquestionável (ou apenas superficialmente criticável), pois regida por leis invariáveis, semelhantes àquelas que regem os fenômenos da natureza e, em consequência, inquestionáveis também se tornam todos os aspectos inerentes a essa formação social, suas instituições e demais esferas da vida social. Dessa maneira, se no campo profissional há manifestações particulares, elas não são tão distantes daquelas do dia a dia em geral, pois são manifestações na esfera valorativa; se voltarmos a atenção para o cotidiano não profissional, as críticas dirigidas a essa sociedade tendem a cair no universo da moralização: "O mal está na própria natureza humana, não adianta lutar, pois não haverá mudança"; "Sempre foi assim"; "Há coisas piores"; "No Brasil, não tem jeito"; "O que é público não dá certo, não funciona, pois não tem patrão" etc.

No campo profissional, como sugerimos inicialmente, as críticas à sociedade burguesa também são comumente moralizantes e tendem a se esvaziar de conteúdo estrutural — os problemas são situados em plano restrito, portanto, tornam-se dificuldades individuais e subjetivas; no máximo, referem-se a aspectos focalizados de grupos particulares —, despolitizando as questões e, em decorrência, naturalizando a ordem social, suas instituições e suas relações, suscitando a lógica do fatalismo e da impotência do Sujeito.

Há ainda o profissional terceirizado diretamente envolvido no trabalho junto ao usuário da Instituição, como verificável na resposta n° 9. Esse aspecto pode implicar sérios problemas para a qualidade dos serviços prestados pela Instituição ao usuário, o que não só ratifica o que dissemos como também significa prejuízos aos direitos do trabalhador e fere normatização internacional, como "as Regras Mínimas de Tratamento de Reclusos" (ONU, 1955) — regra n° 46: "[...] os membros do pessoal devem desempenhar funções em tempo integral na qualidade de funcionários penitenciários e devem ter estatuto de funcionários de Estado".[63]

---

63. A respeito da terceirização no Sistema Prisional, consultar Tania Maria D. Pereira, "'O guarda espera um tempo bom'": a relação de custódia e o ofício dos inspetores penitenciários. Tese de doutorado em Serviço Social do Programa de Pós-Graduação em Serviço Social da UFRJ, 2006 (original inédito).

2.2 — Perguntados quanto aos objetivos profissionais nesse campo de trabalho, os entrevistados responderam:

1. ▶ Não indicou objetivo.
2. ▶ Conhecer os direitos dos indivíduos que têm transtornos mentais, que estão internados, para reinseri-los na vida em sociedade.
3. ▶ Entender melhor o Movimento da Reforma Psiquiátrica.
4. ▶ Não indicou objetivo.
5. ▶ Na questão do trabalho, pretendemos que as pessoas tenham acesso aos direitos sociais. Com relação aos pacientes, trabalhar a questão do resgate dos vínculos familiares para que sejam desinternados e se reinsiram na sociedade.
6. ▶ Garantia de direitos.
7. ▶ Conhecer como atuar com Medida de Segurança.
8. ▶ Conhecer o que é Medida de Segurança, como funciona, pois nunca tive capacitação e/ou supervisão nesse sentido.
9. ▶ Ressocialização dos presos e/ou Internados e ajudar os familiares nessa vivência, que é muito difícil. Ajudá-los nessa situação de terem os parentes presos, que eles dizem ser muito difícil.

2.3 — Quanto ao objeto de estudo/intervenção do Serviço Social nesse campo, responderam:

1. ▶ Não respondeu.
2. ▶ As famílias dos Internados.
3. ▶ São as relações existentes entre a pessoa que tem o transtorno mental e a prisão em que está institucionalizada.
4. ▶ A política social e o acesso aos direitos sociais.
5. ▶ Não identifico. Assistencialistas todos somos; queiramos ou não, acabamos ajudando o paciente de modo bem imediatista.
6. ▶ As famílias dos Internados.
7. ▶ Os pacientes e suas famílias.

8 ▶ Partindo da discussão da questão social e suas expressões, aqui é a criminalidade com a especificidade da doença mental. A criminalização da pobreza é outra expressão, pois não é o fato de existir uma agressão em uma residência de elite que será caracterizada como delito; aí o agressor será levado para uma clínica particular, e o caso provavelmente não tomará rumos policiais, diferentemente da ocorrência em área pobre, em que ele será criminalizado.

9 ▶ Participar da ressocialização.

Como se pode perceber nas respostas acerca do objeto e dos objetivos profissionais, não há referência dos entrevistados a vínculo com qualquer programa de trabalho individual, menos ainda a coletivo que permita certa direção às atividades por eles desenvolvidas. Dessa maneira, dois dos profissionais não definem os objetivos e outros dois têm como objetivo o conhecimento da legislação específica da área — Medida de Segurança. Há Assistente Social que pretenda conhecimento sobre o Movimento de Reforma Psiquiátrica, outro que objetive a ressocialização do Internado, e há quem queira favorecer o acesso dos Internados aos direitos sociais, bem como a desinternação deles mediante o restabelecimento dos vínculos com a família. Ou seja, não há o estabelecimento de um objetivo mais geral, de algo construído pela equipe profissional, definido por meio da elaboração de um programa de trabalho. É um campo de trabalho cuja finalidade consciente da ação dos seus profissionais não se mostra clara; e, no caso de sua evidência, aparece como algo definido individualmente. Cabe observar que em uma Instituição desse gênero é evidente a importância do parecer de profissionais de diferentes competências, até porque não se trata de local com um tipo de Internado pouco complexo, que exija cuidado "superficial". Portanto, causa-nos espécie a ideia de prescindir do trabalho em equipe, pois talvez isso ocorra em decorrência de certa dificuldade de compartilhar, de certa impregnação do valor individualista e/ou de certa arrogância intelectual por parte dos entrevistados.

A citada falta de clareza nos remete ao Capítulo 1 deste texto para lembrarmos que, para a concretização de algo por meio do trabalho, são inerentes ao ser humano a projeção, a definição de finalidade consciente, a teleologia. Pois, diferentemente dos demais animais, o Homem antecipa na sua mente o produto que ele realizará, mediante o seu trabalho. Como já citamos, o trabalho é propulsor da socialização, pois suscita as relações sociais e seu desenvolvimento — linguagem, valores, divisão do trabalho. Assim, não nos parece apropriada a "atitude individualista" assumida por alguns profissionais. Trata-se de uma atitude que, não compartilhando da definição e da formulação das coisas, inviabiliza a troca de conhecimentos, informações, avaliações e propósitos e/ou finalidades, o que tipifica e qualifica o trabalho em equipe e o aprimoramento de seus componentes. Logicamente, compreendemos que isso é, em escala menor, consequência do modo de inserção desses profissionais no local de trabalho e/ou das condições de trabalho na Instituição. Todavia, não eximimos de responsabilidade esses profissionais diante do fato, pois provavelmente também têm concepções internalizadas que asseguram esse tipo de postura profissional individualista — ou seja, concepções que podem dificultar ou até mesmo inviabilizar o investimento dos profissionais em busca do desenvolvimento contínuo e qualificado de avaliações e propostas coletivas de trabalho.

Passemos agora ao que foi dito anteriormente sobre a lotação dos profissionais sem qualquer possibilidade de escolha, orientação ou treinamento. Pelo que pudemos saber, não é constante a possibilidade de capacitação e supervisão, o que deve ter levado alguns profissionais a buscarem certos conhecimentos no próprio campo de trabalho, como as referências feitas à Medida de Segurança e à Reforma Psiquiátrica, por exemplo. Aspectos interessantes também foram as ideias de reinserção e ressocialização dos Internados trazidas pelos Assistentes Sociais.

A reinserção do preso e/ou do Internado na sociedade como objetivo profissional leva-nos a questionar quanto a estudo que sustente tal objetivo, que constate a inserção (satisfatória) desse preso e/ou Internado na sociedade antes da sua institucionalização, permitindo supor uma repetição — ou seja, a reinserção. Assim, indagamos:

Se essa pessoa realmente estava satisfatoriamente inserida na sociedade, por que cometeu delito e se tornou privada de liberdade em instituição penal e/ou Internada no Hospital de Custódia e Tratamento Psiquiátrico do estado do Rio de Janeiro? No que diz respeito à ressocialização, o que seria?

Parece-nos uma concepção que comporta um sentido moral, ou seja, a ideia de que o preso e/ou Internado estaria institucionalizado devido a uma socialização incompleta ou inadequada, provavelmente por não ter internalizado os valores necessários, os valores aceitos pela ordem social vigente. No entanto, sem entrar no mérito conservador dessa concepção, de uso corrente entre os diferentes segmentos profissionais do Sistema Penal — a qual se mostra aceita, sem qualquer crítica, como se a ordem vigente fosse inconteste, ineliminável —, cabe-nos indagar:

Como isso seria realizado? Em quanto tempo? Seria o Hospital de Custódia, por exemplo, local para a concretização desse tipo de objetivo ou um local inadequado, uma vez que marcado pela violação dos direitos sociais? Se o Hospital de Custódia não faz parte da sociedade, como pode ressocializar seus Internados? O aparato institucional fechado não é produção da própria sociedade? Em que medida ser internado no Hospital de Custódia ou privado de liberdade no sistema penal significa estar fora da sociedade?

Ademais, com base no que discutimos no Capítulo 1, no item "Ontologia do Ser Social e a ética", há de se ter clareza de que, para que possamos concretizar algo, é imprescindível conhecermos aquilo de que estamos tratando — conhecermos a devida porção do que será trabalhado. Ou seja, projetamos, temos finalidade consciente, mas para isso temos um objeto a ser trabalhado e dele temos de ter conhecimento, pelo menos da parte necessária, para que possamos processar alguma transformação e obter um produto humanizado ou alcançarmos algo no âmbito da teleologia secundária, relativa às transformações no âmbito das relações sociais. Se não for desse modo, qualquer iniciativa se torna inviável, pois não ultrapassaremos a abstração, a dimensão conceitual, o plano ideal que "soluciona" as questões no "obscuro" mundo das ideias.

Apreciando como os entrevistados captam o objeto de estudo/ intervenção do Serviço Social no Hospital de Custódia e Tratamento Psiquiátrico, verificamos certa dificuldade ao analisarmos o conteúdo das respostas. Há entrevistado que não consegue identificar o objeto de estudo/intervenção do Serviço Social, e há também, e de modo expressivo, a identificação do Internado e/ou da sua família como representação desse objeto. Isso reflete um entendimento de que as situações a serem trabalhadas pelo Serviço Social resultam, fundamentalmente, do plano das relações interpessoais, do âmbito psicossocial, e não estão relacionadas ao campo das determinações e dos condicionamentos estruturais.

Dois dos entrevistados fizeram referência à questão social, mas apenas um Assistente Social relacionou-a com seu campo de trabalho (resposta nº 8). Além disso, é com muita clareza que, no conteúdo dessa explanação, encontramos relação com o fenômeno da criminalização da pobreza, tão presente na sociedade contemporânea, como vimos no Capítulo 2. Temos, aqui, um dos pontos mais importantes de discussão desta produção, uma vez que os Hospitais cujos profissionais foram entrevistados têm como público-alvo de atendimento uma população vista como uma ameaça à sociedade, mas — e talvez principalmente por isso — com direito a tratamento de saúde por serem portadores de transtornos psiquiátricos e que cometeram delitos. Observe-se, todavia, que essas pessoas, oriundas das camadas populares, quando chegam a esse tipo de Instituição pública, já passaram por longo processo de abandono de seu transtorno mental. Em conversas com profissionais da Instituição, soubemos que grande parte dos Internados sofreu as consequências da ausência de políticas sociais, tais como: saúde, educação — ignorância associando a doença mental a mitos e símbolos religiosos —, emprego etc. Diante disso, cabe-nos retomar argumentos discutidos em seções dedicadas às discussões sobre ética e economia e criminalização da pobreza, e indagar se não estaria aí o ponto nodal da discussão. Pois, se tivéssemos uma organização social em que a política servisse para organizar a sociedade e não para atender a outros interesses considerados prioritários, provavelmente teríamos uma política pública suficiente e qualificada. Ou seja, será que essas pessoas portadoras de transtorno mental, se tivessem sido respeitadas e acompanhadas como cidadãs, teriam cometido delito ou, se não criminalizadas no primeiro delito — mas tratadas —, teriam se tornado Internadas dos Hospitais aqui focalizados? A propósito, é cabível a existência dessas Instituições? Seriam mesmo Instituições necessárias? Caso a resposta seja afirmativa, será que elas atendem, e será que tais pessoas seriam responsabilizadas pelos mesmos delitos? Ou ainda: essas Instituições atenderiam nas mesmas condições que se observam atualmente?

Essas são questões essenciais sobre as quais devemos refletir, principalmente neste momento em que a chamada "violência urbana" se coloca como um tema central. Parece-nos claro, até para o mais comum dos cidadãos, que os discursos inflamados e/ou apelativos que mostram solução simples para o problema da violência não vão além de sonhos ou campanhas eleitoreiras.

Prosseguindo no nosso ângulo de análise, considerando objeto e objetivo do Serviço Social na área investigada, percebemos certa dificuldade dos profissionais na formulação das respostas, dificuldades de apreensão e de definição deles, especialmente do objeto de estudo/intervenção. Esse fato pode, em parte, ser atribuído à ausência da devida orientação no momento da lotação dos profissionais na Instituição e à falta de reuniões sistemáticas de estudo em que se discutam temas específicos da profissão, reuniões que, a nosso ver, deveriam ocorrer por iniciativa dos próprios profissionais e/ou dos estagiários do Serviço Social. Será que as reuniões de estudo não ocorrem sistematicamente por não serem consideradas atividade de trabalho?

2.4 — Perguntados se têm ou tiveram estagiário(s) (há menos do que três anos) sob supervisão:

Cinco responderam que tinham estagiário(s) ou tiveram em período inferior a três anos. Outros três entrevistados, apesar de destacarem a necessidade e a relevância da supervisão para a formação de novos profissionais de Serviço Social, não deixaram de salientar o preparo especial do Assistente Social para realizar esse tipo de atividade. Um deles, inclusive, referiu-se a essa atividade como um período em que o profissional tem a possibilidade de retornar aos estudos, como se pode apreciar no primeiro dos trechos de entrevista que serão reproduzidos a seguir:

1. ▶ Proporciona a você a oportunidade de voltar a estudar, repensar sua prática; quando você tem que orientar um aluno [...], sempre pensa melhor sobre suas atitudes.

2. ▶ Acho que não é o fato de ser formada em Serviço Social que te dá capacidade de supervisionar alguém. Acho que para isso é preciso preparo. [...]. Não adianta ser excelente profissional na prática se não tiver arcabouço teórico com que possa trabalhar com o estagiário.

3. ▶ A teoria não é separada da prática [...] tem que ter tempo para se engajar junto com o aluno para conhecer, atualizar [...], porque existem muitas coisas que os alunos trazem que já esquecemos.

Partindo desses pequenos *flashes* da realidade, podemos vislumbrar quanto o cotidiano profissional pode mostrar-se obscurecido pelos atos repetitivos, objeto de pouca reflexão. Vimos argumentos em que os profissionais situam o conhecimento equivocadamente, embora valorizem o processo de supervisão, uma vez que desempenham diferentes funções, ora no trabalho de Assistente Social na Instituição com o usuário, ora no trabalho com o estagiário. Parece que a necessidade do conhecimento qualificado, que viabilize o trabalho criativo e a exigência de compromisso com o constante aprimoramento profissional, aflora apenas em razão do contato com o campo acadêmico, e não por exigência dos desafios diários inerentes à realidade profissional — o próprio cotidiano do exercício profissional institucionalizado do Serviço Social, principalmente em se tratando de terras brasileiras, em tempos neoliberais, e de um campo de trabalho como o que focalizamos, motivos evidentes da necessidade e da exigência de compromisso com constante aprimoramento profissional.

O Assistente Social é um intelectual com intervenção na realidade social, habilitado a operar em área particular, mas para isso precisa decifrá-la com competência, o que significa entender que o particular é parte da totalidade. Assim, cabe exercitar todo tempo sua capacidade de captar criticamente essa realidade que é contraditória e dinâmica, o que pressupõe busca constante de sustentação teórica, política e ética. Essa é a condição do seu trabalho profissional e requisito para a supervisão dos estagiários, contudo aspecto inerente de suas atribuições — parte das atribuições profissionais e função complementar da formação acadêmica, mas diferente da função do orientador da disciplina de estágio da Faculdade de Serviço Social, uma vez que esse cumpre função específica de professor.

É interessante observar que, no intuito de valorizar a formação do aluno, o trecho da entrevista destacado no n° 2 mostra o equívoco do profissional ao referir-se à necessidade de preparo especial para prestar supervisão ao estagiário e, também, ao falar da possibilidade de haver excelente profissional na prática sem arcabouço teórico que permita acompanhar o estagiário: "Não adianta *ser excelente profissional na prática se não tiver arcabouço teórico* com que possa trabalhar com o estagiário". Claro está que o entrevistado não valoriza isso, mas, ao expressar tal ideia, ele a expõe à consideração e, mesmo que seja de modo desatento, afirma essa concepção recorrente e infundada da cisão entre teoria e prática.

Entre os cinco Assistentes Sociais que têm ou tiveram estagiários (por menos do que três anos), três mantêm ou mantiveram contato com as instituições de ensino dos alunos. Entretanto, todos os cinco profissionais enfatizaram a importância desse contato e alguns relataram experiências positivas.

Os dois Assistentes Sociais que não tiveram contato com a Instituição de ensino dos estagiários mencionaram que ela os procuraria em breve.

Por fim, sendo o quarto trecho ora destacado, é interessante apreciarmos parte dos argumentos expressos sobre o tema por um dos entrevistados, que está entre os profissionais que têm estagiários:

4 ▸ Acho que o estagiário é obrigação da gente, porque esse campo sociojurídico é uma espécie de "caixa-preta". Não há oxigenação com o mundo externo. A presença da universidade aqui é muito importante para que se "publicize" o trabalho que é feito, o que é essa "caixa-preta", que lugar é esse da coerção, da repressão e do tratamento — essa "mistura brava" que é esse campo.

Esse profissional, como se observa, além de encarar a supervisão como dever profissional, traz à baila a contradição posta no seu campo de atuação profissional — coerção, repressão e tratamento — e a relevância no estágio de favorecer a percepção crítica do estagiário e a "democratização" da Instituição (dando oportunidade, quiçá, à formulação de trabalhos científicos).

2.5 — Quanto ao desenvolvimento de projeto(s) de Serviço Social:

Três entrevistados afirmaram o desenvolvimento de projetos de Serviço Social. Todavia, dois deles referiram-se ao mesmo projeto, pois um dos profissionais passou a desenvolver um projeto em substituição ao outro profissional quando este saiu de determinado Hospital de Custódia e Tratamento Psiquiátrico por ter sido transferido para outra unidade. Além disso, apesar de três entrevistados afirmarem o desenvolvimento de projetos específicos da área profissional, apenas um deles tinha um projeto escrito, cujo objetivo é "possibilitar a participação das famílias no processo de reinserção social dos Internados". Os outros profissionais se referem a projetos, mas não tinham documentação a esse respeito.

O Assistente Social responsável pelo projeto documentado explicou-nos que realiza trabalho com grupos de parentes dos Internados, visando à troca de experiências e informações. A partir daí, os familiares que quiserem e/ou necessitarem serão atendidos individualmente para orientações e encaminhamentos.

Os outros dois Assistentes Sociais vinculados ao mesmo projeto de Serviço Social relacionam suas atividades aos Internados que estão em vias de deixar o Hospital e que, por isso, residem em uma casa próxima ao Hospital de Custódia e Tratamento Psiquiátrico, que pode ser considerada uma "moradia de transição", ou, melhor dizendo, um local em que a pessoa possa adquirir hábitos cotidianos iguais àqueles de uma pessoa que não está institucionalizada, um preparo para a vida "extramuros". O Assistente Social e outros profissionais trabalham no sentido de viabilizar meios que favoreçam que os usuários desses Hospitais de Custódia saiam para o convívio em sociedade. No caso do Serviço Social, há o trabalho de busca dos familiares, tendo em vista o restabelecimento das relações entre os membros da família e o Internado. Pelo que nos foi relatado, trata-se de um trabalho bastante árduo, pois, se o Internado já tem características que tornam difícil a sua aceitação, imagine-se como fica a situação do Internado desse Hospital diante do fato de grande parte dos delitos cometidos ser contra pessoas da própria família — fato que normalmente acontece em razão de serem essas as pessoas com quem o Internado convivia proximamente. Acrescente-se a isso o fato de esses familiares serem pessoas pertencentes a um segmento populacional pobre que, além de poucos recursos financeiros, tem pouco acesso à instrução e, em consequência, ao conhecimento científico, o que tende a dificultar ainda mais uma percepção mais racionalizada, mais elaborada, distante do senso comum, sobre a condição psíquica do Internado — há também trabalho no sentido de prover aos Internados a documentação necessária para a vida em sociedade, caso não estejam com a documentação atualizada e visando à aproximação dos Internados da rede pública de saúde.

Diante do que viemos expondo, pode-se observar que não há uma orientação que defina a direção do trabalho do Serviço Social no Hospital de Custódia e Tratamento Psiquiátrico do estado Rio de Janeiro. Não há planejamento de organização hierárquica superior ou setor articulador/coordenador do Serviço Social que trace diretrizes para a construção de projetos comuns ou coletivos, projetos cuja emersão vise a assegurar interesses e propostas profissionais em articulação com projetos societários ou propostas comuns defendidas pela equipe profissional. Com relação a isso, à medida que consideramos pertinente a formulação de projetos por profissionais, por trabalhadores assalariados — Assistentes Sociais — que desenvolvem suas ações na arena socioinstitucional e compõem uma categoria que possui um Projeto Ético-Político Profissional, cabe complementarmos com o pensamento de Iamamoto (2007, p. 230), que explicita que:

> Trilhar da análise da profissão ao seu efetivo exercício supõe articular projeto de profissão e trabalho assalariado; ou o exercício da profissão nas condições concretas de sua realização mediada pelo estatuto assalariado [...].
> Em outros termos, a operacionalização do projeto profissional supõe o reconhecimento da arena sócio-histórica que circunscreve o trabalho do assistente social na atualidade, estabelecendo limites e possibilidades à plena realização daquele projeto.

Com exceção de um projeto que já foi citado, não há projeto de Serviço Social documentado.[64] Isso inviabiliza a avaliação do trabalho realizado pelos profissionais da área. Assim, indagamos:

Como avaliar metas, objetivos, finalidades de trabalho, se não há projeto a ser considerado? Como realizaremos a avaliação do trabalho do Serviço Social com alguma objetividade se não podemos contar com um projeto específico e documentado, com definição do que se pretende alcançar, a razão disso e como se pretende fazê-lo? Por que não documentar nossa pretensão por meio da intervenção profissional?

---

64. Não desconsideramos, nas atividades realizadas pelos diferentes profissionais aqui entrevistados, a existência de modo implícito de certas concepções, valores e intenções, mas não apreciamos esse fato como suficiente para a caracterização de um Projeto Profissional. Isso porque, no nosso entender, qualquer Projeto Profissional — mesmo que se trate de projeto de intervenção e tenha elaboração individual — pressupõe finalidade consciente e não pode ser tomado como algo meramente individual, independentemente da categoria profissional e/ou da equipe de trabalho etc.

Se retomássemos de modo direto o que foi discutido no Capítulo 1, caberia destacar que trabalho é atividade consciente que pressupõe projeção, isto é, finalidade consciente. Portanto, como avaliar o trabalho, a realização profissional, sem o conhecimento da sua finalidade?

É importante considerarmos que realizar atividades sem avaliação contínua e sem possibilitar controle social não pode ser confundido com autonomia profissional. Autonomia profissional significa a possibilidade relativa que o profissional, na condição de trabalhador assalariado, tem de imprimir direção às suas ações, logicamente considerando limites impostos por condições que independem da sua vontade, como os limites postos pelas instituições empregadoras. A ausência de avaliação e a falta de controle tendem a desqualificar o trabalho profissional e o serviço prestado à população. Podem, inclusive, encobrir a existência de falhas graves no atendimento ao usuário da Instituição. À equipe de Serviço Social, principalmente aquela que realiza seu trabalho em Instituição pública, cabe assegurar a avaliação sistemática do seu trabalho, que, para isso, necessita ser devidamente elaborado e documentado — a elaboração de programas e projetos é fundamental para a exposição da finalidade, dos objetivos e da metodologia do trabalho profissional. Esses elementos são essenciais à ação profissional e a sua avaliação. A utilização devida da documentação — nos referimos à documentação necessária ao registro e ao planejamento do trabalho em geral — também pode propiciar um conhecimento do espaço institucional, do seu histórico, de suas possibilidades e dificuldades e de indicativos para outros estudos que poderão ser aprofundados pelo Serviço Social e pelas demais áreas profissionais interessadas, tais como estudos sobre os usuários dos serviços institucionais, sobre a rede de serviços públicos necessários ao atendimento dos que estão ou estiveram na Instituição e seus familiares, trabalhos preventivos mais urgentes etc.

Longe de poder limitar-se a uma mera atividade administrativa, a documentação em Serviço Social pode salvaguardar dados importantes que subsidiem as necessárias análise e intervenção desse profissional na realidade.

Diante do exposto, temos de considerar dois aspectos: um que se refere mais diretamente ao profissional, que é o que abordaremos primeiro; e outro que diz respeito, mais especificamente, à documentação. Considerando o que discutimos sobre o capitalismo e sua crise contemporânea no Capítulo 2, sabemos que os trabalhadores aqui entrevistados, assim como os demais, vêm sofrendo as ingerências dessa crise; todavia, sabemos também que não configuram um bloco homogêneo, pois entre eles encontramos peculiaridades e diferentes formas de experiência. Assim, sem que tenhamos o mínimo intuito de esgotar aqui as referências ao trabalhador ora entrevistado nesta pesquisa, mencionaremos algumas de suas particularidades, quais sejam: 1 — o próprio local de trabalho, o qual já traz exigências significativas ao trabalhador, haja vista tratar-se de "Instituição Total" destinada aos considerados loucos-infratores, que, como afirmou um dos entrevistados, são duplamente ansiosos, seja pelo comprometimento mental, seja pelo fato da custódia; 2 — o fato de serem trabalhadores com profissão cujo exercício se dirige fundamentalmente às necessidades da própria classe trabalhadora,[65] e que lidam com política social nesse momento em que o Estado está sendo frontalmente atrofiado e/ou alterado — Estado Mínimo, Estado Penal e/ou Estado complementar para o mercado etc.; 3 — a necessidade de esses trabalhadores recorrerem à jornada dupla de trabalho para garantirem sua sobrevivência — o que nos foi dito informalmente por quase todos os entrevistados (essa questão não fazia parte do roteiro de entrevista). Chegou a ser mencionada pelos entrevistados uma divisão de horário que comporta mais de outro trabalho — ou seja, uma exaustão para assegurar um montante salarial avaliado como "o possível" para a sobrevivência.

Tais aspectos dificultam sobremaneira a possibilidade de trabalho profissional qualificado, uma vez que há evidência de sobrecarga no cotidiano desse profissional. Há, portanto, tendência à realização de

---

65. Consultamos Edison J. Biondi; Jorge Luiz F. dos Santos; Tania Kolker; Márcia L. de Carvalho. *Projeto de apoio à reinserção social dos pacientes internados em Hospitais de Custódia e Tratamento Psiquiátrico do Rio de Janeiro*: SEAP/SUPS, 2004.

um trabalho profissional com rapidez e superficialidade, irrefletido e, dessa forma, empobrecido por sérias dificuldades de investimento em estudos e/ou discussões coletivas.

A esse respeito, cabe destacar a questão da sobreimplicação, com base em texto intitulado *Sobreimplicação: práticas de esvaziamento político?*, de Coimbra e Nascimento (s. d.), cujos autores esclarecem que o acúmulo de tarefas e a produção de urgências, impondo e "naturalizando" a necessidade de respostas rápidas e tecnicamente competentes, tendem à afirmação do ativismo, atendendo à lógica capitalista contemporânea, pela qual o tempo torna-se cada vez mais comprimido e há a exigência da flexibilização das tarefas. Daí a importância de se dar relevo ao conceito de sobreimplicação, que é derivado do sobretrabalho, ou seja, da crença no sobretrabalho, do ativismo da prática que impede a análise do exercício profissional. Sobreimplicado representa, por assim dizer, excessivamente implicado com o que se está fazendo dada a sobrecarga de atividades. Significa estar implicado ao ponto de se obscurecer, embotar-se profissionalmente no exercício das tarefas, perder, de modo significativo, a possibilidade de refletir, de escolher conscientemente, de pensar criticamente, atribuindo significado, ou seja, apreender as diferentes dimensões e nexos da realidade com a qual se está lidando. No entanto, se parece contraditório, isso muitas vezes pode gerar certa sensação de prazer e/ou orgulho profissional, como se o acúmulo de trabalho fosse representação direta de utilidade, de importância ou de prestígio profissional — portanto, algo estimulado e até internalizado, haja vista a ideologia reinante.

Quanto à documentação, o segundo aspecto que ora abordamos, cabe partirmos, com base em Marconsin (1999), da compreensão de que no trabalho social a técnica tem uma teoria subjacente que não é neutra, ou seja, contém uma direção política. Portanto, sendo a documentação um instrumental técnico, também terá a direção política que for dada à ação social em seu todo. Poderá, por exemplo, ser um roteiro destinado ao preenchimento de dados para o controle com fins meramente "burocratizantes" ou para cumprir outra finalidade. Poderá ser documento com destinação diferente, um roteiro cujos dados, após analisados pelos Assistentes Sociais, transmitam informações úteis à população usuária dos programas institucionais e dos projetos do Serviço Social.

Enfim, é relevante observarmos que a documentação não tem função dirigida a um fim determinado *a priori*, como, por exemplo, os interesses institucionais. Contudo, é instrumental-técnico imprescindível em face da dimensão investigativa da profissão e da necessária atitude de acompanhamento, reflexão e avaliação contínuos do trabalho profissional realizado.

2.6 — Indagados quanto à existência de programa de trabalho institucional e seus objetivos, as respostas foram:

Um profissional não soube informar. Três disseram não existir programa institucional e cinco responderam afirmativamente, da seguinte maneira:

1 ▶ Sim, mas não comentou ou destacou os objetivos do programa.

2 ▶ Sim, Programa de Pesquisa de Qualidade: um programa que objetiva levantar necessidades e interesses das famílias dos Internados.

3 ▶ Sim, mas não conheço o programa institucional, apesar de saber que existe.

4 ▶ Sim, Programa de Atuação das Miniequipes, Programa de Recepção dos Pacientes, Programa de Atribuições do Hospital.

5 ▶ Sim, há um projeto institucional denominado Projeto Terapêutico, o qual foi reelaborado inúmeras vezes e encaminhado ao Ministério da Saúde na tentativa de obtenção de recursos para sua execução. Porém, até hoje a verba não chegou.

Como se pode verificar, não existe discussão acerca do programa institucional, sua finalidade e seus objetivos, fato que tem repercussão no desenvolvimento das atividades dos entrevistados. No nosso entender, esse fato concorre para a parca requisição do constante aprimoramento do trabalho profissional, uma vez que não há exigência de explicitação e discussão de projetos componentes do programa, suas atividades, seus objetivos e suas metas etc., tampouco possibilidades efetivamente racionais de avaliação permanente do trabalho realizado.

Segundo Delgado (1992), os Hospitais aqui tratados, antigos Manicômios Judiciários, atendem a funções diversas e muito pouco à função de tratamento. Cabe observarmos, inclusive, que a irresponsabilidade diante do ato cometido pelo portador de transtorno mental e infrator é dificilmente aceita pelos membros da Justiça e pela opinião pública. Isso faz com que sejam criadas formas de punição escamoteadas, que poderiam ser caracterizadas como formas mascaradas de tratamentos obrigatórios, o que tende a transformar a Medida de Segurança em detenções mais longas do que as próprias penas que corresponderiam aos crimes praticados. Mencionamos essa questão por considerá-la pertinente diante do que acabamos de expor, ou seja, a falta de discussão e/ou de programas institucionais dirigidos aos usuários dos Hospitais de Custódia e Tratamento Psiquiátrico.

Seria o tratamento, de fato, a função precípua dessa Instituição pública? Os profissionais têm clareza teórica dos seus objetivos profissionais e dos objetivos da Instituição? O que significam os termos ressocialização e reinserção social, mencionados, às vezes, pelos entrevistados em alguns outros momentos como objetivos profissionais: seriam tratamentos para reformar o Internado[66] — melhorá-lo, tratá-lo, educá-lo —, de modo a tornar possível a sua volta à sociedade? Esses termos são tratamentos que têm a ver com punição, com promoção humana ou com tratamento de saúde? Seriam essas possibilidades compatíveis e poderiam ocorrer concomitantemente? Seriam palavrório para encobrir as verdadeiras intenções da Instituição ou do profissional? Ou, com base nas indagações de Thompson (1983), ressocialização, reeducação e reinserção seriam termos que servem como "fraseologias" que cegam as pessoas quanto à violência dos métodos institucionais empregados, dificultando o surgimento de movimentos de resistência contra eles? Qual o verdadeiro objetivo institucional?

---

[66]. Concepção que focaliza responsabilidade do delito unicamente no sujeito, diferentemente da criminologia crítica.

2.7 — As considerações dos Assistentes Sociais, ao serem indagados acerca da consonância dos objetivos institucionais com os objetivos do Serviço Social (no Hospital de Custódia e Tratamento Psiquiátrico, especificamente no projeto que desenvolviam e com relação ao Projeto Ético-Político do Serviço Social), foram:

1. ▶ Sim, há consonância, mas os objetivos institucionais são mais amplos, abrangem várias disciplinas [...]. Não deve haver contradição entre os dois objetivos [o do Serviço e o da Instituição].

2. ▶ Não há consonância. Os objetivos não são coerentes, nem sei se vão ser, dentro dessa sociedade em que vivemos [...]. Como cidadão e profissional, penso desse modo: a pessoa comete o delito por uma falha da sociedade, da comunidade. Geralmente essa pessoa foi abandonada pela família ou não tinha o remédio; comumente é o caso de pouco respaldo familiar para permanecer no tratamento. Esses são os relatos que temos [...]. Tem uma falha lá atrás [...]. Aí o doente acaba cometendo o delito e, quando comete por falha que está fora dele, é julgado e considerado inimputável [...] e aí o meu questionamento: como a sociedade o coloca num lugar que é uma prisão? Poderia colocá-lo em um tratamento...

3. ▶ Não, temos um regulamento. Outras ligações impedem que possamos atuar em projetos que firam a segurança. A prioridade aqui é a segurança, a prioridade é a segurança no Sistema Judicial. Além disso, a descontinuidade é uma tônica, e isso desmotiva. Quando você está trabalhando com uma família, com um paciente, construindo um processo profissional, e há um desentendimento com algum funcionário, paciente ou detento, você pode ser transferido sem explicação, quebrando o trabalho que está sendo desenvolvido [...].

   Há diferenças nas políticas sociais dos governos.[67] Há governos em que o Serviço Social tem mais liberdade. Existem políticas mais voltadas para os direitos humanos.

---

67. As diferenças são naturais, mas, pelo que pudemos entender, o entrevistado pretende referir-se à descontinuidade que comumente ocorre nos programas dos setores públicos, o que traz muitas vezes sérios prejuízos aos usuários dos serviços. Particularmente, quando trabalhamos como Assistente Social por quase duas décadas em Secretaria do Estado, vivenciamos essa experiência.

4 ▶ Não, não funciona harmonicamente [...]. Em alguns momentos isso acontece, mas isso é uma questão conjuntural, não caminha sempre junto, não [...].

5 ▶ Não.

6 ▶ Sim, na Instituição tenta-se construir uma rede de atendimento para encaminhar o paciente para a rede pública de assistência específica.

7 ▶ Não, os objetivos [da Instituição] priorizam o tratamento médico sem ter em conta os outros profissionais [...]. Eu já falei [...] que o objetivo do Serviço Social é a garantia dos direitos de qualquer cidadão.

8 ▶ Não, acho que nós [Assistentes Sociais] trabalhamos basicamente com a contradição; não há consonância. O projeto institucional é um projeto que responde a um mandato da sociedade, que é segregar, punir e não o verbo tratar. Acredito que é muito mais punição do que tratamento no dia a dia. Do ponto de vista do Projeto Ético-Político, acho que, se internalizamos os Princípios do Código de Ética, trabalhamos na contracorrente disso. Por exemplo, muitos conflitos que tive no Hospital de Custódia e Tratamento Psiquiátrico X com as equipes inter e intraprofissional ocorreram pela *tranca*.[68] Caso haja um Internado que responda mal a um guarda, a um enfermeiro ou que seja malcriado por sentir-se oprimido, ou que é mal-educado por ignorância mesmo, no meu entender isso não é justificativa para colocá-lo na tranca. O que quero dizer é que colocar uma pessoa numa cela fechada, quente, por punição, é no mínimo um equívoco. Temos outros recursos profissionais e pessoais para lidar com falta de educação. Não cabe agir dessa forma, a qual é a punição da punição. O Internado já está segregado da sociedade e aí se segrega a pessoa mais ainda por dez ou quinze dias numa cela, em função de malcriação...

9 ▶ Sim, inclusive comentamos com os estagiários essa parceria que temos com a Instituição. [...]. Nosso trabalho pode ser desenvolvido porque encontramos esse apoio.

Como mencionamos, não há projetos do Serviço Social que partam de propostas conjuntas, menos ainda coletivas. Tampouco há documentação que torne possível uma avaliação contínua das metas,

---

68. O termo será explicado, adiante, na própria explanação do entrevistado.

dos objetivos e das finalidades. Não há programa institucional que alicerce o planejamento das atividades realizadas e seja um elemento estratégico para o trabalho da equipe profissional.

Pelo que pudemos apreender, cabe citar, indo um pouco adiante, a inexistência de uma política penitenciária para alicerçar os programas, os projetos e as atividades institucionais. Ou, em outros termos, conforme Pereira (2006), há evidência de uma "política de não ter política".

Acreditamos que esses fatores constituem limites para a definição e a discussão dos objetivos aqui tratados, fazendo com que, em geral, os entrevistados não exponham argumentos claros. Não aparecem comentários específicos acerca dos objetivos do projeto de trabalho, e, no que se refere ao atual Projeto Ético-Político do Serviço Social, apenas um Assistente Social (o de nº 8) teceu comentário deixando evidente que, no seu entender, há sérias dificuldades de respeitar aos Princípios do Código de Ética Profissional na Instituição. Quanto aos objetivos institucionais, alguns aspectos devem ser destacados: há profissionais que parecem considerar que o Serviço Social e a Segurança estariam naturalmente em posições opostas, uma vez que eles não observam no Serviço Social nenhum vínculo com controle, o que não corresponde à realidade, pois a história dessa profissão mostra-nos uma realidade diferente.[69] Mostra que é uma profissão cujas ações se dirigiram, a princípio, fundamentalmente para o campo político-ideológico, exercendo funções de controle social junto às classes trabalhadoras, no intuito de difundir a ideologia oficial. Esse fato só foi modificado mais tarde, a partir de meados de 1960, como já discutimos aqui, ao tratarmos do Movimento de Reconceituação do Serviço Social (e de seus desdobramentos) e do rumo histórico tomado por essa profissão. Desse modo, essa leitura do Serviço Social denota um equívoco em face da sua história e denuncia certa compreensão da sociedade, ou, melhor, significa uma idealização que repercute na intervenção profissional (ver respostas nº 2 e nº 3).

---

69. A esse respeito, consulte-se Cleier Marconsin e Valeria L. Forti. "Instituição policial e Serviço Social: interseções e divergências". In: VIII ENPESS. Juiz de Fora — MG, 2002.

Além disso, a referência feita à transferência do profissional sem justificativa, e sem que haja qualquer preparação dos Internados que estão sendo acompanhados pelo profissional, é situação a ser analisada à luz do Código de Ética Profissional, pois nele está prevista (ver resposta n° 3). Houve expressão de um profissional que limita os objetivos do Serviço Social à atividade de encaminhamento, o que parece favorecer avaliação de consonância entre os objetivos do Serviço Social e os objetivos da Instituição (resposta n° 6). Há também entrevistado que acredita que não *deve existir* conflito entre objetivos profissionais e objetivos institucionais, evidenciando sua concepção da possibilidade de funcionamento harmônico entre eles. Nosso questionamento é: estariam aí sendo levados em conta os Princípios Fundamentais do Código de Ética Profissional?

Retomando a expressão do entrevistado:

> Sim, há consonância, mas os objetivos institucionais são mais amplos, abrangem várias disciplinas [...]. Não deve haver contradição entre os dois objetivos [o do Serviço e o da Instituição].

Por fim, além de salientarmos que entre essas respostas temos ratificada a afirmação de Pedro Delgado (1992), exposta no item anterior, quanto ao fato de a função institucional voltar-se basicamente para a punição e não para o tratamento, é interessante notar como a última resposta (a de n° 9) diferencia-se das demais:

> Sim [há consonância], inclusive comentamos com os estagiários essa parceria que temos com a Instituição. [...]. Nosso trabalho pode ser desenvolvido porque encontramos esse apoio.

2.8 — Os Assistentes Sociais, avaliando as condições de trabalho nos Hospitais de Custódia e Tratamento Psiquiátrico, responderam:

1 ▶ Trata-se de um Hospital com estrutura possível de desenvolvermos trabalhos, mas o profissional tem que querer trabalhar [...], dedicar-se, fazer projeto, ir por conta própria ao campo e, por exemplo, fazer entrevistas, filmagens, assistir os pacientes.

2 ▶ Acho que esse é um Hospital de equívocos [...] não tem uma rotina de tratamento. [...]. Outra coisa, [...] alguns pacientes chegam tão mal que não é possível encontrarmos a família. Isso é com o Serviço Social, teríamos que pesquisar [...]. Ele [o sujeito] foi preso em uma delegacia, e a família às vezes nem sabe que ele está preso. Como poderemos localizar a família via computador ou pesquisa via Internet? Não temos nada informatizado. Hoje não temos nem telefone na sala. Computador, nunca tivemos. Ficaria mais fácil até mandar *e-mail* para o CAPS[70] — Centro de Atenção Psicossocial —, solicitando busca de determinado atendimento.

Não temos viatura para visita domiciliar. Às vezes, utilizamos nosso próprio carro para ver isso.

Quando temos que ir a uma audiência importante, como, por exemplo, uma audiência de desinternação, um fato que lastimamos é quando ocorre a ida de um Internado no carro do SOE — Serviço de Operações Especiais —, a mesma viatura que conduz os presos comuns para as audiências.[71] Estamos com a ambulância quebrada há anos. Tudo dificulta a ação do Serviço Social: fazer uma visita domiciliar, levar o paciente para uma saída. Havia saídas terapêuticas que eram realizadas pelos terapeutas ocupacionais. Não são passeios apenas, servem para os pacientes crônicos observarem como está a vida lá fora, mas hoje em dia não tem mais [...]. O paciente tem ficado incomunicável mesmo [...]. Há meses, uns quatro ou cinco meses, não temos nem telefone. As condições de trabalho são muito precárias [...]. Remédios não poderiam faltar, mas faltaram em alguns períodos. [...]. As mulheres não têm garantia de assistência médica, não podem ir ao hospital para exames, como, por exemplo, exames ginecológicos, não têm o direito de transitarem, portanto, o Estado tem de garantir os exames, mas não faz. [...]. Nós nos sentimos até coniventes com essa situação. Mas a quem nos queixar? A Coordenação [de Serviço Social] também tem essas limitações? Aqui o Internado não tem voz, nem tem que ter, é para

---

70. Desde os anos de 1980, a Reforma Psiquiátrica no Brasil traz o Centro de Atenção Psicossocial como uma alternativa para substituição gradativa aos hospitais psiquiátricos. Além dessa alternativa, há outras propostas do Movimento Antimanicomial, como lares abrigados, centros de convivência, residências terapêuticas, entre outras.

71. Fomos informados de que isso não é permitido, sendo desobediência de norma institucional. Os Internados dos Hospitais de Custódia e Tratamento Psiquiátrico devem ser conduzidos para audiência em ambulâncias.

segregar mesmo, para separar [evidência da segregação institucional]. Se nós temos tanta dificuldade, parece que eles [os Internados] são punidos duas vezes: uma por estarem presos, outra por terem transtorno mental.

3 ▶ Precárias. Faltam condições de trabalho. Não há viatura para contato com os familiares dos Internados. No âmbito administrativo, o material de escritório é trazido de casa: o governo não pagou, não tem, acabou. Antigamente, se podia mandar carta, aerograma, mas como fazer hoje? Tirar do próprio bolso para todos? Não é possível. Quando é uma emergência, até se faz isso.

4 ▶ Hoje acho que há algumas mudanças que estão possibilitando melhor trabalho, em algumas propostas. O espaço físico é complicado. Nossa antiga sala era boa, mas foi tomada por outro serviço e essa nova não atende às necessidades das nossas atividades. Não há mais linha telefônica, o que dificulta nosso contato com o lado de fora da Instituição, e os pacientes ficam o tempo todo querendo telefonar. O espaço para realizarmos atendimentos individuais está complicado. A visita não tem espaço físico, ficam uns do lado dos outros apertados, sem privacidade. O que nos alegram é que isso acontece em função do número reduzido de agentes penitenciários [...]. Estão sendo feitas obras para melhorias nas enfermarias dos Internados. O material de higiene dos Internados às vezes é fornecido por doações de instituições religiosas, pois o Hospital não garante esse material.

Os pacientes crônicos deveriam ter uma assistência clínica mais estruturada, mais regular. Apesar de hoje contarmos com um Hospital Central no Sistema Penitenciário, nos vemos em dificuldades para conseguir cuidados para esses Internados, quando se trata de determinados atendimentos especializados. No Posto de Saúde, eles têm direito como qualquer cidadão, mas há dificuldade de atendimento; talvez seja por certo medo dos profissionais do Posto de atenderem os Internados dos Hospitais de Custódia e Tratamento Psiquiátrico.

5 ▶ As instituições prisionais não nos oferecem nenhuma segurança. Na verdade, todos aqui estamos sujeitos a qualquer tipo de violência, não se sabe de onde partirá. E no caso do Hospital Psiquiátrico ainda mais, pois você não sabe a reação do paciente; por mais medicado que ele esteja, por mais "cronificada" que esteja a doença, nunca sabemos. O ser humano é imprevisível, imagine uma pessoa que não tem controle mental, a qual

não tem lucidez estabilizada, fica difícil. Todo dia, quando saímos daqui, é como se tivéssemos matado aquele leão e conseguíssemos ir em frente.

6 ▸ É um ambiente organizado, limpo. A direção atual está tentando proporcionar melhorias. [...]. Acho que temos condições de trabalho, sim. A sala do Serviço Social? É pequena, é apertada, não temos individualidade no atendimento, pois, se houver outro profissional atendendo, não há privacidade. Porém, há outros espaços. Pode-se buscar outra sala.

Temos um computador, um computador lerdo, é verdade, mas a unidade possui Internet, temos que nos locomover, não há *xerox* e Internet à mão. O telefone foi cortado, não é questão do Hospital. É uma questão política mesmo [...], você precisa ter acesso à família e o telefone está mudo. Ficamos de um lado para outro com as pastas penduradas, no meio do corredor, telefonando. O paciente vê o telefone e diz: "Ah!, queria tanto contato com a minha família", e o telefone completamente mudo. Então, tem essas dificuldades, a falta de cuidados de uma forma geral [...]. Não temos viaturas. As visitas domiciliares não podem ser feitas. [...]. Temos que olhar no planejamento. Claro, todo mundo tem que olhar no planejamento. Mas o dia a dia é tão sufocante que você tem que estar muito atento para fugir desse cotidiano e conseguir se organizar a esse ponto, se organizar compatibilizando a necessidade com a possibilidade de um planejamento apertado. O cotidiano do trabalho no Sistema Penitenciário já é envolvente, já traz questões extremamente envolventes. Trabalhar com paciente psiquiátrico preso, custodiado, é trabalhar com pessoa muito ansiosa. Se no Sistema o preso comum já é ansioso, com o transtorno psiquiátrico isso é duplicado, o que nos envolve demais, desgasta o profissional, envolve o profissional, e se o profissional não tomar cuidado...

[...] As condições não são como gostaríamos que fossem, encaminhamos os Internados para a enfermagem para cortar as unhas, por exemplo, e pouco adianta. [...] Pouco adianta, eles continuam com os pés no chão na semana seguinte [...]. O paciente não tem sabonete, pasta de dente, escova de dente, como deveria ser um hábito. Vários têm porque a família traz, outros porque levamos. O Serviço Social sempre tem o sabonete, a pasta, mas porque trazemos. Eu compro sempre e deixo lá [...].

A Odontologia veio perguntar se não conseguiríamos escovas de dente. Por que o Serviço Social deveria conseguir essas escovas?

Esse assunto deveria ser encaminhado pela Odontologia à direção. Indagaram se não fazíamos palestras. Respondemos que sim, mas dependia do tipo de palestra. Sobre escovação, logicamente, não fazíamos. Explicamos que poderíamos até auxiliar na motivação dos Internados a participarem de evento nesse sentido. O Serviço Social pode se engajar numa palestra promovida pela Odontologia ou por outro setor, mas não é nossa competência o tipo de atividade que a Odontologia parece pretender.

7 ▶ Não temos como manter o sigilo profissional, o qual está no nosso Código de Ética. Na nossa sala, são três Assistentes Sociais e dois estagiários, e ficamos juntos; a questão do sigilo torna-se impossível. Além disso, faltam condições práticas, pois não há telefone na sala, não temos computador nem fax. Às vezes, temos que buscar informações de pacientes em outras cidades ou em outros estados. Como podemos entrar em contato? Temos que nos dirigir ao outro prédio, pedir para usar o telefone da direção, e isso prejudica o nosso trabalho.

8 ▶ Do ponto de vista da cultura institucional, há um viés muito forte de segregação e punição. Até porque os agentes de segurança, todos eles, vêm de experiências de cadeia sem nenhum preparo, nem para ingressar na cadeia. Cabe imaginarmos o que significa essa falta de preparo para lidar com pessoas que têm transtorno mental. Olham como indisciplina, por exemplo, a manifestação de um paciente "surtado" que está batendo em todo mundo e que precisa ser contido, sim, mas do ponto de vista psiquiátrico.

Quanto às condições materiais, temos uma sala para quatro profissionais e dois estagiários, o que significa inexistência de sigilo. Isso é sério, especialmente nos dias de visita, quando a sala vira "uma doideira". É situação para fechar o ambiente, pois contraria a Lei de Regulamentação da Profissão e o próprio Código de Ética. Acho que nos Hospitais de Custódia e Tratamento Psiquiátrico há pouco compromisso com a questão da capacitação profissional. Se compararmos, os Assistentes Sociais da cadeia buscam mais, se envolvem mais com esse aspecto.

Acredito também que os Assistentes Sociais dos Hospitais de Custódia trabalham muito, necessitam ter mais de um emprego para sobreviver. Bem, mas não sei se é só isso, talvez os colegas não prezem tanto a capacitação, e ela já é também a própria condição do nosso trabalho e, por isso mesmo, é um dos Princípios do nosso Código de Ética.

9 ▶ De modo geral, podemos dizer que somos privilegiados, temos uma sala, local para fazer nosso trabalho com grupos de familiares [...], somos privilegiados aqui.

O teor dessa explanação permite-nos inferir que, em linhas gerais, são difíceis as condições de trabalho para os Assistentes Sociais na Instituição, com evidente exceção para o último entrevistado (nº 9). Além disso, há aspectos como o sentimento de angústia do profissional pela ameaça sofrida devido à falta de segurança no local de trabalho; ausência de capacitação dos agentes de segurança para lidar com os usuários da Instituição; e espaços físicos evidentemente impróprios para o atendimento dos usuários e de seus familiares, segundo os fundamentos, os Princípios e os artigos do Código de Ética da Profissão.

Cabe apreciar a falta de recursos mínimos necessários para a realização das atividades profissionais, tais como: material de escritório, telefone, viatura, pessoal de segurança capacitado, material de higiene, tratamento clínico e medicamentoso. Temos de considerar que aqueles Internados provavelmente chegaram ao delito pela falta de acompanhamento médico e de medicamentos. Como podem essas pessoas ainda sob a guarda do Estado, após cometerem o delito — o qual deve ter ocorrido pela ausência de política pública — e serem consideradas inimputáveis, ser outra vez deixadas sem a devida assistência?

Resta-nos indagar se há o entendimento equivocado de que bastaria a equipe profissional no quadro funcional da Instituição para que o produto do trabalho desses profissionais fosse concretizado. É como se esse produto dependesse única e exclusivamente da contratação — do aspecto formal — e da intenção e/ou da boa vontade do profissional. É interessante observar que é comum não haver correspondência entre o investimento no quadro funcional e a provisão dos meios necessários para viabilizar resultados — ou seja, o alcance de objetivos e finalidades em acordo com programas institucionais bem definidos, claros e explicitados para o corpo profissional e para a população usuária dos serviços institucionais.[72] O entrevistado nº 6, ao referir-se à solicitação do profissional da Odontologia, levanta um aspecto importante, ou melhor, exemplifica em parte o que dissemos, ao trazer à baila o fato de uma Instituição em que não há nem condições mínimas de higiene, inclusive oral — sabonete, pasta e escovas de dente —, investir em profissionais da área odontológica para o seu quadro funcional.

Enfim, temos de observar que são bastante complexas as condições com que se pretende lidar; a questão é tão delicada que supõe normalmente um trabalho de médio e longo prazos, um trabalho sistemático, aprofundado e qualificado. Esse é o caso dos Hospitais de Custódia, com expressiva repercussão no trabalho do Serviço Social. Além disso, destaca-se ainda a visível diferença na última resposta dada, a resposta nº 9. Provavelmente, isso acontece (ao longo da entrevista) em decorrência de vários fatores, que não cabe aqui comentar, dado o compromisso de sigilo. Poderemos apenas fazer referência ao fato de considerarmos que, em grande parte, o profissional limita sua análise à unidade em que trabalha e à sua relação profissional com a direção da unidade, esvaziando seu foco de análise do nexo de conjunto e, por conseguinte, não se aproximando de uma percepção de totalidade. Pelo que pudemos saber, essa direção de unidade vem realizando no local um trabalho administrativamente competente.

2.9 — Considerações dos Assistentes Sociais entrevistados acerca da interferência das condições de trabalho da Instituição no seu exercício cotidiano de trabalho nesse espaço Institucional.

1 ▶ Sim, há interferência. Se não temos uma sala com luz, cadeiras e mesa, o mínimo de material, como realizar nosso trabalho? Como trabalhar se faltar papel, caneta ou computador? Não é muito pedir por essas coisas, mas, avaliando a realidade da Secretaria, ainda existe falta de estrutura.

---

72. Em página anterior, fizemos referência à possível inexistência de política penitenciária para respaldar o trabalho institucional. Parece-nos que no item 2.8, especialmente, esse argumento ganha reforço.

2 ▶ Sim, totalmente. Quando há um agente de segurança mais agressivo, nosso trabalho fica mais difícil. Caso faltem remédios, como podemos atender psicóticos, se não estão medicados? Não conseguimos conversar com os pacientes, tampouco é possível chegarmos aos familiares para prestar qualquer apoio. As famílias geralmente não têm condições de vir nesse período da visita; até o dinheiro da passagem para eles é muito difícil. Nós não temos meios para facilitar [a vinda dos familiares].

A população internada nos Hospitais não difere daquela dos presídios em geral. É uma população pobre e negra, geralmente. Agora, os dependentes químicos têm outra característica. Têm outra condição financeira, inclusive. E como se criou um polo [para atendê-los], quando percebemos que se trata de dependente químico, vai direto para lá, pois aqui não é local possível de tratá-lo. Agora, quando o paciente é dependente químico e portador de transtorno mental, a situação fica bastante complicada, até mesmo para trabalharmos.

3 ▶ Sim. Poderíamos ter um resultado bem melhor se tivéssemos melhores condições de trabalho.

4 ▶ Sim. Se tivéssemos melhores condições [de trabalho], faríamos um trabalho melhor.

5 ▶ Sim. Não temos estrutura nenhuma para trabalhar. [...]. Tenho percebido boa vontade da direção atual da unidade em superar, mas é muito difícil assegurar um suporte. Não temos material suficiente. Para fazer visita domiciliar, não temos veículo adequado. Temos muita necessidade de [realizar] visita domiciliar. Inclusive, hoje, com a questão da violência, não podemos utilizar viatura oficial. E, mesmo sem carro oficial, como entrar com segurança numa comunidade, numa área favelada? Como você sabe, a maioria de nossa clientela, aquela que está aqui internada, mora em áreas difíceis.

De um tempo para cá, estamos trabalhando aqui com a porta aberta. Não podemos mais fechar a porta em decorrência de algumas reações que certos pacientes tiveram. Estamos muito preocupados com o que possa acontecer. Enfim, não temos estrutura nenhuma para trabalhar.

6 ▶ Sim. Eu gostaria de ter mais instrumentos de trabalho, uma viatura à disposição, alguém para dar andamento a vários documentos. Se tivesse quem digitasse o que faço, adiantaria muito o meu serviço. Eu penso, executo,

eu faço tudo. O Assistente Social aqui tem que fazer tudo. Não tem funcionário administrativo no Serviço Social. Há funcionário administrativo na unidade, funcionário do Hospital. Quando elaboro um relatório, tenho que digitá-lo; se penso em fazer um novo formulário, tenho que pensar, organizar, digitar. Os arquivos, os documentos, enfim, tudo é organizado por nós, pelos Assistentes Sociais. Você se preocupa e se ocupa com essas coisas todas e ainda tem que atender ao paciente, às famílias, realizar contatos com as instituições. Não há a quem você se dirigir e solicitar: "procure o telefone disso ou daquilo". É você quem vai procurar por tudo. Se houvesse funcionário, o Assistente Social usaria devidamente a sua capacidade. Não se desgastaria com atividades burocráticas, deixando de realizar projetos.

7 ▶ Sim. Quanto à questão do sigilo, muitas vezes, estamos atendendo alguém e temos que pedir que nosso colega saia da sala para que se torne possível tocarmos em certos assuntos. Há pacientes de outros estados que gostaríamos de ter contato com os familiares e não podemos, pois não há disponibilidade de telefone. Há casos em que necessitamos conversar com o defensor ou com um familiar sobre o andamento de um processo de um dos Internados e não podemos. Observamos que esse processo talvez pudesse ter outro encaminhamento e não tem como. A questão da segurança, eu também acho que atrapalha. Tem poucos agentes penitenciários; na verdade, há poucos em todo o Sistema Penitenciário. Eu levei a estagiária para conhecer o local onde as mulheres [Internadas] ficam, é limpo, com segurança apenas na porta. A estagiária gostou de conhecer o local, solicitou conhecer o local onde ficam os homens. No entanto, para levá-la até lá, precisamos de agente que nos dê segurança, precisamos de um agente que fique à nossa disposição ou pelo menos no corredor, e não temos agente que fique à disposição ou que fique no corredor quando estamos na sala atendendo. De jeito nenhum esse agente ficaria perto, quando estivéssemos atendendo, mas deveria ficar próximo. Outro dia, houve uma tentativa de estupro de uma de nossas colegas, não era uma Assistente Social.[73] Acho que, se não devesse ter um agente sempre ali

---

73. Diferentemente de outras áreas do Sistema Prisional, não há possibilidade de Visita Íntima, ou seja, prática sexual com parceiros externos como um direito assegurado institucionalmente. Isso não seria um aspecto preponderante a ser considerado em face do tratamento de pessoas portadoras de transtornos mentais?

próximo da sala, caberia um sistema de alarme, algo que favorecesse nossa segurança, e isso não tem, o que atrapalha.

8 ▶ Sim. Já falei sobre a questão da cultura institucional, da segregação e da punição, que têm implicação direta nas condições de trabalho. As condições materiais também ferem até o próprio Código de Ética, no aspecto do sigilo profissional, por exemplo. O que se vive no Hospital de Custódia é uma política pública que não posso nem chamar de frágil, mas de algo distorcido, equivocado, um "tipo de não política".

9 ▶ Sim. Só ajudam e contribuem. Temos telefone, quando precisamos de aerograma ou selo, podemos contar com isso, pois temos uma direção parceira mesmo. Não sentimos dificuldade de realizar o nosso trabalho. Viatura é mais difícil. Até porque não utilizamos carro oficial para visita domiciliar. É perigoso irmos para determinadas comunidades com carro oficial. Caso haja necessidade de visita, utilizamos carro particular, dos próprios técnicos.

2.10 — Indagados acerca dos serviços prestados pela Instituição aos usuários, os entrevistados responderam:

1 ▶ De todos os locais em que trabalhei, este foi onde vi maior integração entre os membros da equipe técnica. Há organização desde a recepção até o atendimento ao Internado. Existem serviços como arteterapia, programação de eventos, passeios, mas não há veículos para isso.

2 ▶ É péssimo. A comida não é boa. [...]. Sobre o Sistema Penitenciário todo, quando chegava um preso de delegacia, ele vinha verde, imundo, sujo. Não tinha família e aí ficava sem sabonete, sem pasta de dente... e a higiene, como fica? Os nossos Internados têm grande dificuldade de manter o asseio. [...]. Fizemos campanhas de doação para que os Internados recebam sabonete, pasta de dente. Há quem traga, mas na verdade não vejo o benefício. Há épocas em que não tem lençol, não tem colchão. "Ah, eles estragam", dizem. Eles têm que ter condições de tratamento. Eles estão aqui para isso, para serem tratados, e se tratam com o quê? Não seria com condições dignas? E onde estão essas condições? E quem vai gritar por eles? E, o que é o pior, nem falemos de condições materiais. Vamos pensar na assistência jurídica, essa é muito falha. A Defensoria Pública só vem aqui uma vez por semana, quando vem. Há um defensor para

várias unidades, o que nos leva a compreender as dificuldades desses defensores. É uma luta dura, até angustiante. É defender aquele que não tem voz. Você tem que se libertar disso, se ficar pensando... O próprio Judiciário é muito lento, as decisões são muito lentas [...] você pode até perder um exame [...], a saída do paciente demora quatro ou cinco meses, muito lento, só para sair daqui.

3 ▶ É regular [...]. Aqui a família se sente tranquila porque se trata de determinação judicial, tem de ser cumprida. Agora, na rede pública, conseguir atendimento para a saúde..., percebemos que as pessoas estão apodrecendo na espera.

4 ▶ Até se tenta fazer o melhor, mas as dificuldades existem em nível do próprio Estado. A saúde está num processo de sucateamento; isso aqui reflete a política estatal. A falta de medicamentos acontece apenas aqui. Se não temos medicação, caso haja uma crise psiquiátrica, procuramos lidar da melhor forma possível com a situação. A equipe se desdobra em acompanhamento para evitar maiores problemas. Outra coisa é quando o Internado passa mal e não tem atendimento, não tem a especialidade para atendê-lo. Não tem vaga no hospital municipal nem em outro hospital qualquer da rede pública que possa atendê-lo.

5 ▶ É ruim, muito ruim. Os Assistentes Sociais não têm condição de trabalhar com qualidade e os Internados também não têm condições de sobreviver com dignidade. Falta tudo aqui. Material de higiene pessoal, os Internados vivem de assistencialismo. O Serviço Social consegue roupas. Fazemos campanhas de arrecadação de sabonete, chinelo, papel higiênico, porque eles [os Internados] não têm. É uma coisa assim muito "imediatista", acabou, acabou. Há situações pessoais também. Há amigos que doam. Tenho amigos religiosos que doam roupas. Um deles tem um táxi e traz as roupas até aqui. Os profissionais acabam fazendo esse assistencialismo.

6 ▶ Os profissionais sempre estão disponíveis para o atendimento aos pacientes e à família [...] dentro do Hospital o atendimento à família e ao paciente, prestamos muita atenção.

7 ▶ É muito precário. A maioria que está aqui é de baixa renda. São pessoas que estão sem família há muito tempo. Não têm ninguém que traga produtos de higiene ou uma coisa diferente para comerem, quase todos passam por isso. A comida, tem épocas que está pior, os Internados reclamam

muito. Sabão em pó é coisa que não tem há muitos anos, o que faz com que as roupas sejam lavadas apenas com água. Todos nós sabemos que existem pacientes aqui doentes não apenas psiquiátricos; existem outras enfermidades. Não desconhecemos que há diabetes, HIV, e essa roupa é lavada apenas com água há muito tempo. Quem tem família pode lavar sua roupa separadamente com o sabão que ela traz, se trouxer; mas quem não tem, sua roupa é jogada na máquina e sai aquela coisa cinza-escura. Essa parte de higiene aqui é horrível. Fui outro dia [...] com um dos nossos pacientes dentro da área masculina, o cheiro lá é horrível [...], você vai se aproximando e aquele cheiro vai aumentando. Quer dizer: não há higiene.

Sinto falta de uma escola aqui. Não há projeto educacional para os Internados. Os pacientes poderiam aprender a ler, estudar, dar continuidade aos seus estudos. Poderia não ser uma escola tradicional, mas um grupo de estudo, um grupo de leitura. Mas não tem nada. Isso faz com que as pessoas fiquem muito ansiosas aqui dentro. Não há atividade esportiva também não. Há banho de sol, em que um ou outro Internado pega a bola e brinca um pouquinho, mas sem qualquer orientação esportiva.

Quanto ao lazer, no trabalho em equipe, nós discutimos qual Internado tem condição de sair; tentamos realizar o trabalho de saída terapêutica assistida. Apesar de esse tipo de trabalho ser muito produtivo, não temos transporte para levar os pacientes para os passeios. Ficamos cheios de projetos: vamos juntar fulano, beltrano, seis ou sete pacientes e levá-los ao cinema ou ao parque, levá-los para conhecer alguma coisa, ir ao museu, ao zoológico... só que no final não conseguimos levá-los para lugar algum. Eles ficam muito ansiosos, principalmente depois que a saída terapêutica é autorizada pelo juiz. Os Internados ficam aqui no Hospital... uns estão aqui há 20 ou 30 anos e não sabem como o mundo está lá fora, não têm ideia de como está o Rio de Janeiro, e estão autorizados a sair, sem poderem fazê-lo.

As famílias dos Internados, depois de muitos anos, realmente perdem o contato com eles. Os Internados são pessoas que mataram, comumente, parentes — a mãe, o filho, o marido etc. Por isso, é difícil a família aceitar que voltem, é difícil querer manter contato com essas pessoas. E nós, muitas vezes, não podemos fazer nada, por falta de meios, coisas básicas. Como sair com essas pessoas para providenciar documentação? Gostaríamos de sair com o paciente, resgatar algo, não temos como. É dificílimo conseguirmos fazer uma visita domiciliar. Nunca consegui fazer uma aqui.

Acho que nenhum dos Assistentes Sociais conseguiu também. Por qual motivo? Por conta de falta de transporte.

8 ▶ Acho que os serviços de custódia e guarda pelos quais o Estado é responsável são péssimos. A hospedagem, a comida e a higiene são péssimas. Os ambientes dos profissionais da direção, do pessoal administrativo e dos técnicos são limpos; há uma firma de limpeza terceirizada responsável por isso. Porém, as celas, pelo que sabemos, são entregues para os Internados limparem, sem que haja material de limpeza. São lavadas com água e pronto.

Outra coisa que é muito ruim são as atividades cotidianas. Não há atividades musicais nem atividades de ginástica. Deveriam existir recursos para trabalharem o corpo, pois são pessoas portadoras de transtorno mental que utilizam remédios que enrijecem a musculatura. Isso é observável na própria expressão facial do doente, apesar de ser utilizado outro tipo de remédio para tirar um pouco essa sequela. Dessa maneira, trabalhar o corpo dessas pessoas é muito importante, mas não existe esse recurso no Hospital.

Os funcionários que trabalham com esse tipo de usuário têm que ser capacitados para uma boa escuta. Ter uma boa escuta é fundamental para entendermos os problemas dos pacientes nesse ambiente. Isso é importante; significa não termos preconceito com aqueles determinados fulanos. Mas isso não acontece; nem todos os funcionários têm uma boa escuta. Quanto aos serviços, nem sempre são serviços; às vezes, não são serviços se empenhando com objetivos profissionais que ultrapassem a mera burocracia, o que a Vara de Execuções exige. Agora, dentro disso tudo, há uma coisa muito séria para observarmos, que é a contradição do sujeito excluído a tal ponto, por diversos motivos, que só terá acesso a certos direitos em instituições penais — o que é dramático. O sujeito chega ao Hospital de Custódia, por exemplo, e diz que nunca fez um exame de tal natureza, mas sofre daquela doença há muitos anos, pode ser no ouvido ou no pulmão ou outro tipo qualquer. Só vai se tratar quando chega ao Sistema Penal. É uma inclusão que se pode chamar, no mínimo, dramática. Aliás, a prisão hoje tem essa função.

9 ▶ Eu avalio de forma positiva. Observo que os Internados nessa Instituição são respeitados. Trata-se de um Hospital com menor número de Internados do que a sua capacidade de atendimento. Isso possibilita qualidade no

atendimento do usuário. Até porque nós nos dividimos em miniequipes e os Internados são atendidos por essas miniequipes em grupinhos menores. Então, pela atenção que eles têm aqui, avalio como positivo.

2.11 — Quanto à avaliação dos serviços prestados pelo Serviço Social, os entrevistados responderam:

1. São serviços importantes e de ordem prática que não podem ser feitos, na maioria das vezes, por causa da falta de pessoal, da falta de estrutura e recursos externos.

2. É um serviço muito fragilizado [...] não tem autonomia, não tem verba específica do Serviço Social [...] tudo temos que pedir muito, tudo é muito difícil.
Trabalhamos o paciente visando ao retorno dele. Fazer o seu tratamento e voltar. Esse retorno é muito difícil [...]. Por mais que você acredite nisso, principalmente quando ele não tem apoio familiar [...]. Às vezes, a gente discute: mas ele está bem, o que vai ficar fazendo aqui? Para onde ele vai, se não tem o apoio da família? Temos urgência de lugares que abriguem aqueles que podem ser desinternados e não contam com familiares — casas do tipo residências terapêuticas.

3. Precário, poderia ser melhor, bem melhor se houvesse condições melhores para o trabalho.

4. O Serviço Social lida com questões práticas, questões concretas, e isso complica, porque não cabe ao Serviço Social dar conta de questões que a Instituição não é capaz, mas que muitas vezes chegam até ele [o Serviço Social].

5. Temos muita dificuldade para desenvolver aquele trabalho teórico que aprendemos na faculdade. A equipe interdisciplinar do Hospital tem dificuldade de entender qual é o papel do Serviço Social. Para eles, temos que arranjar uma roupinha, um calçado, permitir telefonemas. Ajudar. Essa é a nossa função: ajudar. Não estamos nos desvinculando da ajuda, mas gostaríamos que entendessem que não só ajudamos. Queremos que o paciente cresça, seja promovido socialmente, seja reintegrado. O papel do Serviço Social ainda é deturpado, por mais que a gente tente mostrar que a finalidade do Serviço Social não é só assistir [...]. Temos essa dificuldade ainda.

6 ▶ Trabalhamos muito na informação sobre o paciente, possibilidades e tempos de acompanhamento. Chamo constantemente o profissional da psicologia para atendimento, oriento para que possam agendar atendimento com o médico. Estamos cobrando muito da Defensoria Pública para prestar um atendimento eficaz aos Internados. Estamos trabalhando em muitas frentes. O que é possível temos feito.

7 ▶ Encontramos dificuldades de contato com as famílias dos pacientes. Pedimos aerogramas e até agora não chegaram. Cortaram nossos telefones e os seguranças só permitem o uso do telefone com o Assistente Social do lado, junto do paciente. O contato do paciente com a família fica difícil. E fica difícil porque não somos telefonistas para parar o serviço e darmos telefonema com os pacientes; esse não é o nosso papel. Sem aerograma, sem telefone, sem viatura, é dificílimo tentar resgatar os laços familiares e ajudar a pessoa a reencontrar seus laços com a sociedade; não temos como fazer isso aqui. Falta transporte, atividade de lazer, esporte... Falta muita coisa.

8 ▶ Apesar dos limites impostos pelas difíceis condições de trabalho, há possibilidades muito ricas no cotidiano do Assistente Social no Hospital de Custódia; dependerá muito do engajamento desse profissional, do seu compromisso em não se deixar incorrer na "rotinização". Há uma distinção de que gosto muito, aquela que mostra que podemos ser responsáveis tecnicamente sem que estejamos com isso garantindo responsabilidade ética. Podemos ser excelentes burocratas e tecnicamente termos vencido todas as etapas do processo, mas não necessariamente estar desse jeito comprometidos com o fim da ação. Não podemos ficar cegos diante da finalidade da ação, nos importando com o produto institucional do meio. Todos os processos estão respondidos, as gavetas não estão cheias de processos ou papéis, tudo foi para o seu devido lugar. Porém, se a princípio pode parecer, só isso não garante responsabilidade ética, pode ser necessário para garantia de direitos, o que não deixa de ser fundamental, mas não garante responsabilidade ética. Para tanto, torna-se necessário comprometimento maior, comprometimento com a finalidade de todo o processo, com a finalidade de toda a ação. Essa colocação é de um autor muito interessante, de que gosto muito.

9 ▶ Avalio de forma positiva, porque não encontro dificuldade para desenvolver meu trabalho.

Como já comentamos, os Hospitais de Custódia e Tratamento Psiquiátrico não contam com planejamento devidamente documentado e fundamentado em propostas coletivas e/ou das equipes de trabalho cujos objetivos sejam claros, norteiem a ação e sejam permanentemente avaliados. Isso, no nosso entender, é significativamente responsável pelas expressões avaliativas, que, mesmo que tragam aspectos interessantes, são genéricas e pouco estruturadas acerca dos serviços prestados na Instituição (o que inclui o trabalho do Serviço Social). Não permitem que os profissionais consigam identificar claramente o discurso e a realidade vivenciada. São argumentos que não se baseiam em pesquisas, estudos científicos, levantamentos de dados, projetos executados pelo Serviço Social, programas institucionais, suas metas ou seus objetivos, e que, por vezes, não conseguem estabelecer diferença entre o que é dado institucional e o que é do universo profissional. Trata-se de avaliações limitadas que não captam criticamente a realidade com suas determinações e suas mediações, e que são produtos e produzem práticas correspondentes. É relevante acrescentarmos que, sem conhecimento/avaliação, não podemos projetar.

Quanto a isso, é importante a afirmação de Iamamoto (2007, p. 229):

> Sem considerar essa dinâmica histórica, ao se falar em projetos societário e profissional, pode-se cair na armadilha de um discurso que proclama valores radicalmente humanistas, mas não é capaz de elucidar as bases concretas de sua objetivação histórica.

Nessas apreciações genéricas, a maioria dos entrevistados, não obstante constatarem as precárias condições de trabalho e, em consequência, de atendimento aos usuários da Instituição, a atrofia e/ou distorções das políticas públicas, a precariedade das condições de vida e de trabalho dos familiares dos Internados — ou, melhor, da maior parte dos trabalhadores brasileiros —, sobretudo dos que pertencem às camadas populares, parece não captar que essas são questões que, mesmo que não exclusivamente, também fazem parte dá sua intervenção profissional, e não elementos que se põem para dificultá-la. Isso pareceu ser demonstrado em trechos que situam essas questões como "externas", "independentes", que, se melhores se tornassem, sem que para isso coubesse qualquer interferência do Serviço Social, facilitariam o trabalho profissional do Assistente Social.

A realidade social não é propriedade nem responsabilidade única de qualquer profissional. Todavia, sabemos que é nessa realidade que o Assistente Social também trabalha, e o seu âmbito de ação não pode ser apreendido como obstáculo. Não estamos diante de um obstáculo, mas de objeto de investigação, de análise e de intervenção profissionais, com sua dinâmica e suas contradições, suas possibilidades e seus limites. Pode-se até concluir pela inviabilidade da ação profissional em dada área dessa realidade em determinada contingência. Todavia, tal posição necessita ser profundamente analisada até que possamos responsavelmente assumi-la.[74]

Dessa maneira, destacaremos também alguns pontos acerca dos três últimos itens tratados, os quais, por apresentarem estreita relação, agrupamos, procurando evitar a repetição de comentários:

Quanto ao item 2.9, referente à interferência das condições de trabalho da Instituição no exercício profissional cotidiano do Assistente Social:

2.9.1 — É interessante observarmos o destaque dado pelo entrevistado de nº 2 no trecho relativo à interferência da ação do agente de segurança no trabalho institucional, assim como a interferência causada pela falta de medicamentos.

Cabe destacar também a caracterização da população do Hospital, que apresenta traços comuns aos da população carcerária em geral — pobres e negros —, excetuando-se os Internados que são dependentes químicos.

---

74. Ao nos referirmos a esse entendimento de obstáculo no campo profissional, um aspecto a ser considerado é a qualidade da formação profissional, no sentido de favorecer possibilidades de apreensão e intervenção em nível teórico, técnico-operativo e ético.

2.9.2 — A questão da criminalização da pobreza, discutida no Capítulo 2, mostra-se de inúmeras formas no decorrer das entrevistas, a exemplo das condições institucionais que aqui são evidenciadas e da vulnerabilidade da população pobre à punição, o que ganha maior ênfase com o que foi dito anteriormente acerca da política do Hospital de Custódia de se voltar mais para a punição do que para o tratamento (DELGADO, 1992). Há carência de política pública, e os parcos recursos sociais com que contamos ainda são de difícil acesso para os que deles necessitam, devido a um clima beligerante que se instituiu entre o Poder Público e o chamado "poder paralelo", o qual, por mais que se negue, mesmo oficialmente (seja o clima de guerra, seja a existência desse poder), sabemos que existe. Observemos a seguir o que expõe o entrevistado no trecho citado na resposta n° 5 ao destacar a impossibilidade de utilização de viatura oficial para realizar visita domiciliar:

> Temos muita necessidade de [realizar] visita domiciliar. Inclusive, hoje, com a questão da violência, não podemos utilizar viatura oficial. E mesmo sem carro oficial, como entrar com segurança numa comunidade, numa área favelada? Como você sabe, a maioria de nossa clientela, aqueles que estão aqui internados, mora em áreas difíceis.

Além disso, não é difícil inferirmos que os pobres, em nosso País, estão mais vulneráveis aos aparatos do Sistema de Justiça Criminal. São eles que têm menor acesso aos recursos necessários à sobrevivência e que, cada vez menos, têm acesso às políticas públicas, seja devido à atrofia do Estado, seja por causa dos conflitos impostos pelos agentes dos poderes "não oficiais" — os quais, apesar de em última instância poderem ser também consequências da ausência dessas políticas, acabam produzindo questões que exacerbam as dificuldades de acesso a tais políticas. Assim, a população pobre se tornou gradativamente mais estigmatizada como um contingente populacional potencialmente criminoso, por residir em áreas suspeitas, ter uma "aparência suspeita", como já foi abordado no Capítulo 2, referente à criminalização da pobreza. Tudo isso se agrava se acrescentarmos o transtorno mental, que é o caso das pessoas encaminhadas aos Hospitais de Custódia, como se não bastasse a significativa parcela de estigma social que esse tipo de complicação de saúde por si só já carrega.

2.9.3 — Além de o espaço físico inadequado ameaçar ou até violar um preceito do Código de Ética Profissional (ver respostas n° 7 e n° 8), há falta de recurso humano concorrendo para prejuízo dos serviços prestados aos usuários. A falta de planejamento estatal para dar suporte às ações profissionais torna-se evidente na explanação de n° 8, quando se refere a uma política pública de tal forma desestruturada e frágil que pode ser apreendida como "um tipo de não política".

É relevante o trecho da entrevista de n° 6, em que o Assistente Social revela certa "polivalência" profissional:

> Quando elaboro um relatório, tenho que digitá-lo; se penso em fazer um novo formulário, tenho que pensar, organizar, digitar. Os arquivos, os documentos, enfim, tudo é organizado por nós, pelos Assistentes Sociais. Você se preocupa e se ocupa com essas coisas todas e ainda tem que atender ao paciente, às famílias, e realizar contatos com as instituições.

É importante considerarmos que, à medida que o Assistente Social se ocupa com atividades impróprias, deixa de executar suas atribuições, dando com isso a possibilidade de outro(s) profissional(ais) fazê-lo, assumir seu espaço profissional, bem como a chance de que as pessoas em geral possam ter uma imagem distorcida do seu papel na sociedade. Isso traz prejuízos não só à profissão como também aos serviços que poderiam ser usufruídos pelos usuários.

2.9.4 — O profissional citado no trecho n° 9 fecha seu foco de análise no seu campo de intervenção profissional, o que parece limitar sua possibilidade de avaliação. Destaque-se ainda a sua consideração acerca da utilização de carro particular para a realização de visita domiciliar pela equipe profissional, sem qualquer comentário crítico a esse respeito.

2.10 — Quanto aos serviços prestados pela Instituição aos usuários, destacamos:

2.10.1 — No trecho de n° 2, é bastante significativo o questionamento do profissional acerca da responsabilização dos Internados sobre a falta de colchões e lençóis. Colocar nos pacientes que sofrem com a ação a responsabilidade das falhas do Estado e do desrespeito aos doentes é, no mínimo, um exagero. Consideramos bastante interessante a forma como o profissional utilizou o problema para indagar sobre a finalidade da Instituição e os meios para se alcançá-la.

> Há época em que não tem lençol, não tem colchão. "Ah, eles estragam", dizem. Eles [Internados] têm que ter condições de tratamento. Eles estão aqui para isso, para serem tratados, e se tratam com o quê? Não seria com condições dignas? E onde estão essas condições? E quem vai gritar por eles?

Cabe notar ainda a explicação dada pelo mesmo profissional para a fragilidade da assistência jurídica prestada pelo Estado aos Internados, assistência da qual eles tanto dependem não só pela questão financeira, mas pela impossibilidade de vida fora dos muros institucionais, e alguns pelo próprio tipo de doença que apresentam.

2.10.2 — O quadro traçado pelo capitalismo contemporâneo, de ideologia neoliberal, com expropriação de direitos, atrofia do Estado e dos serviços públicos, mostra-se claramente em vários momentos das entrevistas. Aqui serão citados apenas dois trechos que consideramos emblemáticos. O primeiro refere-se ao trecho de n° 3, em que o profissional diz que os familiares sentem-se mais tranquilos em deixar seus parentes nos Hospitais de Custódia do que nos hospitais da rede pública de saúde. Fato que nos leva à consideração do atual nível de degradação da nossa rede pública de saúde.

> [...]. Aqui a família se sente tranquila porque se trata de determinação judicial, tem de ser cumprida. Agora, na rede pública, conseguir atendimento para a saúde..., percebemos que as pessoas estão apodrecendo na espera.

Observe-se trecho da exposição de nº 8, que aborda a "inclusão às avessas", ou seja, a possibilidade de a pessoa usufruir de determinados bens sociais somente após ser afastada do convívio social — no encarceramento.

> Agora, dentro disso tudo, há uma coisa muito séria para observarmos, que é a contradição do sujeito excluído a tal ponto, por diversos motivos, que só terá acesso a certos direitos em instituições penais — o que é dramático. O sujeito chega ao Hospital de Custódia, por exemplo, e diz que nunca fez um exame de tal natureza, mas sofre daquela doença há muitos anos, pode ser no ouvido ou no pulmão ou outro tipo qualquer. Só vai se tratar quando chega ao Sistema Penal. É uma inclusão que se pode chamar, no mínimo, dramática. Aliás, a prisão hoje tem essa função.

Isso reflete o grau de desigualdade social a que se chegou, dadas as ingerências econômicas postas pela crise contemporânea do capital e sua repercussão em nosso País. Sabe-se, a exemplo do que foi discutido no Capítulo 2, que o Sistema Penitenciário vem cumprindo função complementar para o mercado, ou seja, além de certa oferta de trabalho, contando, inclusive, com terceirização, existe a inclusão dos "sobrantes" (do mercado), e nesse caso presente poderíamos falar também da inclusão daqueles que são totalmente inaceitáveis pelo mercado ou, recorrendo à expressão de um dos entrevistados, os "nadas" (para o mercado).

2.10.3 — Há certas explanações que quase nos impedem de caracterizar a Instituição aqui tratada como voltada para o tratamento da saúde. O trecho da entrevistada de nº 7 é uma expressão disso. O fato de alguém estar sob a guarda do Estado para ser tratado e não ter sequer o mínimo de asseio básico é inaceitável. Como se pretende qualquer tipo de melhora na saúde de um ser humano que não dispõe de meios mínimos de prover a higiene de seu corpo e que não vê respeitado o ambiente físico em que se encontra?

> A maioria que está aqui é de baixa renda. São pessoas que estão sem família há muito tempo. Não têm ninguém que traga produtos de

higiene ou uma coisa diferente para comer, quase todos passam por isso. A comida tem épocas que está pior, os Internados reclamam muito. Sabão em pó é coisa que não tem há muitos anos, o que faz com que as roupas sejam lavadas apenas com água. Todos nós sabemos que existem pacientes aqui doentes não apenas psiquiátricos; existem outras enfermidades. Não desconhecemos que há diabetes, HIV, e essa roupa é lavada apenas com água há muito tempo. Quem tem família pode lavar sua roupa separadamente com o sabão que ela traz, se trouxer; mas quem não tem sua roupa é jogada na máquina e sai aquela coisa cinza-escura. Essa parte de higiene aqui é horrível. Fui outro dia [...] com um dos nossos pacientes dentro da área masculina, o cheiro lá é horrível [...], você vai se aproximando e aquele cheiro vai aumentando. Quer dizer: não há higiene...

Como pensar em trabalho com um portador de transtorno mental que não é objeto de cuidado e de respeito?[75]

Existem na Instituição, conforme relato do profissional entrevistado, pessoas que há 20 anos ou mais não têm qualquer contato com o mundo externo, por mera falta de viatura, apesar da autorização do juiz para que saiam. Isso é aceitável em uma Instituição cujo objetivo é tratar pessoas que estão privadas de liberdade porque cometeram delito e são portadoras de transtorno mental?

Será que essas pessoas são realmente observadas como ameaças para a sociedade e, por isso, receberiam tratamento para que obtivessem condição de convívio desinstitucionalizado?

Desse modo, com base nos relatos que vimos, podemos afirmar trabalho no sentido de tratamento?

Diante disso, cabe esclarecermos que faz parte das Regras Mínimas para o Tratamento dos Reclusos (ONU, 1955), como se pode verificar em sua regra 57, o indicativo de não agravamento do sofrimento do indivíduo encarcerado: *"o sistema prisional não deve agravar o sofrimento*

---

75. É importante citar que, segundo consideração do Departamento Penitenciário (DEPEN), o Rio de Janeiro é modelo de saúde prisional no País. Disponível em: www.agenciabrasil.gov.br/notícias/2007/07/07. Acesso em: 20 set. 2008.

do indivíduo, estado inerente à perda da liberdade e da autonomia".[76] Na legislação brasileira, a Lei de Execução Penal, de 1984, que tem seu conteúdo baseado nas "Regras Mínimas", mas com outra forma de abordagem, evidencia o direito dos presos à assistência e o dever do Estado de promover tal assistência em diversas dimensões: na saúde, nas necessidades materiais, sociais, religiosas, educacionais, jurídicas, conforme Pereira (2006, p. 270).

2.10.4 — A avaliação feita pelo profissional no n° 9 é relevante no sentido de destacar que, diferentemente da maioria dos locais do Sistema Penitenciário, os Hospitais de Custódia e Tratamento Psiquiátrico não têm superlotação; ao contrário, às vezes, nem chegam a preencher toda a sua capacidade. No entanto, de modo geral, esse fato, como se pode verificar pelos relatos, não é suficiente para assegurar condições satisfatórias de higiene e acolhimento em suas dependências, tampouco tratamento de qualidade aos Internados.

Sem que haja qualquer demérito quanto ao esforço da equipe intra ou interprofissional no sentido do atendimento qualificado aos Internados, no que diz respeito à explanação de n° 9, cabe considerarmos também que o Serviço Social é um setor que conta com dois profissionais para atender em média 120/130 Internados (o Hospital tem capacidade para maior número), sendo que no período da entrevista apenas um Assistente Social estava em exercício, uma vez que o outro se encontrava em licença médica. Isso gera questionamento quanto à viabilidade concreta de atendimento adequado aos usuários da Instituição e quanto à avaliação feita pelo entrevistado.

2.11 — Em relação aos serviços prestados especificamente pelo Serviço Social, destacamos das respostas dadas pelos entrevistados:

2.11.1 — Como já mencionamos, a inexistência de planejamento impossibilita o acompanhamento sistemático do trabalho profissional

---

76. Grifo nosso.

por meio de avaliações permanentes. Não é possível avaliar profissionalmente sem um projeto que norteie a ação, sem metas e objetivos — ou seja, sem parâmetros para serem considerados nessa avaliação. Isso tende a produzir argumentos genéricos, distantes da realidade, confusos ou, no mínimo, pouco coerentes. Assim, sem que estejamos nos dedicando aqui ao cruzamento de dados ou à comparação de informações, observamos, por vezes, situações em que aspectos desse gênero se impõem. Um exemplo disso é o trecho de entrevista de n° 1, em que o entrevistado em situação anterior (item 2.8) havia feito referência à Instituição como um *local com estrutura para o desenvolvimento de trabalho do Serviço Social, bastando para isso investimento profissional*, ou seja, dedicação do Assistente Social. Segundo esse entrevistado, o profissional deveria ir a campo, ter iniciativa, assistir o usuário. No entanto, ao avaliar o serviço prestado pelo Serviço Social aos usuários, esse mesmo entrevistado respondeu limitando-o a *serviços de ordem prática, que, na maioria das vezes, não podem ser realizados por falta de recursos de várias ordens*. Ou seja, teve posição bastante diferente da anterior e restringiu seriamente a ação profissional.

2.11.2 — Só por meio de muito estudo é possível nos aproximarmos do real. É necessário grande esforço, um expressivo investimento intelectual em busca de decifrarmos a realidade social. Porém, essa é uma posição imprescindível para aqueles que pretendem apreendê-la em suas determinações e em seus nexos para intervir profissionalmente de maneira qualificada, criativa e sem imediatismo. Fique claro que a expressão "sem imediatismo" não significa aqui qualquer demérito às necessidades imediatas dos usuários do Serviço Social e ao atendimento profissional dessas necessidades — a prestação de serviços concretos, consideradas as características da maioria da população que procura o Plantão do Serviço Social, é um exemplo importante desse tipo de atendimento. Ao contrário, não estamos negando esse atendimento. Defendemos a eficiência profissional em favor fundamentalmente da população usuária dos serviços institucionais, e não de outros interesses, como aqueles que atendem à necessidade de prestígio pessoal/profissional ou aos interesses meramente mercantis, por exemplo.

Todavia, considerar a pertinência do atendimento das necessidades imediatas dos usuários difere da ideia de que esse atendimento esteja no horizonte profissional como seu "ponto-limite".

Prosseguindo no nosso ângulo de raciocínio, é com a busca do desvendamento da realidade social, no constante exercício investigativo, no exercício para formulação de juízos críticos acerca da "questão social", que se pode alcançar a complexidade que significa atuar como Assistente Social na sociedade brasileira, especialmente nas atuais condições políticas e econômicas e por se tratar de um local em que o alto nível de exigência é evidente, como se observa na área sociojurídica e, ainda mais, nos Hospitais de Custódia e Tratamento Psiquiátrico, onde se acrescentam os problemas relativos à política da saúde, da necessidade de lidar com o transtorno mental. Por conseguinte, causam-nos espécie as expressões dos entrevistados que têm as dificuldades no seu trabalho como algo, por assim dizer, inesperado ou como um obstáculo a suas ações. Não estamos com essa afirmação subestimando o trabalho desses profissionais — longe disso, e até ao contrário. O que queremos dizer é que não é possível esperar que a situação fosse diferente, na medida em que temos alguma consciência crítica do mundo em que vivemos, da sociedade de que *participamos*. No nosso entender, cabe ao Assistente Social lidar com a questão numa perspectiva investigativa, posicionando-se como profissional. Portanto, como sujeito que tem compromisso científico de compreensão intelectual da realidade que lhe permita formas interventivas qualificadas, que visem a alterar o quadro encontrado, objetivando seu trabalho e nele imprimindo finalidade consciente, rumos e valores escolhidos, e não se restringindo a uma relação empobrecida, pouco refletida, superficial e rotineira com a realidade. Podemos aí configurar a relação entre causalidade e teleologia.

O que viemos dizendo complementa-se com o fato de o Serviço Social não ter planejamento de trabalho, tornando-se, com isso, vulnerável, pois, além do que já foi dito quanto à ausência de metas e objetivos, não tem também definição clara quanto à rotina de trabalho (o que inviabiliza, inclusive, a imagem de trabalho de equipe). Esse fato tende a fazer com que solicitações de todos os gêneros sejam encaminhadas a esse setor e dificilmente sejam entendidas como fora de sua alçada, gerando desgaste profissional e desrespeito aos usuários, uma vez que dificulta que atividades pertinentes possam ser projetadas para a população que procura o serviço.

Quanto ao que discutimos neste item, é importante apreciar os trechos de entrevista dos números 4, 5 e 7:

4 ▶ O Serviço Social lida com questões práticas, questões concretas, e isso complica, porque não cabe ao Serviço Social dar conta de questões que a Instituição não é capaz, mas que muitas vezes chegam até ele [o Serviço Social].

5 ▶ [...] a equipe interdisciplinar do Hospital tem dificuldade de entender qual é o papel do Serviço Social. Para eles, temos que arranjar uma roupinha, um calçado, permitir telefonemas. Ajudar. Essa é a nossa função: ajudar. Não estamos nos desvinculando da ajuda, mas gostaríamos que entendessem que não só ajudamos [...]. O papel do Serviço Social ainda é deturpado por mais que tentemos mostrar a finalidade do Serviço Social [...]. Temos essa dificuldade ainda.

7 ▶ Encontramos dificuldades de contato com as famílias dos pacientes. Pedimos aerogramas e até agora não chegaram. Cortaram nossos telefones e os seguranças só permitem o uso do telefone com o Assistente Social do lado, junto do paciente. O contato do paciente com a família fica difícil. E fica difícil porque não somos telefonistas para parar o serviço e darmos telefonema com os pacientes; esse não é o nosso papel. Sem aerograma, sem telefone, sem viatura é dificílimo tentar resgatar os laços familiares [...]. Falta transporte, atividade de lazer, esporte... falta muita coisa.

2.11.3 — Em trecho da entrevista de n° 5, além de outra vez nos depararmos com a cisão entre teoria e prática, ou seja, a ideia que relaciona a teoria ao campo acadêmico, apreende-se com nitidez o referencial funcionalista. O profissional explicita seu objetivo de promover e reintegrar o paciente da Instituição, assumindo finalidades psicossociais e parâmetros funcionais, sem questionamentos da ordem vigente.

> Temos muita dificuldade para desenvolver aquele trabalho teórico que aprendemos na faculdade. A equipe interdisciplinar do Hospital tem dificuldade de entender qual é o papel do Serviço Social. Para eles, temos que arranjar uma roupinha, um calçado, permitir telefonemas. Ajudar. Essa é a nossa função: ajudar. Não estamos nos desvinculando da ajuda, mas gostaríamos que entendessem que não só ajudamos. Queremos que o paciente cresça, seja promovido socialmente, seja reintegrado. O papel do Serviço Social ainda é deturpado, por mais que a gente tente mostrar que a finalidade do Serviço Social não é só assistir [...]. Temos essa dificuldade ainda.

2.11.4 — O trecho da entrevista n° 8 destaca a importância do compromisso profissional com a não rotinização e a finalidade da ação. Sem desconsiderar as difíceis condições de trabalho, avalia os Hospitais de Custódia e Tratamento Psiquiátrico como um campo rico para o trabalho do Assistente Social. E, utilizando-se de explicação de certo autor, salienta o significado da responsabilidade ética.

> Apesar dos limites impostos pelas difíceis condições de trabalho, há possibilidades muito ricas no cotidiano do Assistente Social no Hospital de Custódia; dependerá muito do engajamento desse profissional, do seu compromisso em não se deixar incorrer na "rotinização". Há uma distinção de que gosto muito, aquela que mostra que podemos ser responsáveis tecnicamente sem que estejamos com isso garantindo responsabilidade ética. Podemos ser excelentes burocratas e tecnicamente termos vencido todas as etapas do processo, mas não necessariamente estamos, desse jeito, comprometidos com o fim da ação. Não podemos ficar cegos diante da finalidade da ação, nos importando com o produto institucional do meio. Todos os processos estão respondidos, as gavetas não estão cheias de processos ou papéis, tudo foi para o seu devido lugar. Porém, se a princípio pode parecer, só isso não garante responsabilidade ética, pode ser necessário para garantia de direitos, o que não deixa de ser fundamental, mas não garante responsabilidade ética. Para tanto, torna-se necessário comprometimento maior, comprometimento com a finalidade de todo o processo, com a finalidade de toda a ação. Essa colocação é de um autor muito interessante, de que gosto muito.

Essa expressão do entrevistado nos leva a considerar a relevante possibilidade que tem o profissional de redirecionar o sentido do seu trabalho, atribuindo-lhe direção social, neutralizando a alienação muitas vezes presente nessa atividade, particularmente quando se trata de trabalho assalariado para quem o realiza. Todavia, esteja claro que, para imprimir significado ético-político, é imprescindível que o sujeito tenha consciência da finalidade da ação.

Há de ficar claro, ainda, que o trabalho do Assistente Social não é uma "prática isolada", sem conexão com a vida em sociedade, mas vinculado a uma "trama social que cria sua necessidade e condiciona seus efeitos na sociedade" (IAMAMOTO, 2007, p. 27).

2.12 — Quanto à indagação aos entrevistados sobre a Política de Saúde/Reforma Psiquiátrica:

Não se observou qualquer análise sobre política de saúde que não focalizasse exclusivamente a esfera psiquiátrica. Com exceção de um entrevistado que fez a ressalva de, talvez pelo fato de ter pouco conhecimento da legislação na área da Reforma Psiquiátrica, avaliá-la em parte, considerando-a como avanço parcial — pois, a seu ver, o movimento antimanicomial tende a colocar em desamparo pessoas que não têm para onde ir após passarem longo tempo internadas e perderem os vínculos familiares —, todos os demais profissionais demonstraram aprovação à Reforma e seus avanços no Tratamento Psiquiátrico. Não deixaram, contudo, de destacar a fragilidade dessa política, traduzida em grande parte nos minguados recursos com que podem contar para sua execução.

Apesar de reconhecermos a relevância da Reforma Psiquiátrica, mesmo não se tratando de algo dado, mas de uma política de luta, ou seja, um movimento em prol de conquistas e de avanços nessa área, não podemos deixar de observar quanto ainda é trabalhoso, por exemplo, o momento de desinternação em um Hospital de Custódia e Tratamento Psiquiátrico, haja vista a insipiência da rede pública de atendimento. Além do mais, há de se levar em conta que se trata de Instituições que lidam com pessoas cujo estigma social é muito forte, não apenas por serem pessoas portadoras de transtornos mentais, mas também por serem fundamentalmente oriundas das camadas populares e que cometeram delitos, às vezes no seio da própria família. São pessoas que costumam perder os vínculos familiares, por passarem longo tempo internadas, ou que, em consequência do crime, tornam-se rejeitadas pelos familiares, particularmente se o delito foi cometido contra algum parente.

2.13 — Indagados sobre a Lei de Execução Penal (LEP), os entrevistados:

Não realizaram análises minuciosas sobre a LEP, mas destacaram pontos importantes. Um dos entrevistados mencionou que, pelo fato de trabalhar em Hospital de Custódia e Tratamento Psiquiátrico, parece lidar unicamente com paciente psiquiátrico e esquecer que aquela pessoa cometeu delito (fato que não é incomum entre os membros da equipe técnico-profissional desses Hospitais; normalmente se importam mais com aspectos referentes à Reforma Psiquiátrica e se esquecem da LEP). Outro entrevistado frisou a falta de política penitenciária e mencionou que as condições físicas no Sistema Penal já exemplificam desrespeito à Lei. Houve entrevistado que citou a falta de individualização na aplicação de penas no Sistema.

Enfim, a Lei de Execução Penal, datada de 1984, mesmo que promulgada antes da Constituição de 1988, significou considerável avanço no âmbito da política penitenciária. Entretanto, a mera existência da lei não é suficiente para materializar tal avanço no cotidiano dos presos, não basta para nos permitir visualizar sua concretização no dia a dia dos Hospitais de Custódia, por exemplo. A esse respeito, como disse um dos entrevistados, "o problema não é a falta da lei, mas sim a falta de sua execução".

Dessa maneira, é possível observar, apenas com o que tivemos oportunidade de apreciar em respostas anteriores, que o que foi assegurado aos presos nessa Lei, a exemplo da assistência à saúde, à educação ou a possibilidade de trabalho, não são aspectos que vêm sendo garantidos, nem a própria assistência social vem sendo devidamente respeitada.

2.14 — Quanto aos comentários dos entrevistados sobre a atual conjuntura político-econômica e o Serviço Social brasileiro, o trabalho da Instituição e do Serviço Social na Instituição, os principais pontos das explanações dos profissionais estão reunidos na síntese a seguir:

Estamos diante de uma política econômica que vem gerando sérias necessidades sociais, pois exclui a população dos direitos sociais. Uma política que contempla o consumo e, concomitantemente, inviabiliza direitos, fomentando, em consequência, a violência.

A Instituição aqui focalizada sofre as repercussões dessa política que prioriza o consumo em detrimento das políticas públicas. Trata-se de Instituição pública vinculada ao Sistema Prisional. Instituição criada para lidar com a denominada questão da violência/criminalidade, ou seja, Instituição que lida diretamente com o aprisionamento e também com a política de saúde (mental). Além disso, necessita da rede pública de assistência para realizar trabalho com os Internados, buscando viabilizar seu retorno ao convívio com a sociedade.

A intensificação da pobreza e a precarização das condições de vida e trabalho das camadas populares em nosso País, traços que marcam o percurso da ideologia neoliberal em terras brasileiras, são exemplificadas pelos familiares dos Internados dos Hospitais de Custódia, quando podem estar presentes na Instituição[77] e, em especial, quando são entrevistados pelo Serviço Social. Quanto a isso, é oportuno lembrar frase de um dos profissionais entrevistados: "é possível ver o reflexo de toda a sociedade aqui no microcosmo do Hospital de Custódia".

O sentimento de prejuízo do trabalho em função da necessidade de dupla jornada para manter a sobrevivência, aliado ao "preço" de realizar atividade profissional em Instituição destinada à população pobre e, em geral, avaliada como improdutiva para o capitalismo e

---

77. Segundo relato dos Assistentes Sociais entrevistados, as visitas aos Internados ou as entrevistas com a equipe profissional, às vezes, tornam-se difíceis ou até impossíveis, pela própria dificuldade de acesso à Instituição, devido à falta de dinheiro para o transporte.

estigmatizada pela sociedade por temê-la (louco-infrator), também é verificado pelos entrevistados.

Há, ainda, o entendimento de que a contratação do trabalhador terceirizado tende a contribuir para a fragmentação da equipe do Serviço Social e também de outras áreas, bem como para a desqualificação do trabalho dos profissionais e a consequente desqualificação na prestação dos serviços institucionais aos usuários.

É necessário frisar que a atual conjuntura foi apontada como razão prioritária para que as pessoas tenham chegado ao grau de acirramento de transtorno mental a que chegaram. Tal acirramento decorre da ausência de atendimento ou da devida assistência à saúde, ou, melhor dizendo, da possibilidade de acesso à política pública, haja vista a atrofia do Estado para atender às necessidades sociais.[78]

Por fim, temos de mencionar que houve profissionais que destacaram a atual degradação das condições físicas das unidades do Sistema Penitenciário e a desqualificação de suas condições de atendimento.[79] Desse modo, e pelo que até aqui discutimos, é relevante avaliarmos cuidadosamente, diante da atual diretriz de desregulamentação do trabalho, a suficiência de trabalhadores concursados no Sistema Penitenciário — as suas condições de trabalho e a sua possibilidade de capacitação dada a especificidade do trabalho —, a presença de trabalhadores em desvio de função e de trabalhadores terceirizados.

---

78. Conforme José P. Netto, em *Crise do socialismo e ofensiva neoliberal* (1993), trata-se do Estado mínimo para o trabalho e máximo para o capital.

79. Um dos entrevistados, comentando a atual política penitenciária, disse tratar-se fundamentalmente da construção de penitenciárias, da abertura de vagas para presos (nisso, podemos observar o que foi discutido por Wacquant [2001b] acerca do Estado penal). Ou seja, uma política de segregação, que não considera nem o espaço físico institucional para atividades com os presos e/ou Internados. São edificações erguidas sem previsão arquitetônica para o lazer, para o trabalho com os presos e/ou Internados e um único pátio interno descoberto para visitação. São penitenciárias com celas para 75 presos, com camas triliches, e o último a ocupar a cama provavelmente baterá a cabeça no teto. Imaginemos um banheiro para comportar 75 presos. As salas destinadas aos membros da equipe profissional são pequeníssimas, ou, utilizando os termos do profissional entrevistado, verdadeiros "cafofos".

2.15 — Quanto à indagação sobre a Lei de Regulamentação da Profissão facilitar o trabalho profissional dos Assistentes Sociais, as respostas foram:

1 ▶ Sim. A existência da Lei concede legitimidade à profissão, possibilitando que o público saiba quem é o profissional, o objetivo da profissão, o que o profissional se propõe defender.

2 ▶ Sim. Porque nosso Código de Ética fez uma opção, de que trabalhássemos a garantia de direitos. Temos no Código Princípios que orientam que possamos trabalhar isso na nossa profissão [...].

3 ▶ Não respondeu.

4 ▶ Não respondeu.

5 ▶ Sim. O fato de a profissão ser regulamentada, ter normas, regras e corpo próprio facilita o trabalho [...].

6 ▶ Sim. A regulamentação respalda muito nosso trabalho cotidiano frente às instituições, aos outros profissionais; acho muito importante. Considero que, depois do último Código, tudo se tornou mais transparente. Eu tinha uma dificuldade muito grande de lidar com aspectos do Código de Ética; era como se fossem umas questões um pouco nubladas. Hoje se tornaram bem mais claras. Não sei se pela divulgação pela participação mais intensa das pessoas do CRESS, por maior engajamento das pessoas em geral com essas questões. Sei que há mais divulgação e isso contribuiu para que os profissionais atentassem para esse instrumento de trabalho. Trabalhamos com os dois: o Código e a Lei. Fica estampada na sala de trabalho a nossa regulamentação; acho muito bom.

7 ▶ Sim. É importante que a profissão seja regulamentada até para garantir os direitos e os deveres do profissional. No Serviço Social ainda mais, pois há profissionais que querem que façamos o que não nos cabe. Em vez de falarmos não, falamos: há uma lei que define o que devo ou não fazer.

8 ▶ Sim. Não só facilita, mas possibilita argumentar. É respaldo necessário para que possamos lutar, ter argumento legal para colocar limite em certas situações. É uma tábua de salvação. Até apontei isso em um trabalho que escrevi, no sentido de dizer: "escuta gente, tem lei, não é possível fazer como queremos e entendemos, há uma lei que define isso". Considero que, como funcionários públicos, deveríamos nos respaldar nisso [...].

9 ▸ Sim. Todo profissional tem que ter uma norma, um regulamento a seguir. Caso seja diferente, fica tudo solto, cada um faz o que quer [...]. Acho que tem que ter uma ordem a ser seguida. Isso contribui, organiza nosso trabalho. É de extrema necessidade que haja regulamento, toda profissão tem que ter.

Observamos certa distorção nas respostas entre a Lei de Regulamentação e o Código de Ética Profissional. Ambos são documentos citados, muitas vezes, como se fossem a mesma coisa.

Há indicação pertinente quanto ao favorecimento da Lei de Regulamentação no que se refere ao trabalho profissional do Assistente Social, uma vez que possibilita delimitar seu âmbito de ação. Contudo, não há comentário esclarecedor sobre o fato de a Lei assegurar competências e atribuições profissionais, tampouco qualquer comentário e sua consequente análise acerca de quaisquer dessas competências ou atribuições. Não foi citado objetivamente por nenhum dos entrevistados o período de vigência da Lei de Regulamentação, não obstante sua identificação com o atual Código de Ética. A Lei (n. 8.662) teve vigência a partir de 1993 e alterou o nome dos órgãos de fiscalização do exercício profissional, respectivamente: Conselho Federal de Serviço Social (CFESS) e Conselho Regional de Serviço Social (CRESS) — após a Lei n. 3.852/1957. Ou seja, alguns profissionais desconhecem, outros indicam, mas não comentam, numa nítida demonstração de que conhecem superficialmente a Lei de Regulamentação da Profissão. Há poucos comentários que demonstram profundidade acerca do conteúdo do documento ora tratado, mas observa-se certa identificação da Lei de Regulamentação com o movimento dos órgãos da categoria profissional que se dedicaram a propagar os Princípios que norteiam o Código de Ética do Serviço Social — referendado pelo seu atual Projeto Ético-Político Profissional.

2.16 — Os entrevistados identificam como objeto de estudo/intervenção do Serviço Social (brasileiro):

1 ▸ Não soube responder.

2 ▸ O social, tudo [...]. E eu não vejo isso nos outros profissionais, eles veem o trabalho micro e pronto.

3 ▶ O ser humano.

4 ▶ A questão social e como a política social está funcionando.

5 ▶ O sujeito com o qual se precisa trabalhar.

6 ▶ Possibilitar o acesso à informação, aos direitos sociais, aos serviços públicos, o objetivo mais amplo do trabalho pautado numa ética.

7 ▶ As questões sociais geradas pela conjuntura, pelo processo histórico que atravessamos.

8 ▶ São as condições materiais, afetivas e de consciência decorrentes da questão social. São as condições de vida material, o tipo de consciência que aflora das condições em que se vive no cotidiano, que está aí nos impondo consumo ao lado de uma enorme fragilidade de políticas públicas, por exemplo.

Penso que as Casas BX estão presentes nos lares da maioria dos pobres, mas, se precisarem de um médico para socorrer uma criança com diarreia ou amigdalite, não terão a quem recorrer. Tudo está condicionado ao pagamento de prestações intermináveis com juros imensos embutidos. O "cara" é cidadão-consumidor, mas caso surja uma emergência em casa não tem direito ao atendimento emergencial público, pegará senha e esperará não sei quantas semanas, não sei quanto tempo para fazer um exame. E se for portador de hipertensão e precisar de um exame cardiológico...?

9 ▶ Dependerá da Instituição. Por exemplo, aqui no Hospital, estamos voltados para os Internados [...], o acesso deles às informações, buscar o que a família necessita nesse momento.

Como já dissemos, não podemos concretizar algo sem conhecermos o objeto com o qual iremos lidar, sem conhecermos a porção necessária do que será trabalhado, afinal de contas, pretendemos pôr em ato nossa finalidade. Ou seja, projetamos, temos finalidade consciente, mas para isso temos um objeto a ser trabalhado e dele devemos ter o conhecimento, pelo menos da parte necessária, suficiente para que possamos processar alguma transformação e obter um produto humanizado ou alcançarmos algo no âmbito da teleologia secundária, isto é, relativa às transformações no âmbito das relações sociais.

Se considerarmos válida essa premissa, conforme os argumentos do Capítulo 1, as respostas aqui fornecidas pelos entrevistados podem ser um dos meios de análise da consistência do trabalho profissional, da qualidade do serviço prestado aos usuários da Instituição.

Excetuando-se o entrevistado de n° 1, que não respondeu, o outro, o de n° 6, que em sua resposta mais indicou um objetivo, e os entrevistados de números 4, 7 e 8, os demais compreendem o objeto de estudo/intervenção do Serviço Social fora de uma perspectiva histórica, ou, melhor dizendo, não o compreendem em seus nexos, suas determinações e seus condicionamentos socioestruturais. Tal concepção (histórica) é consoante com o atual Projeto Profissional e não restringe os fenômenos a serem trabalhados pelos Assistentes Sociais aos parâmetros interpessoais, ao âmbito psicossocial.

Partindo do pensamento de Iamamoto (2007, p. 26), segundo o qual situar o Serviço Social na História é distinto de uma história do Serviço Social restrita aos muros da profissão, cabe destacarmos que um reduzido percentual de entrevistados menciona a "questão social" como objeto de estudo/intervenção do Serviço Social. É pequena a parcela dos Assistentes Sociais entrevistados que apreende as situações com que lidam cotidianamente como síntese de múltiplas determinações, que detecta os nexos dessas situações com a totalidade, com o contexto político-econômico do País/do capitalismo contemporâneo no mundo, assim como a orientação, por exemplo, desde 1997, dada pela entidade responsável pelo ensino do Serviço Social, nas Diretrizes Gerais para esse Curso.[80]

Observa-se, fundamentalmente, uma restrição do objeto de estudo/intervenção à esfera do sujeito, das relações interpessoais, do plano psicossocial, uma vez que se desconsidera que o Serviço Social lida com "algo" indissociável do desenvolvimento capitalista — ou seja, lida com as expressões da "questão social" dele constitutiva e que em suas diferentes fases o capitalismo produz outras expressões

---

80. Consulte-se em *Caderno ABESS*, São Paulo: Cortez, n. 7, p. 60, 1997.

da "questão social". Diferentemente das sociedades nas quais a desigualdade, a privação, a pobreza, a doença e a violência — enfim, a miséria (material e humana) ou a escassez de modo geral e suas decorrências — se explicavam pelo parco desenvolvimento das forças produtivas, na sociedade burguesa, cujas forças produtivas garantem produção crescentemente socializada, tornam-se resultado da contradição posta por esse modo socializado da produção em face da sua apropriação privada, ou seja, pelo modo de sociabilidade que se estabeleceu sob a direção do capital.

Como já discutimos no Capítulo 2, vivemos mais uma das crises do capitalismo e com isso verificamos o que se pode traduzir como particularidades históricas das expressões da "questão social", manifestações (atuais) da intensificação da exploração do trabalho. Ou seja, consequências da composição da "globalização com o neoliberalismo". Como nos explicitou Ruy Braga (1996), trata-se de um movimento do capital no sentido da sua restauração, a qual, por meio do ataque ao Estado e às políticas sociais, vem transformando direitos conquistados pela classe trabalhadora em serviços prestados pelo mercado ou em filantropia para os pobres, aqueles que não podem ser captados pelo mercado. Esse fato interfere diretamente no campo de ação dos profissionais aqui entrevistados, com repercussões nas suas condições de trabalho (e, por conseguinte, nas suas condições de vida) e nas condições dos usuários (e de seus familiares) da Instituição. Isso porque, além de contribuir para debilitar o sistema de proteção social do nosso País, o qual já merecia ser observado pela sua fragilidade, interfere nas características da profissão (Serviço Social), diminuindo postos de trabalho, desqualificando suas condições e dirigindo parte dos profissionais para as chamadas entidades não governamentais, para prejuízo das políticas públicas.

Portanto, pode-se dizer, em linhas gerais, que esse é um movimento do capital que desencadeou forte processo de ataque ao Estado e à classe trabalhadora, preconizando "ondas privatistas", "Estado Mínimo" para o trabalho — desregulamentações do trabalho em prol do mercado, ataque às conquistas dos trabalhadores, interferindo na identidade de classe, na consciência de classe, na organização sindical, nos direitos trabalhistas e sociais e na utilização de novas tecnologias e métodos de produção e de gestão do trabalho. Esse contexto é delineado pelo recrudescimento do imanente processo de mundialização do capital, o qual, contando principalmente com o alargamento das operações do capital financeiro especulativo, pretende, cada vez mais, o domínio de todo o mundo pelo capitalismo.

A esse respeito, Iamamoto (2007, p. 21) esclarece que:

> A mundialização financeira, em suas refrações no País, impulsiona a generalização das relações mercantis às mais recônditas esferas e dimensões da vida social [...]. O resultado tem sido uma nítida regressão aos direitos sociais e políticas públicas correspondentes, atingindo as condições e relações sociais que presidem a realização do trabalho profissional.

2.17 — Sobre o atual Projeto Ético-Político do Serviço Social (brasileiro), os entrevistados consideram:

1 ▶ [...] Quando perguntado sobre isso, tenho dúvida, porque não sei exatamente o que é esse Projeto Ético-Político. É um projeto voltado para o ano de 1993, quando a situação política apresentava-se de determinada forma, a qual com certeza não é a mesma atualmente. Se eu for indagada se continuo pensando como no século passado, direi que não.
Sigo minha consciência. Como acho justo, eu atuo, assistencial, assistencialista ou não. À medida que o caso se apresenta — precisa de quê? Sabonete? Pasta de dente? Escova de dente? —, buscarei o recurso. É o mínimo que o usuário pode ter para se apresentar com dignidade [...]. Se isso é uma prática assistencialista, eu farei, embora outros considerem que não seja esse o nosso papel. [...]. Outra questão que não é responsabilidade do Serviço Social é comunicar um óbito, mas não quer dizer que não possamos fazê-lo [...]. Se a família acostumou-se a estabelecer relação entre o profissional do Serviço Social e o Internado, como pode esse mesmo profissional delegar a outra pessoa notícia tão nefasta? Não acho isso justo. [...]. O médico e o enfermeiro não gostam de fazer isso.

Antes que algum agente administrativo possa chegar friamente e falar, até de modo desrespeitoso, prefiro fazê-lo [...].

Agora, também vou esclarecer, orientar, conscientizar, trazer filmes, organizar discussões, palestras, para que essa pessoa possa entender por que está naquela situação e o que ela deve fazer para poder transformar o pequeno mundo em que vive [...].

2 ▶ Não comentou.

3 ▶ Não tenho conhecimento profundo. Prefiro não me posicionar.

4 ▶ Temos princípios que têm que ser respeitados, principalmente no que se refere à defesa dos interesses da população que atendemos. Mas isso em alguns momentos entra em conflito com a Instituição em que se trabalha. O Serviço Social tem projeto, mas esse projeto está inserido em um contexto maior, nem sempre há condições concretas no dia a dia de o efetivarmos. Quando depende das relações que estabelecemos profissionalmente, é mais fácil a garantia, mas quando se refere ao funcionamento do espaço de trabalho, da política institucional, é mais complicado, pois há o problema de essa política possibilitar isso ou não.

5 ▶ Não comentou.

6 ▶ O Projeto Ético-Político está dentro do referencial em que me formei. [...] Nunca lutei muito, nem estou à frente das passeatas. Existem pessoas que entendem que o Projeto deve ser trabalhado desse jeito. Mas considero que seja um Projeto que facilite o trabalho profissional, que o habilite a enfrentar a situação de hoje em dia. Estar regulamentado; a regulamentação dentro desse referencial é um momento de resistência com as coisas que estão postas na atual conjuntura.

7 ▶ Não acompanho muito essas discussões, não me sinto apta a falar sobre o tema.

8 ▶ Considero que o Projeto não seja hegemônico do ponto de vista da categoria profissional. Pode ser algo produzido por um coletivo que não foi amplo — podemos dizer, um Projeto Produzido por "militantes" dessa categoria. Não é um Projeto abraçado pela categoria, mas também não é seu grande desconhecido. A categoria já ouviu falar dele, porém acredito que não daria conta de como e por que surge; tampouco, caso seja indagada, sobre como vem sendo construído. Por que surgiu o Código de 1986? O

que continha esse Código? Por que surgiu o Código de 1993? Que relação existe entre os dois Códigos e o Projeto Ético-Político? Qual entendimento de sociedade está presente? Por que os Princípios do atual Código? Por que esses Princípios substituem o Postulado da Dignidade da Pessoa Humana, o da Perfectibilidade e o da Sociabilidade Essencial da Pessoa Humana, os quais eram Postulados Fundamentais do Serviço Social?

Tínhamos três Postulados Fundamentais que se abriam em sete Princípios de relacionamento. Isso foi substituído; será que isso é claramente discutido na formação dos alunos em todas as faculdades, em todas as faculdades privadas do País?

9 ▶ Observo que historicamente o Serviço Social avançou muito. É clara a importância que a nossa profissão tem [...]. Vejo [o Projeto] como de grande importância no nosso trabalho.

Detendo-nos nos aspectos que consideramos fundamentais, cabe-nos destacar que, com exceção dos argumentos contidos na resposta n° 8, algumas respostas expressam claramente que os entrevistados não costumam discutir o tema. Outras respostas, apesar dos argumentos acerca do Projeto, dada a fragilidade desses argumentos, também demonstram ausência de discussão no cotidiano desses profissionais.

Os comentários do entrevistado de n° 8 acerca da hegemonia do Projeto Ético-Político do Serviço Social são relevantes e merecem apreciação, tanto por causa do que foi exposto no parágrafo anterior quanto em função da pretensão ou consolidação de hegemonia desse Projeto. Ou seja, da possibilidade do seu direcionamento tanto no âmbito acadêmico quanto no trabalho institucional cotidiano e na sua orientação para a formação dos futuros Assistentes Sociais.

Naturalmente, a hegemonia desse Projeto pressupõe a sua discussão substancial e a possibilidade de que tal discussão possa difundir-se entre a categoria profissional. Pois, longe de se limitar a determinados espaços profissionais, trata-se de uma discussão que deve abranger o mais possível o corpo profissional, uma vez que só por meio da compreensão dos valores, da direção social desse Projeto, é que se pode supor adesão profissional a ele. Estamos falando de adesão consciente, de opção por esse Projeto em detrimento dos outros projetos em disputa na profissão, de um compromisso com esse Projeto que, logicamente, não se restringe à dimensão discursiva. Não há como estabelecer relação entre projetos, ou seja, identificar valores, direções sociais entre projetos societários, profissionais e individuais, sem que consigamos decifrar suas finalidades e as conexões entre eles. Sem identificar as forças sociais (societárias e profissionais) reais que constituem os diferentes projetos, sejam eles societários ou profissionais, não os identificaremos verdadeiramente, não seremos capazes de compreender a sua dinâmica histórica, e poderemos cair, conforme cita Iamamoto (2007, p. 229), "na armadilha de um discurso que proclama valores radicalmente humanistas, mas não é capaz de elucidar as bases de sua objetivação histórica". Portanto, somente desenvolvendo juízo crítico acerca da realidade social é que poderemos apreender a construção desses projetos (nessa realidade), buscar captá-los prospectivamente e, com certa propriedade, aderir a eles ou refutá-los e, em consequência, investir em sua concretização sem esquecer de considerar também a introdução de novos projetos.

Com base em Netto (1999), podemos dizer que os projetos profissionais apresentam a autoimagem de uma profissão, os valores que a legitimam, os objetivos, as funções, os requisitos teóricos, práticos e institucionais para o seu exercício, bem como prescrevem as normas para o comportamento dos profissionais, seja na relação deles com os usuários dos seus serviços, seja na relação com outras profissões ou com as instituições, públicas ou privadas, e o Estado, historicamente o responsável jurídico pelos estatutos profissionais. Ou seja, os profissionais podem encontrar nos projetos profissionais a finalidade, os fundamentos e o modo prioritário selecionados para legitimar a profissão e exercê-la.

Como dissemos na primeira seção deste capítulo, em que abordamos o percurso da ética na profissão, a retomada da democracia política no País possibilitou que os Assistentes Sociais experimentassem significativos avanços, tanto no plano intelectual quanto em nível organizativo, sendo a hegemonia da perspectiva modernizadora nessa profissão colocada em questão. Isso fez reacender o veio de inspiração crítica e progressista do Movimento de Reconceituação do Serviço Social.

> [...] é somente quando a crise da autocracia burguesa se evidencia, com a reinserção da classe operária na cena política brasileira [...], que a perspectiva da intenção de ruptura pode transcender a fronteira das discussões em pequenos círculos acadêmicos e polarizar atenções de segmentos profissionais ponderáveis. [...]. Cabe notar, *en passant*, que o seu futuro está hipotecado ao alargamento e ao aprofundamento da democracia na sociedade e no Estado brasileiro (NETTO, 1991, p. 248).

Desse modo, tivemos a elaboração do Código de Ética de 1986, um marco na busca do rompimento com o conservadorismo. Nesse código, é visível o declínio das referências éticas desconectadas da História, seja pela perspectiva alinhada aos valores da fé religiosa, seja pelos pressupostos da "neutralidade".

A relevância desse Código é evidente, por se tratar de um documento que pode ser considerado um "divisor de águas" na história da ética profissional do Serviço Social. É expressão do rumo em direção ao rompimento com o conservadorismo na profissão, entretanto partícipe dos problemas e equívocos intrínsecos aos desdobramentos históricos do Movimento da década de 1960, e representante de sua vertente de inspiração mais crítica.

Em seu último Código de Ética, datado de 1993, o Serviço Social garantiu e buscou ampliar as conquistas profissionais impressas no código anterior. Ou seja, revisou o Código Profissional de 1986, objetivando o seu refinamento, a depuração das suas referências para o exercício profissional, e realizou alterações mantendo o seu nexo.

Por conseguinte, esse último Código de Ética, o de 1993, representa a direção dos compromissos assumidos pelo Serviço Social nas últimas décadas do seu percurso histórico. No nosso entender, esse documento profissional é expressão destacada do Projeto Ético-Político, pois orientação para a ação e a formação profissionais. Nos Princípios que o fundamentam, podem-se observar claramente uma perspectiva crítica à ordem econômica e social estabelecida e a defesa dos direitos dos trabalhadores.

É possível afirmar, então, que o Código de 1993 firmou importantes valores e diretrizes para o trabalho profissional, que se colocam de modo divergente daqueles que, atualmente, vêm sendo propagados e efetivados em alinhamento com a ordem econômica internacional/nacional. Com isso, concluímos que, na atualidade, a perspectiva hegemonicamente expressa no Código de Ética do Serviço Social, diferentemente do que é marcante na maior parte da história dessa profissão, contrapõe-se a interesses e valores prevalecentes na ordem do capital. Daí o porquê da sua relevância histórica e da necessidade de estudos que captem sua real referência no cotidiano profissional.

Esse Código é o próximo item considerado pelos entrevistados (seus Princípios Fundamentais e a possibilidade de eles se materializarem no cotidiano do trabalho profissional).

2.18 — Sobre o atual Código de Ética Profissional dos Assistentes Sociais, os entrevistados teceram as seguintes considerações:

1 ▶ Essa pergunta complementa a anterior. O Código trata da necessidade de se respeitarem diversas linhas de pensamento e atuação. Estou um pouco afastado da teoria, não saberia dizer exatamente o que é o Código. Porém, acho que devemos, cada vez mais, ser democráticos. E isso não vejo acontecer na prática, embora esteja no Código que devemos ser abertos, democráticos, respeitosos.
Observo no boletim do Conselho Regional ações voltadas para a questão dos homossexuais. Aí penso: o que o Serviço Social tem com isso? Claro que sim, a questão da etnia, da orientação [sexual]. Considero um avanço para execução, para prática, algo que não existia [...]. Acho que temos que avançar na questão da democratização, da igualdade, mas tem-se que garantir o acesso aos direitos, e em muitos casos isso não acontece [...].

2 ▶ Concordo com o Código, acho coerente com a opção que o Serviço Social fez pela transformação social [...], mas não há direcionamento disso dentro das instituições [...]. A gente tenta. Não estou falando de Congressos; estou

falando do dia a dia, da nossa prática. [...]. As soluções são individuais [...] As violações aqui são grandes, [...] cadê a indignação? Ficamos como, com saídas individuais ou sem respostas? E assim caminha a humanidade...

3 ▶ Pelo que vivi, acho que avançou bem. Sinto-me amparado. Se vai acontecer, se realmente valerá?... Algumas vezes, precisamos utilizar o Código e foi muito interessante.

4 ▶ Acho que o Código tenta garantir conquistas e uma ação comprometida. Hoje, chego no trabalho e, caso me peçam coisas descabidas, tenho garantias no Código, nos seus Princípios. Só que o profissional tem que pensar em acordo com o Código de Ética, pois não adianta o Código se você não entende aqueles Princípios como importantes — se não entender, o profissional nem vai abrir o Código, não vai fazer nada em acordo com o que está ali.

5 ▶ Para ser bem franca, não tenho grande conhecimento do Código. Minhas leituras sobre o Código têm sido *en passant*. Não li suficientemente para discutir.

6 ▶ É um instrumento em que estão postos os fundamentos, os direitos, os deveres profissionais. É um instrumento bom para respaldar o trabalho profissional, sendo uma lei, uma boa regulamentação.

7 ▶ Gosto muito do Código, mas sou relapsa, deveria trabalhar com ele ao lado. [...]. Eu deveria usar mais. Considero bom, foi um avanço. Eu peguei o anterior e acho que tivemos avanços. Deveria usar mais.

8 ▶ Acho que temos um respaldo interessante no Código. Não participei do momento de elaboração, em 1993, desse movimento da categoria, eu estava encalcrada em uma chefia durante 40 horas semanais. Há alguns pontos do Código que deviam ser revistos, mas, em linhas gerais, gosto muito.

9 ▶ Acho que é importante. Temos que ter esse respaldo, esse embasamento. Vejo como importante que se tenha um.

Como disse o entrevistado de nº 1, a atual pergunta complementa a anterior e, com isso, observa-se inexistência de discussão substancial sobre o tema aqui tratado, o qual se vincula diretamente com o Projeto

Ético-Político. Apesar do levantamento de alguns aspectos relevantes pelos profissionais, a exemplo da tensão entre interesses individuais e Princípios do Código, abordado no nº 4, não são abordadas questões relativas aos fundamentos desse documento, tampouco se relaciona historicamente esse documento, sua concepção de Homem, de sociedade e de ética no trabalho profissional nos Hospitais aqui tratados. Como certa exceção a isso, podemos ver o pronunciamento do profissional de nº 2, referindo-se à falta de trabalho de equipe entre esses profissionais, à falta de indignação frente às constantes violações na Instituição, provavelmente sublinhando a importância de um projeto coletivo.

Em geral, o Código foi citado, mas não comentado nem analisado como um instrumento profissional. Esse documento, pelos comentários feitos, não foi considerado objetivamente um recurso para a qualificação do trabalho cotidiano dos profissionais entrevistados.

2.19 — Indagados sobre como consideravam os Princípios do atual Código de Ética Profissional dos Assistentes Sociais, se destacariam algum desses Princípios e qual seria a justificativa para fazê-lo, os entrevistados responderam:

1 ▶ Não lembro dos Princípios. Destaco a questão da liberdade, do respeito, da autonomia, do acesso aos direitos. (Não justificou.)

2 ▶ Acho que, se esses Princípios forem concretizados, estaremos em um mundo diferente do atual. Na conjuntura em que vivemos, esses Princípios são cotidianamente violados. Temos que estar muito dispostos para não permitir que isso aconteça, na nossa vida pessoal e no nosso trabalho. Destaco a liberdade. De todos, aqui ele [o Internado] é fundamental, ele cometeu um delito e perdeu a liberdade [...]. Como ele perde a liberdade e perde também o direito ao remédio, à higiene, não tem voz, torna-se um nada. Sim, ele se transforma em um *nada, é com "nadas" que trabalhamos aqui*. Fora isso, os Internados têm o transtorno mental, o que, para a sociedade, é coisa muito complicada de entender. Temos que dar voz a quem não tem [...]. Quando ele fala: "Doutora, não tenho mais que ficar aqui", como fazer? Não estou falando em questões relativas à família, mas

à Justiça que não resolve a situação do sujeito, não resolve o processo para que ele possa sair, para que ele volte a ser cidadão e deixe de ser todo controlado. Aqui tudo é controlado. O horário de comer, por exemplo, o do jantar é às 16 horas. É, temos que dar voz a quem não tem...

3 ▶ Não respondeu.

4 ▶ O Código de Ética só existe na medida em que o profissional segue seus Princípios. Se não houver noção da importância do comprometimento ético-político, não adianta, será inútil. O profissional não pautará suas ações, o fazer dele sobre aqueles Princípios.

Alguns Princípios são fundamentais, como o respeito ao usuário. Caso se entenda que [o usuário] tem direitos, procuraremos fazer com que tenha acesso a esses direitos. Meu princípio é consoante com o Código de Ética, mas não posso dizer que todos [os profissionais] são assim. Não é o Código que fará as pessoas [profissionais] pensarem diferente. A pessoa [profissional] tem uma intenção, uma visão de sociedade e uma maneira de ver o trabalho que pode ou não ser consoante com o Código. Quantas coisas erradas os profissionais podem fazer por interesses pessoais, para conseguirem coisas? Esses profissionais até podem aparentemente defender pontos do Código, mas no dia a dia podem não ter postura ética perante os funcionários, os pacientes, os colegas, pois podem "se vender" ou, melhor, se envolver em estórias de acordo com seus interesses pessoais.

5 ▶ Não tenho como discutir.

6 ▶ São Princípios nos quais o profissional pode pautar sua atuação [...], assegurar o trabalho dentro de uma ética. Destaco o resgate da cidadania, o acesso aos serviços públicos. Essa construção de rede é muito importante para o dia a dia [...].

7 ▶ Acho que são Princípios cabíveis para nos orientar na prática. São coerentes e devem ser seguidos. Não destaco nenhum deles.

8 ▶ Como já disse, o Código — e seus Princípios — permite um respaldo à ação profissional interessante. Acho aquele Princípio que fala sobre a garantia de acesso aos direitos o mais importante no campo em que trabalho. Outro é o grande Princípio referente ao valor da liberdade. Até outro dia, um preso me escreveu uma coisa que considerei tão bonita que

decidi anotar. Conversamos sobre o que se faz em uma cela 168 horas por semana. Aí falamos: como a pessoa se ocupa? Ele escreveu para mim que sua mãe sempre, quando tem condição de visitá-lo, leva um livro. Ela traz livros e, ao lê-los, após meia hora, ele sai junto com os personagens. Olha aí a questão da liberdade. Não é uma coisa linda?! A liberdade como valor central, um Princípio do Código. Em livros que li sobre campos de concentração, falava-se muito sobre liberdade, sobre os atos da vida que são atos de liberdade, de quem está cerceado por todos os lados. Nesses espaços institucionais, trabalho muito o valor da liberdade, a possibilidade de se encontrar um espaço de liberdade... se não for assim, podemos endoidar de vez.

9 ▶ Acho que toda profissão tem normas a serem seguidas, e nós, Assistentes Sociais, temos que, da melhor maneira possível, atuar segundo esses Princípios. Não destaco qualquer Princípio.

Como dissemos no início desta parte do texto, os Princípios Fundamentais do Código Profissional têm como valor central a liberdade captada como liberdade do indivíduo social, diferentemente das interpretações que a situam nos limites e possibilidades definidos pelo âmbito do "individual absoluto/isolado" — ou seja, do individualismo, que, como sabemos, é uma concepção abstrata de indivíduo, uma vez que o situa fora das relações sociais. No Código, a compreensão de liberdade é a do indivíduo que pressupõe a sociedade e que se relaciona com a discussão da justiça social e da exigência democrática. O Código não se limita à perspectiva de liberdade meramente formal, nem se reduz ao entendimento da socialização da política de modo desvinculado da riqueza produzida socialmente, ou, como discutimos no Capítulo 2, seção 2.3, sobre Ética e Economia, como se não fosse necessário para focalizar a ética se levar em conta a política e a economia.

Dessa maneira, é importante observar em que medida a referência feita à liberdade se mostra nessa perspectiva pelos entrevistados, já que se trata do Princípio mais citado. Estudos e pesquisas referentes aos usuários dos serviços talvez favorecessem a identificação e a divulgação objetiva desse fato. Além disso, observa-se muitas vezes que há certo investimento dos profissionais no sentido de favorecer o acesso dos Internados dos Hospitais aos direitos sociais, e essa necessidade (Princípio) é constantemente mencionada por eles. Contudo, raramente isso aparece ao lado de alguma crítica da ordem social constituída, o que mostra discrepância entre a lógica do Código Profissional e seus fundamentos — seus Princípios Fundamentais. O que pretendemos deixar claro é que, apesar de os entrevistados mencionarem categorias presentes no Código de Ética, essas categorias podem não ter o mesmo significado do Código, podem não assegurar o conteúdo dos Princípios Fundamentais, como vimos no início desta parte do trabalho.

É importante o destaque dado pelo profissional de n° 4 à defesa de Princípios do Código no discurso e à possibilidade de negação desses mesmos Princípios na ação profissional. A relação entre o individual e o coletivo aparece aqui novamente, evidenciando que os valores do Código têm de ser internalizados pelo sujeito (profissional) para que possam ser materializados, impressos no cotidiano do trabalho profissional.

> [...] Não é o Código que fará as pessoas [profissionais] pensarem diferente. A pessoa [profissional] tem uma intenção, uma visão de sociedade e uma maneira de ver o trabalho que pode ou não ser consoante com o Código. Quantas coisas erradas os profissionais podem fazer por interesses pessoais, para conseguirem coisas? Esses profissionais até podem aparentemente defender pontos do Código, mas no dia a dia podem não ter postura ética perante os funcionários, os pacientes, os colegas, pois podem "se vender" ou, melhor, envolverem-se em estórias de acordo com seus interesses pessoais.

O entrevistado de n° 9 refere-se aos Princípios do Código de Ética como normas, o que, a nosso ver, traz uma conotação de regra, de prescrição, retirando-lhes a riqueza de conteúdo como possibilidade crítica e reflexiva.

> Acho que toda profissão tem normas a serem seguidas, e nós, Assistentes Sociais, temos que, da melhor maneira possível [...].

Ao observarmos o que disse o entrevistado de n° 2, apesar de, em princípio, concordarmos, cabe-nos acrescentar que, se por um lado, para que os Princípios do Código possam ser concretizados plenamente, há necessidade de superação do nosso tipo de organização social, por outro, "se estivéssemos no mundo diferente" ao qual o entrevistado se refere, não haveria por que construir esse Código — com seus Princípios —, uma vez que o Código corresponde a uma determinada realidade. Esse documento é uma construção histórica — sua existência decorre de necessidades definidas por certo segmento profissional, em certo país, em uma conjuntura específica. Com isso, necessitamos da orientação desse documento, do respaldo de seus Princípios, do seu referendo para agirmos aqui e neste momento histórico, com vista aos nossos objetivos e às nossas finalidades profissionais.[81] Ou, se preferirmos, com base no que argumentamos no Capítulo 1, seção Ontologia do Ser Social e a ética, devemos ter clareza do Projeto Ético-Político, dos Princípios do Código, que são a sua expressão, e, dessa maneira, captar a realidade social como matéria que pretendemos contribuir para alterar, tendo no Projeto Profissional a direção para alcançarmos a finalidade definida pelos profissionais e demais sujeitos envolvidos.

Como discutido no Capítulo 1, o mundo dos homens é material e objetivo, mas tal afirmação não suprime a distinção existente entre as esferas social e natural, pois sabemos que, apesar de a causalidade posta tornar-se para a vida humana tão concreta quanto o mundo natural, ambas não têm o mesmo significado. A causalidade posta torna-se uma objetividade nova, é algo que toma tamanha força e independência em relação à consciência que a produziu que Lukács denomina "segunda natureza". Para esse pensador, como já explicamos, à medida que o produto humanizado se converte em ente distinto do sujeito que o criou e adquire certa autonomia, passa a ter vida própria e afeta o sujeito que o criou por meio de ação de

---

81. Isso significa entender que esse documento, pela sua importância histórica, deve ser respeitado, mas isso não exclui sua constante análise, pois, como qualquer outro, é passível de alteração, desde que devidamente avaliada como necessária pela categoria e pelas entidades representativas competentes.

retorno, influenciando-o em sua autoconstrução. Ademais, como o ente adquire certa autonomia, se o sujeito pretende controle sobre ele, só poderá conseguir caso aja conscientemente em função da sua pretensão. Esse aspecto é importantíssimo para considerarmos qualquer pretensão de interferência no âmbito societário também, uma vez que a sociedade é uma causalidade posta que denota materialidade e certa autonomia, configurando uma forma de segunda natureza. Portanto, se pretendemos alterações nas relações sociais, forma de pôr teleológico denominado *teleologia secundária*, o sujeito precisa ter consciência, ou seja, há a pressuposição de ação consciente do sujeito.

Desse modo, para que se torne possível objetivar o que estabelecem os Princípios do Código no cotidiano do trabalho profissional, é proeminente decifrar a realidade social para que então se possam projetar, além de pressupor, ações profissionais, visando às relações institucionais e/ou sociais.

2.20 — Indagados quanto à utilização do Código de Ética para a orientação do trabalho profissional cotidiano, os profissionais responderam:

1 ▶ Sim. Utilizo para fundamentar o que escrevo ou exerço no Serviço Social. Por exemplo, quando trabalhei no Hospital YX, existia um funcionário que queria interferir no trabalho do Serviço Social. Nos dias de visita, aproveitávamos para atender às famílias, para aproximá-las dos médicos, para realizar algumas orientações e esclarecimentos. Buscávamos fazer um elo entre as famílias e a equipe profissional. Certo dia, veio esse funcionário da Segurança, dizendo que a partir daquele momento estaríamos proibidos de nos aproximarmos das famílias, porque elas ficavam no pátio em frente à salinha do Serviço Social e vinham conversar com os Assistentes Sociais. Segundo ele, isso não poderia mais acontecer. Desse modo, questionei: "O quê? Como? Quem é o senhor para dizer o que devemos fazer?". Ele disse também que não poderíamos ter acesso aos pacientes que estavam na enfermaria do Hospital. Como não teríamos acesso aos pacientes que estavam na enfermaria!? O argumento utilizado foi o de sempre: tratava-se de questão de segurança. Ele levou essa questão ao diretor, solicitando que corroborasse sua atitude. O diretor pediu nosso pronunciamento por escrito. Peguei o Código de Ética e respondi com

respaldo nesse documento, em umas três folhas [...]. Como até hoje, não permito que ninguém diga o que deve ser feito. É claro que respeito regras institucionais — os horários, por exemplo. Entendo a questão da segurança; afinal, trata-se da minha segurança também, mas desde que haja coerência. Dizer que eu não posso reunir grupos, por que não? Do meu trabalho e da minha técnica entendo eu [...]. É comum profissionais de outras áreas quererem dizer o que o Serviço Social deve fazer ou deixar de fazer.

2 ▶ Não utilizo. [...] Porque a gente tem que ter condições de trabalho dignas para ter sigilo profissional.

3 ▶ Sim, utilizo.

4 ▶ Sim. Utilizo alguns princípios que nele estão contidos e que refletem o que eu penso também. [...]. Há questões com que eu concordo que devem ser daquele jeito. Por exemplo, o fato de o profissional garantir os direitos e os deveres no seu compromisso com o trabalho. O Código foi elaborado com base nas experiências das pessoas, mas o que eu acho é muito em função da minha vivência, do que acredito. [...]. Agora, existem questões para as quais necessitamos estar "instrumentalizados" — portanto, pautados no Código de Ética. Para a defesa dos direitos, para o cumprimento de nossos deveres e para a garantia da boa relação com os usuários, temos que usar o Código de Ética como referência.

5 ▶ Não utilizo.

6 ▶ Sim. Utilizo porque o Código traz várias coisas simplificadas e que traduzem o referencial teórico que estudamos. Acho-o importante por isso. É uma peça importante no dia a dia, por resumir esse referencial.

7 ▶ Não. Dificilmente eu pego o Código, geralmente acontece quando preciso estudar para alguma prova. Está abandonado mesmo.

8 ▶ Sim. Veja bem: com os estagiários, aponto quando algo está contrariando o Código de Ética — "isso que está acontecendo nessa cadeia deveríamos denunciar, está escrito aqui". Porém, todo dia estaríamos denunciando no CRESS situações que contrariam o Código.

Uma vez, conversando com X, Presidente do Conselho, eu disse acerca deste espaço institucional: o que mais me perturba é saber que todo dia teria que estar no Conselho dando entrada em processo, na Comissão de Direitos Humanos da ALERJ e da OAB, porque tudo é violação, o cotidiano é uma violação de direitos o tempo todo. Então, falamos todo o tempo com os estagiários, porque o pessoal com quem eu trabalho é interessante, está atento a isso. Eu não vejo saída, só um movimento maior. Qual é o espaço que temos na mídia? Qual é o espaço que temos para falar de outra coisa que não seja a questão criminal, criminal, criminal? Falar de outras coisas que toquem mais na raiz de tudo isso? Não temos espaço. Nem na própria Instituição temos espaço, conseguimos ser ouvidos [...].

9 ▶ Sim. Essa parte teórica fica embutida. Foi um aprendizado que em nossa atuação não tem como desvincular. Toda a nossa prática é pautada nas teorias que nos foram passadas quando acadêmicos, nossa atuação tem esse embasamento teórico [...]. Ele nos acompanha em toda atuação.

A maioria dos entrevistados alegou utilizar o Código para orientar seu cotidiano profissional. Todavia, considerando as condições de trabalho, a qualidade dos serviços prestados aos usuários e os demais comentários aqui constantes, particularmente os que se referem ao Projeto Ético-Político e aos próprios Princípios do Código de Ética, cabe considerarmos que tal alegação deve ser tomada com restrições.

Apenas dois dos profissionais entrevistados fizeram comentários objetivando a relação do Código com seu cotidiano de trabalho, aqueles citados nos números 1 e 8. Além disso, a tensão entre projeto coletivo e posicionamento individual merece discussão com os nossos profissionais, uma vez que o respeito aos Princípios e/ou aos artigos do Código de Ética aparece, às vezes, como algo submetido ao julgo pessoal. Observemos comentário contido na resposta n° 4.

Utilizo alguns princípios que nele estão contidos e que refletem o que eu penso também. [...]. Há questões em que eu concordo que devem ser daquele jeito. Por exemplo, o fato de o profissional garantir os direitos e os deveres no seu compromisso com o trabalho. O Código foi elaborado com base nas experiências das pessoas, mas o que eu acho é muito em função da minha vivência, do que acredito. [...].

Prosseguindo em nosso comentário e reforçando o que discutimos até aqui, destacamos que esse Código traz fundamentos consoantes com os desdobramentos de inspiração mais crítica do Movimento de Reconceituação no Serviço Social, e constitui um Código de Ética Profissional avançado. Contudo, sua possibilidade de proximidade com o cotidiano profissional só existe para quem queira compreendê-lo, situá-lo na história da profissão, captar seus fundamentos, seus valores, sua finalidade. Isso quer dizer ter condição de entendê-lo e utilizá-lo como um recurso profissional, tanto para qualificar a formação e os serviços prestados quanto como um instrumento de luta que contribua para a superação desse modelo de sociedade em que vivemos.

2.21 — Quanto à materialização dos Princípios do Código de Ética do Assistente Social no cotidiano do trabalho profissional dos entrevistados, eles consideram, justificam e/ou exemplificam:

1 ▶ Sim, os Princípios se materializam, acredito nisso. É uma questão pessoal. Questão ética minha. Tem que ser assim. Mesmo com dificuldades, porque elas existem, mas não quer dizer que se deixe de fazer. Você faz dentro do que se permite. Se você não consegue ter na prática 100%, conseguirá 10%. Começa levando esclarecimento [...], porque se ele [o usuário] não tiver esse conhecimento, como terá acesso [aos direitos]?

2 ▶ Não materializam. Se tivéssemos o nosso Código de Ética [...] sendo posto em prática a todo momento, seríamos uma sociedade não capitalista. O capitalismo não vai permitir, vai garantir direito para quem? É o direito de quem tem o poder de decisão. Ainda mais no País em que vivemos, que é País dependente e que tem uma problemática social complicada [...]. A base do sistema capitalista viola o Código [...].

3 ▶ Sim, materializam, desde que se saiba citá-los na hora certa e dentro de um fato. Porque as pessoas começam a respeitar e, se tivermos do lado alguém que se sente inseguro com o que faz [...], torna aquilo algo em que possa se amparar [...].
Defender sua ideia quando existe um obstáculo, como, por exemplo, sua diretora pretende atuação diferente da sua e você, para defender sua posição, não vai desacatá-la, mas por meio do Código de Ética você pode argumentar e melhorar essa situação.

4 ▶ Sim, mas os Princípios serão materializados apenas se os profissionais estiverem consoantes com esses Princípios. Não sei se tudo o que penso está no Código, mas tenho princípios que estão lá. Não vou fazer o que na minha visão é incorreto. Há uma inter-relação. Tem que ter um Código, uma direção. Em uma profissão tem que ter direção, não pode ser cada pessoa [cada profissional] pela sua cabeça, mas as pessoas agem em acordo com o que pensam. A não ser que cheguem terceiros e digam que está errado. Acho que o Código deve existir, não saiu do nada, saiu em função da visão de um conjunto de pessoas que pensam a profissão e a sociedade. É fruto de processo de discussão que vem de vivências e experiências dessas pessoas.

5 ▶ Não é possível. Não todos os artigos e cláusulas que o Código tem, mas coloco em prática em relação à convivência diária com os colegas e procuro ter atitudes que considero, pelo que aprendi na faculdade, em seminários e com o tempo de trabalho: respeito aos outros, às nossas limitações, evitar agressões ao colega ou às outras categorias profissionais. Isso não quer dizer que eu esteja obedecendo rigorosamente ao que está determinado.

6 ▶ Sim, materializam. Posso exemplificar com a minha chegada a esta unidade quando encontrei um agente penitenciário da época que fui diretora de determinada Unidade Prisional. Esse agente lembrou do meu nome, me cumprimentou chamando-me pelo nome. Achei estranho, pois me lembro da fisionomia, mas não dele. Ele falou: "você me mandou para a delegacia, eu bati em uma presa e você não segurou". Senti certo orgulho disso, não me lembrava do caso. Não gostaria de ter prejudicado essa pessoa como funcionário; sou funcionária também, não quero prejudicar outro funcionário. Então, me constrangeu pensar nisso: "será que prejudiquei esse funcionário?". Mas fiquei feliz pela atitude que tomei, atitude da qual nem me lembrava. Acho que isso está no nosso Código de Ética, essa luta, essa denúncia, não permitir abusos, [...] ser intransigente nessa luta. Eu me senti feliz hoje.

7 ▶ Sim, materializam. [...] a equipe do Serviço Social é desunida [...], isso desagrega... Se fôssemos mais unidos, teríamos mais força para ajudar os usuários [...]. O Código de Ética foi baseado no dia a dia do profissional, não é uma teoria, é para ajudar no cotidiano; se vai ser usado de maneira positiva ou negativa depende do profissional. Acho sempre que é possível

utilizar e nos embasar nele para tomarmos determinados procedimentos. Em alguns momentos, ele se materializa, em outros não.

8 ▶ Sim, se materializam. No Sistema Penitenciário, destaco o trabalho no Hospital de Custódia X; com todos os limites impostos pelas políticas públicas, a Reforma Psiquiátrica foi um "sacode". O trabalho de saídas terapêuticas no Hospital X e o processo de desinternação são exemplos de luta. A conquista de direitos com as idas aos Centros de Atenção, aos Caps. Conforme íamos aos lugares, aos municípios em que residiam os Internados do Hospital, estávamos também indicando que eles tinham determinados direitos, assim como ditavam as diretrizes da Reforma Psiquiátrica. [...].

Com o processo de desinternação, o tratamento prossegue através do ambulatório. Há Caps muito interessantes: o de Bangu é muito interessante, o de Nova Iguaçu é bastante cheio. Um Centro de Atenção muito legal é o de Santo Antônio de Pádua; chama-se Ilha da Convivência, e lá foi aberta a primeira Residência Terapêutica da região [...].

9 ▶ Acho que se materializam. São fundamentais. Não sei trabalhar de outra maneira.

Observação: os entrevistados consideram que o que eles responderam aqui ocorre com os Assistentes Sociais de outras áreas de trabalho. Ou seja, indagados quanto à possibilidade de materialização dos Princípios do Código de Ética Profissional no cotidiano do seu exercício de trabalho na Instituição, os Assistentes Sociais entrevistados entenderam que seus argumentos abrangem a realidade vivenciada pelos profissionais de outros campos de trabalho do Serviço Social.

Como se pode observar, quase todos os entrevistados consideraram que os Princípios do Código são materializados no cotidiano do exercício profissional, mas há ressalvas nesse sentido, entre as quais destacaremos algumas. Por exemplo, o entrevistado de nº 1 afirmou que "isso se realiza dentro do que se permite"; o profissional de nº 2 disse que isso ocorre desde que saibamos "citá-los na hora certa [...], [uma vez que], por meio do Código de Ética, pode[-se] argumentar e melhorar a situação"; para o entrevistado de nº 4, "[...] os Princípios serão materializados apenas se os profissionais estiverem consoantes com esses Princípios"; o profissional de n° 7 menciona que só se materializarão se o Código for utilizado de maneira positiva no cotidiano pelo profissional, uma vez que foi baseado nesse dia a dia e "não é uma teoria"; o entrevistado de n° 8 realça a importância da Reforma Psiquiátrica.

Na primeira e na segunda considerações, os entrevistados de números 1 e 2 têm perspectivas que parecem limitar-se à ordenação capitalista da vida como algo insuperável. As ideias aparecem aí como *"fazer o permitido"* para se ter acesso aos direitos sem se chegar ao conflito de posições, ou seja, por meio do Código, se alcançar apenas *"a melhora"* dentro do instituído. Ao fazermos tal comentário, não estamos, obviamente, defendendo contrariamente qualquer tipo de "bravata" ou coisa semelhante, mas não observamos nessas expressões profissionais questionamentos, tampouco indícios de negação em direção à superação do instituído. Captamos, a partir disso, a presença em nossa cultura profissional da conjugação do ideário neotomista e funcionalista. Ou seja, como o que dissemos no Capítulo 3, em que argumentamos sobre o percurso histórico do Serviço Social e a ética, trata-se de uma profissão que evidentemente teve significativos avanços, mas que ainda guarda ou "retoma", como grande parte das outras áreas profissionais, elementos originais e conservadores. Assim, não obstante históricos avanços e conquistas profissionais, é comum se observar, equivocadamente, a existência de valores diferentes e de alguns valores que acompanham o Serviço Social desde sua origem conjugados, fundidos e tratados de modo basicamente pessoal, como se fossem os valores do Código de Ética, e, desse modo, metamorfoseados em "princípios universalistas", configurados em um tipo de concepção de bem comum, "desenhando" uma forma de sociedade sem classes; daí a ideia de "soluções sem conflitos, harmoniosas".[82]

---

82. Por vezes, há significativos equívocos teórico-filosóficos; categorias como as da tradição marxista, por exemplo, podem ser confundidas ou fundidas com diferentes e até antagônicas ideias e ideais.

Além do que foi dito e destacando que não há desconsideração dos limites impostos à realidade que profissionalmente experimentamos, exige mencionarmos que o "principismo" parece-nos recorrente entre parcela dos profissionais, uma vez que há menções à materialização dos valores e referências do Código de Ética em vigor como possibilidade, como algo que, em princípio, se pretende, mas que não requer busca imprescindível de ação pertinente.

A consideração feita pelo entrevistado de nº 4 chama nossa atenção para a imprescindibilidade da adesão e do comprometimento profissionais com os valores e Princípios do Código, ou seja, com o fato de não ser suficiente a existência de um documento, de uma norma, de um código ou de uma lei para que algo se cumpra, se efetive, não represente "letra morta" ou se torne um documento formal, cuja lógica do "deve ser" encubra a relevância dos elementos materiais, transformando, por exemplo, a ética em prescrição desvinculada da realidade (do ser).

Na resposta de nº 7, apesar de apreciarmos a pretensão do entrevistado em realçar o trabalho institucional, não podemos deixar de destacar que simultaneamente nos deparamos com o "velho" equívoco da cisão entre a teoria e a prática. Se o Código de Ética Profissional, como se tem ciência, não é em si uma teoria, como o entrevistado explicitou, é elaboração que comporta fundamentos teóricos, assim como comporta esses fundamentos também qualquer ação que possa ser qualificada como profissional.

Na resposta de nº 8, deparamo-nos com depoimento interessante que chama atenção para possibilidades de avanços que certos movimentos podem trazer, mesmo em se tratando de locais com características áridas, repressivas, controladoras, como os de que aqui tratamos.

Não obstante a maior parte dos entrevistados afirmar a materialização dos Princípios do Código de Ética do Assistente Social no cotidiano do seu trabalho profissional, as ingerências da atual conjuntura social, as condições de trabalho (observadas e descritas) da Instituição investigada, os argumentos dos entrevistados e a qualidade dos serviços prestados aos seus usuários levam-nos à conclusão diferente. Apenas captamos a presença residual de elementos consoantes com os Princípios do Código no cotidiano de trabalho desses profissionais quando são relatadas certas atividades por eles realizadas[83] e/ou questionamentos, no sentido (democratizante) da ampliação das políticas públicas, e a descrição de denúncias das condições impostas aos Internados nos Hospitais de Custódia e Tratamento Psiquiátrico. Sabemos do peso da indignação ética como elemento propulsor em direção à materialização dos Princípios do Código, mas também não desconhecemos que apenas a indignação não efetiva os Princípios — a indignação é necessária, mas não suficiente. Mesmo que a questão dos direitos sociais e a questão da liberdade sejam por diversas vezes alvos de referências e discussões dos profissionais entrevistados e a liberdade esteja em seara do Ser Social, pois possibilidade adquirida por superação do condicionamento natural, viabilizando escolha entre alternativas concretas, consideramos que sejam categorias cujas referências e discussões — rara exceção — não vislumbram além do pensamento liberal. Ou seja, são perspectivas profissionais fundamentalmente restritas ao parâmetro da cidadania liberal, não tocando, por conseguinte, de maneira substancial, no conteúdo do Código de Ética, nem na finalidade, na direção social atribuída ao atual Projeto Ético-Político do Serviço Social.

Para que se possa vislumbrar a materialização desses Princípios, é imprescindível compreendê-los, o que pressupõe o exercício de desvendamento da realidade social e da conjuntura social, que fez com que, na história da profissão, fossem erigidos. Ou seja, captar criticamente a realidade social e a profissão, o que possibilitará apreensão do rumo social do seu Projeto, cuja expressão se destaca nesses Princípios do Código. Isso viabilizará romper com posicionamentos "dicotomizados", que separam a teoria da prática ou do rumo ideológico e político que se pretende assumido na ação, evitando, inclusive, que se

---

83. Como, por exemplo, os passeios ou as saídas terapêuticas, os quais não vêm mais ocorrendo por causa da falta de viaturas.

formem posturas equivocadas, a exemplo das *teoricistas, praticistas* ou *politicistas*. Assim, pode-se romper com posicionamentos idealizados que não captam que, para que algo seja concretizado, é inevitável um sujeito que o projete e o objetive. E que o trabalho é a atividade cuja finalidade consciente permite projeção e objetivação desse algo, desde que haja conhecimento necessário, suficiente e qualificado pelo sujeito que o efetuará — supõe avaliação de possibilidades e limites. Assim, nos cabe destacar aqui a busca por condições de trabalho compatíveis com a materialização de tais Princípios, o que supõe, em primeiro lugar, captar-se como trabalhador assalariado.

Como já dissemos, é a busca dos meios que pode tornar ato a finalidade, pois é a via de conhecimento do sistema causal dos objetos, da sua legalidade e dos processos necessários para a sua transformação; é, portanto, a possibilidade do movimento para a realização de um fim posto. A busca dos meios compreende a disposição para a captura da legalidade do em si existente, sendo, desse modo, o eixo de conexão do trabalho com o pensamento científico e com o seu desenvolvimento. Além disso, cabe destacar, como já fizemos, que a ciência difere da consciência cotidiana pela exigência de universalização de suas categorias.

Contudo, não obstante a afirmação da imprescindibilidade do conhecimento do real pelo sujeito que tenciona transformá-lo, isso não pode ser confundido com a suposição de um conhecimento absoluto do real para que uma posição teleológica possa ser objetivada. É necessária apreensão de uma porção do real, porção que está diretamente envolvida com o ato do sujeito para que possa atualizar uma finalidade consciente.

A esse respeito, é importante a compreensão de que é imprescindível o investimento dos Assistentes Sociais para um conhecimento qualificado. Pelo nosso ângulo de análise, o trabalho que cabe a esse profissional não é paliativo, reiterativo ou burocrático. Ao contrário, cabe ao profissional a atividade de um intelectual crítico que investe de maneira competente em favor de desvendar a realidade para alterá-la. Por conseguinte, com base em Vasconcelos (2002), acrescentamos que a superação da miséria teórica pode contribuir para a superação da miséria econômica, social e política, uma vez que se torna indispensável para que possamos desenvolver ações profissionais consistentes e consequentes.

Trazendo à baila parte do que disse o profissional citado na resposta de n° 2, ao negar a possibilidade de materialização dos Princípios do Código de Ética do Assistente Social na sociedade capitalista, temos claro que as diretrizes desse Código colidem com a violação de direitos e a amplitude da problemática social na formação social brasileira. Ressaltamos, contudo, que, não obstante essa tensão ser hoje intensificada diante dos compromissos assumidos por essa profissão e a realidade traçada pelo recrudescimento do imanente processo de mundialização do capital, tal afirmação pode significar, de modo absoluto, a nosso ver, "imobilismo" e "fatalismo". Cabe apreciarmos o que disse o entrevistado:

> Não materializam. Se tivéssemos o nosso Código de Ética [...] sendo posto em prática a todo momento, seríamos uma sociedade não capitalista [...].

Logicamente, não encontraremos nessa formação social esses Princípios efetivados plenamente. Aliás, há no horizonte das finalidades do Código o comprometimento com a superação dessa sociedade; isso foi discutido e evidenciado desde a construção do Código. Tampouco cabe a reprodução do que Tonet (2002) nos alertou a não fazer no plano ético: não cometer o engano de tomar a ética abstratamente, posto que essa abstração, segundo o autor, apenas serve para a desumanização da vida, e o caminho para isso é a fratura entre a realidade objetiva e os valores, como há quem pretenda fazer com a ideologização em favor da sociedade capitalista para que essa funcione sem perder sua natureza essencial. Nesse sentido, temos de estar alertas para não nos embrenharmos pelos caminhos das idealizações relacionadas às intenções, das avaliações éticas que se sustentam na intencionalidade, no plano ideal, no qual a intenção do ato constitui critério decisivo. Cabe, sim, se considerar que os Princípios do Código referendam certos valores, norteiam a ação dos profissionais, "iluminam" em prol de perspectivas profissionais, seja nas referentes à formação de profissionais — na docência — ou à possibilidade de atuação profissional, propriamente, em diferentes instituições, desde que considerados os limites, os desafios e os obstáculos a serem enfrentados e superados, uma vez que os Assistentes Sociais têm relativa autonomia na execução do seu trabalho nos limites impostos pela conjuntura social e as instituições empregadoras — são trabalhadores assalariados. Isso significa chance de escolha, de imprimir sentido, direção valorativa às suas ações, mas para isso são necessárias condições básicas de trabalho e preparo profissional contínuo. *Condições objetivas e subjetivas* nas quais decisões e alternativas de ação profissional são tomadas — decisões e ações dos sujeitos são tomadas em situações concretas. Ou seja, ao profissional cabe investir em busca de conhecimentos teóricos e metodológicos (incluindo ético-políticos) como requisito intelectual que o qualifique para operações particulares, compreendendo a conexão que elas têm com a totalidade. Isso significa preparo e aprimoramento profissional diante da matéria que se visa a modificar, transformar por meio do trabalho.

Daí inferirmos que não é pertinente a garantia dos Princípios do Código de Ética por meio de formas ideais, verbais ou intencionais, como se o pensamento e o discurso — o discurso humanista e/ou indignado — fossem suficientes como garantia ou como se a intenção do ato constituísse um critério decisivo. Tampouco há pertinência em observar o Código como documento formal, prescritivo, desvinculado da realidade. Diferentemente dessas perspectivas, o Código de Ética Profissional dos Assistentes Sociais é uma elaboração profissional avançada que não prescinde do trabalho profissional e pode ser observado como um instrumento de luta em favor de Princípios dissonantes da atual lógica mercantil, que vem expropriando direitos daqueles que vivem do seu próprio trabalho, uma contribuição de profissionais em prol da superação da sociedade em que vivemos.

CONSIDERAÇÕES FINAIS

A indagação sobre a realidade é comumente considerada como o fundamento originário da filosofia. A busca da verdade, visando à superação das explicações mágicas e das meras opiniões, foi o movimento que constituiu a filosofia.

No contexto da *pólis*, da cidade-Estado grega, a filosofia surgiu como forma de diálogo racional em busca da verdade. Todavia, de início, a filosofia dirigia-se à Natureza; só mais tarde, em decorrência de mudanças econômicas, sociais e políticas operadas na cidade-Estado, é que paulatinamente a filosofia foi voltando seu alvo de discussão para outros pontos que se tornaram preocupações da vida na cidade, tais como as instituições, os valores, a ética, a política.

A filosofia foi o caminho traçado pelo não conformismo com os limites das explicações mágicas e/ou avaliadas como inconsistentes, ou seja, um caminho que suscitou e ainda suscita meios racionais de suplantar tais explicações. Constitui um movimento em prol de respostas verdadeiras, da busca da verdade (*alétheia*), um movimento de superação das explicações mágicas e das meras opiniões (*dóxa*), as quais são instáveis, mutáveis, efêmeras. Aí se encontra a ontologia, parte inicial deste texto, pois seu alicerce teórico, e cujo conteúdo pode ser entendido como "o estudo ou conhecimento do Ser, dos entes ou das coisas tais como são em si mesmas, real e verdadeiramente" (CHAUI, 1995, p. 210).

Um modo de compreensão que, como nos propusemos demonstrar, ruma avesso aos padrões limitados pela superficialidade. Estudo ou conhecimento que não se restringe às explicações que têm como resposta meras elaborações subjetivas, desconectadas da realidade — criação da ideia ou "construção teórica" —, como se fosse impossível captar qualquer legalidade nas coisas, como se não existissem formas reiterativas e estruturais próprias do Ser, cujo conhecimento fosse permitido.

O pensamento marxiano inaugura a captação da realidade como movimento[1] (considerada a materialidade do movimento) e investe no desvendamento de sua legalidade, entendendo o real concreto como instância possível de ser pensada e interpretada pelo Ser Social e não algo restrito à criação da ideia. Dessa maneira, o sentido ontológico do pensamento de Marx leva-nos ao entendimento do conteúdo crítico da filosofia. Possibilitou-nos a análise crítica da sociedade em que vivemos, apreendendo a lógica que constitui a sociedade predominantemente mercantil. E isso, como explica Guerra (2004, p. 21-22), ocorre devido ao fato de essa corrente do pensamento não se limitar à constatação dos fatos sociais, mas captá-los como sinais para serem conhecidos e processualmente desvendados pelos sujeitos sociais, um processo que também pode até contar com a transformação desses fatos pelos sujeitos.

Além disso, como podemos observar, mais especificamente, na segunda parte do Capítulo 1, esse pensamento — considerando outros autores desse mesmo campo teórico — abriu para a crítica ao "singular absoluto", ou seja, trouxe ao entendimento de que a constituição individual emerge das relações sociais (o indivíduo social), o que assegura determinada fundamentação acerca da ontologia do Ser Social e possibilidades para se alicerçar a discussão no campo da ética, da maneira como fizemos subsequentemente. Daí inferirmos que o Ser Social é algo qualitativamente novo e com contínua possibilidade de

---

1. Como já mencionado, Heráclito foi o primeiro pensador a considerar tal movimento, mas aqui consideramos também a constatação da materialidade do movimento.

aperfeiçoamento, sem que isso signifique a erradicação de suas bases originárias. Todavia, a reprodução do Ser Social é um processo que eleva o mundo dos homens a patamares superiores de sociabilidade, deixando seu desdobramento concreto de ser gradualmente influenciado por categorias das esferas ontológicas inferiores e passando, cada vez mais, a constituir-se de categorias puramente sociais.

A base para a estruturação desse ser qualitativamente novo — Ser Social — foi o trabalho; uma atividade cujo surgimento só ocorreu após certo nível de desenvolvimento do processo de reprodução do ser orgânico. É atividade que não se restringe ao condicionamento biológico, à reação adaptativa ou à submissão ao meio ambiente, pois conta com a consciência — para que haja a concretização de algo, já estava previamente idealizado, já existia para o sujeito-trabalhador.[2]

A busca de satisfação da carência humana material pôs em movimento o complexo do trabalho, mas os homens nesse processo desenvolveram novas e diversas necessidades, capacidades e qualidades — o Homem transforma a matéria natural visando à satisfação de suas necessidades e, nesse processo, também se produz, conquista a sua humanidade, constituindo as relações sociais e engendrando a História.

A História só se torna possível porque os Homens ligam-se ao trabalho e aos resultados obtidos pelas gerações anteriores, ou seja, não começamos sempre de um suposto "ponto zero", há conhecimento acumulado que nos permite avançar rumo à ampliação e à complexidade de nossas necessidades/respostas materiais e espirituais. Assim, podemos cada vez mais observar categorias próprias do mundo humano, em que se incluem, por exemplo, questões que são centrais neste texto, ou seja, a questão dos valores e a questão do *dever ser*.

---

2. Como discorremos anteriormente neste texto, há também a teleologia secundária, ou seja, aquela referente ao plano das relações sociais. Por conseguinte, relacionada às transformações neste plano. Daí a importância de ser destacado que a reprodução do Ser Social é um processo que eleva o mundo dos homens a patamares superiores de sociabilidade, tornando-o, cada vez mais, constituído de categorias puramente sociais.

Aliás, aí a razão de não caber referência à natureza inorgânica ou à natureza orgânica em face da questão dos valores ou do *dever ser*. As questões dos valores e do *dever ser* — e, portanto, a ética — referem-se à dimensão inerente à sociabilidade, cujo parâmetro de reprodução não é a mera adaptação ao ambiente.

Todavia, a valorização de um objeto, diferentemente do que muitas vezes se propaga, não é algo restrito à subjetividade, uma vez que pressupõe a práxis, a ação dos homens em busca da satisfação de suas necessidades, em determinadas condições sócio-históricas. Temos de observar que o trabalho pressupõe escolhas entre alternativas, entre elementos reais e suas utilidades, e pressupõe fim consciente. É atividade que objetiva posições teleológicas e, na medida em que dá origem ao produto, suscita o valor. É processo historicamente aberto e ininterrupto e, apesar de desencadear nexos sociais cada vez mais complexos e, por isso, poder parecer distante daquilo que lhe deu origem, a aparência não elimina sua gênese ontológica.

Paralelamente à pressuposição de atos individuais, o trabalho suscita intercâmbio, cooperação e sociabilidade entre os Homens. Com o desenvolvimento da sociabilidade, as tensões entre as esferas particular e genérica tendem a se mostrar mais nítidas, fazendo emergir mediações sociais para operarem no cotidiano. É nesse espaço que podemos captar a origem de aspectos como a moral, a ética ou o direito. Aspectos esses que consideramos, sem nos determos em distinções, que sua função social primordial repouse no espaço aberto pela contradição entre o gênero e o particular, possibilitando ao Homem escolher entre valores, sejam aqueles voltados para as necessidades humano-genéricas, sejam aqueles referentes aos interesses apenas particulares de indivíduos ou grupos sociais. Além disso, cabe frisar que a ética pode atuar no interior da contradição entre o genérico e o particular, visando à superação do que é incompatível com o humano-genérico.

A sociedade burguesa possibilitou ao Homem reconhecer-se como autor/ator da sua própria História. A expansão do mercado e o consequente avanço científico possibilitaram ao indivíduo cientificar-se de que é parte do gênero humano, de que ele e a sociedade não são formas contrárias, e sim facetas da mesma realidade. No entanto, é essa mesma sociedade que erigiu a forma de sociabilidade burguesa e a correspondente individualidade burguesa. A mercantilização da vida social é característica nessa sociedade — uma "arquitetura social" cuja riqueza social não é reconhecida por sua capacidade de satisfação das necessidades de todos, e sim pelo valor de troca. É sociedade regida pelo valor de troca e com "cimento ideológico" próprio, tendo concepções adequadas à lógica capitalista.

Decorrente de conflitos entre as forças produtivas e as relações feudais, erigiu-se o modo de produção capitalista com o ineditismo de se constituir pela supremacia do valor de troca, de se constituir pelo mercado, tornando mercadoria a própria força de trabalho.

Na sequência de um longo processo histórico, que inclui particularmente as transformações operadas nos últimos trinta anos oriundas da crise contemporânea do capital, na economia capitalista tomou fôlego a política neoliberal, uma forma de capitalismo ainda mais dura, que se pretende livre de regras. Nesse processo, o Brasil entrou tardiamente, comparado aos outros países da América Latina, como explanamos no Capítulo 2. Todavia, a hegemonia neoliberal evidenciou-se no Brasil, com significativas questões e complexos desafios para o desenvolvimento econômico do País, a partir do governo Collor. A denominada "globalização" e a política neoliberal, fenômenos de um mesmo processo, trouxeram a financeirização da economia e a precarização das relações de trabalho. Isso se faz presente no cotidiano dos brasileiros em aspectos como o aumento do desemprego ou a constante ameaça dele, gerando instabilidade para a classe trabalhadora, subemprego e novas formas de contratação — por projeto, por hora, entre outros —; atrofia e/ou conversão do Estado[3] e, em consequência, maior fragilização das políticas sociais e

---

3. Como já explanado, o Estado vem se tornando mínimo para os trabalhadores e convertendo-se em complemento do mercado, tornando-se uma espécie de "Estado Penal ou Policial", em vez de manter/priorizar funções de proteção social.

crescimento do chamado Terceiro Setor, possibilitando que práticas voluntárias sejam tomadas até como possibilidade de "substituição" do trabalho profissional; ampliação da violência urbana, o que vem produzindo a configuração de outros inúmeros fenômenos associados, a exemplo da criminalização da pobreza, como discutimos no Capítulo 2, e assim por diante. Pode ser avaliado que, no presente momento, o que foi exposto venha se tornando ainda mais acerbo, haja vista, como mencionado na seção 2.4 deste livro, o contexto em que o recrudescimento do imanente processo de mundialização do capital dificulta de maneira importante as lutas da classe trabalhadora. Estamos vivendo um processo que vem esgarçando o pacto político da democracia brasileira,[4] evidenciando que forças sociais retrógradas, (ultra)conservadoras, vêm efetivando celeremente a derrocada dos direitos conquistados pelos trabalhadores e, por conseguinte, aprofundando nossa histórica desigualdade social.

Consideramos, inclusive, que a ausência ou a debilidade de nosso sistema de proteção social são, em grande parte, as responsáveis pela necessidade de existência de instituições como as que aqui focalizamos. Pelo que pudemos captar com a realização da presente investigação, os Internados comumente chegam às Instituições de Custódia e Tratamento Psiquiátrico em limiar agudo de sua condição de transtorno mental, devido especialmente à ignorância dos familiares (particularmente com relação a esse tipo de transtorno),[5] em geral de baixo nível de escolaridade e, por conseguinte, de informação,[6] e

---

4. Esse é um processo que, não obstante afetar de modo intenso as economias capitalistas periféricas, vem atravessando, com diferentes formas e intensidades, as sociedades mundialmente.

5. Segundo conversas com alguns entrevistados, comumente a família faz referência à observação de comportamento estranho do Internado há muito tempo. Entretanto, as razões de tal comportamento são as mais diversas possíveis, menos o transtorno psíquico. Além disso, destacamos que em conversa informal com psiquiatra de um dos Hospitais de Custódia e Tratamento Psiquiátrico, diretor da Instituição à época em que realizamos as entrevistas, tivemos sua concordância acerca da ideia de que a ausência ou a debilidade de políticas sociais são, em grande parte, as responsáveis pelo delito cometido pelos Internados e, em consequência, pela existência de instituições desse gênero.

6. Cabe lembrar o quanto a desinformação leva à mitificação do transtorno mental.

devido à precária ou inexistente rede de assistência de saúde a que podem ter acesso.

Dessa maneira, pode-se dizer que discutimos a possibilidade de materialização de certos princípios no cotidiano do trabalho institucional de profissional que lida com política social. Ou seja, um profissional que, na execução de políticas sociais, lida com pessoas que, apesar do direito de usufruírem dessas políticas ao longo de suas vidas, provavelmente (ou, em grande parte) chegaram à institucionalização por ineficiência ou mesmo por ausência de tais políticas e, pelo que apreendemos por meio da nossa pesquisa, não se pode dizer que passaram, por se encontrarem institucionalizadas, a condições muito diferentes.

As implicações disso para os Internados e seus familiares são claras. Entretanto, não podemos desconsiderar que abordamos questões que recaem também sobre os trabalhadores das Instituições aqui focalizadas. O trabalho com a custódia de pessoas, as condições de trabalho observadas, o convívio com as dificuldades e as necessidades dos Internados, entre outros fatores, nos parecem elementos suficientes para que se possa supor o sofrimento (até agudo) desses trabalhadores.[7]

Retomando a explanação sobre os Internados, citamos que grande parte deles são pessoas que, pelo que pudemos captar, se tivessem sido devidamente assistidas, não chegariam a cometer delito, uma vez que não teriam chegado ao ápice da condição de transtorno mental, pois seu transtorno psíquico provavelmente estaria sob controle. Diante do exposto, é relevante lembrar que há muito tempo os sistemas de saúde e de educação fundamental públicos vêm se mostrando seriamente prejudicados. Também muitas polêmicas suscitam as demais políticas de Estado destinadas à infância e à adolescência, a exemplo daquelas que se dirigem ao trabalho com meninos que estão vivendo

---

7. Esse é um fato relevante que, por razões óbvias, não será aprofundado aqui. Contudo, destacamos a significância de estudo(s) nesse sentido.

pelas ruas da cidade do Rio de Janeiro. Além disso, como discutimos no Capítulo 2, em uma sociedade cuja produção do valor para o engrandecimento ilimitado do capital tornou-se finalidade precípua, em vez da satisfação das reais necessidades humanas, não é difícil entender — o que não significa aceitar — que sua lógica se assente na atrofia e/ou conversão do Estado com a restrição das políticas sociais. Lógica essa que, como já argumentamos ao abordar o tema ética e economia, submete as questões societárias aos ditames dos interesses econômicos, subvertendo o papel que cabe à política na organização da vida em sociedade. Isso também se relaciona ao que foi discutido acerca do fenômeno da criminalização da pobreza, uma vez que, se cada vez mais desresponsabilizarmos o Estado das políticas sociais, tenderemos a nos deparar com o desenvolvimento do que Wacquant (2001a) chamou de Estado Penal em resposta aos problemas decorrentes da desregulamentação da economia, da "flexibilização" do trabalho e da consequente ampliação da desigualdade social e/ou da pauperização de contingentes da população do nosso País. No caso presente, como já pontuamos, podemos pensar na ausência e/ou na precariedade do atendimento psiquiátrico, tendo como consequência a ação violenta da pessoa portadora de transtorno mental[8] — fato que, considerada a classe social, provavelmente leva essa pessoa para a institucionalização em condições em parte descritas neste texto para o cumprimento de Medida de Segurança, sem definição do tempo para sua saída.

No que se refere ao Projeto Ético-Político do Serviço Social brasileiro, como vimos no Capítulo 3, é um produto e a expressão de um amplo movimento que conecta aspectos próprios da profissão aos aspectos de âmbito societário, possibilitando um processo de renovação crítica no Serviço Social.

---

8. No jornal *Práxis*, do Conselho Regional de Serviço Social, Rio de Janeiro — 7ª R., n. 39, p. 4, nov./dez. 2006, a Presidente do Conselho Federal de Serviço Social à época, Assistente Social Elisabete Borgianni, destacou, em entrevista, o equívoco que significa desconsiderarmos a saúde mental como "questão social". A Assistente Social afirmou que isso pode contribuir para reforçar desvios e violar direitos.

Esse Projeto, que significa uma conquista profissional visando à superação do tradicional conservadorismo no Serviço Social, geralmente chamado de Projeto Ético-Político, traz desde o nascedouro a marca do desafio em face dos seus supostos, uma vez que distintos da lógica neoliberal. Entretanto, a viabilidade de encaminhamento/ efetivação de seus compromissos e objetivos atualmente vem sendo frontalmente desafiada. Quanto a isso, é suficiente observarmos questões referentes à formação profissional, que a passos largos se depara com o "empresariamento" das instituições de ensino,[9] bem como pensarmos acerca das dificuldades de trabalho daqueles profissionais que, no campo das políticas sociais, se veem pressionados diante da imprescindível absorção de fundamentos teórico-políticos consoantes à direção social do atual Projeto Profissional Crítico e solicitações institucionais de rumos operacionais compatíveis com requisições afetas aos interesses mercantis.

Isso reforça o que já discutimos, esse Projeto requer fundamentos teóricos[10] e trabalho profissional qualificados, constante busca de condições de trabalho pertinentes[11] e forças políticas que possam adensar o trabalho desenvolvido pela categoria dos Assistentes Sociais na direção apontada pelo seu Projeto Ético-Político. Ou seja, quanto ao Projeto, não cabem os limites da abstração, do idealismo, do mero discurso desprovido de conteúdo teórico e prático[12] ou, como bem colocou Iamamoto (2007, p. 229), "a armadilha do discurso que proclama valores radicalmente humanistas mas não é capaz de elucidar

---

9. Considere-se, por exemplo, a questão da "desmedida" ampliação do Ensino a distância para a graduação em Serviço Social.

10. Daí nosso destaque à importância da formação profissional e ao contínuo (ininterrupto) exercício de busca de fundamentos teóricos visando à competência profissional.

11. A respeito do Projeto Ético-Político do Serviço Social, é importante consultar: José Paulo Netto. "Das ameaças à crise". CFESS. *Revista Inscrita*, Brasília: CFESS, n. 10, p. 37-40, nov. 2007; e Marcelo Braz. "A hegemonia em xeque — Projeto Ético-Político do Serviço Social e seus elementos constitutivos". CFESS. *Revista Inscrita*, Brasília: CFESS, n. 10, p. 5-10, nov. 2007.

12. Parece-nos claro que o discurso é imprescindível, mas não suficiente. O Projeto não pode ser observado como uma espécie de "mantra" cuja repetição, a "força" da palavra, teria capacidade de materializá-lo, torná-lo como verdade.

as bases concretas de sua objetivação histórica". Daí a necessidade de considerarmos o trabalho profissional cotidiano, como explicitamos ao tratar do espaço institucional do Hospital de Custódia e Tratamento Psiquiátrico, focalizando esse Projeto por meio dos Princípios que fundamentam o Código Profissional.

Assim, considerando os dados por meio das entrevistas, não obstante a maior parte dos profissionais afirmar que põe em prática os Princípios do Código Profissional no seu cotidiano profissional, não houve discussão abalizada sobre o Projeto Ético-Político e, por conseguinte, sobre o significado histórico do atual Código e seus Princípios Fundamentais. Esse fato, consequentemente, gera insuficiência na efetivação desse documento como instrumento norteador da ação. Cabe lembrar que só conhecendo — pelo menos uma porção suficiente do real — é que podemos nos utilizar de meios para modificar a realidade. Dessa maneira, analogamente, devemos ser capazes de colher as necessárias determinações da realidade, termos conhecimento e potencial teleológico, senão não há possibilidade de *realizarmos em ato* nossa finalidade, como discutimos no Capítulo 1 desta obra. O trabalho pressupõe teleologia,[13] finalidade consciente da ação; portanto, como seria possível realizarmos uma ação sendo orientados por algo que desconhecemos, algo cujos fundamentos e valores, ou seja, cuja direção social que nos está sendo apontada não compreendemos?

Mencionamos também que, não obstante afirmarmos, no Capítulo 3, o amadurecimento teórico e ético alcançado pelo Serviço Social, de modo geral, isso não significa necessária correspondência por cada equipe de trabalho ou profissional do Serviço Social em particular.

Ademais, as ingerências da realidade socioeconômica e política definem condições de trabalho (inclusive possibilidade de capacitação profissional)[14] e serviços prestados para os usuários na Instituição

---

13. Como já comentamos, aqui se faz referência especial à teleologia secundária.

14. Logicamente que não se pretende com isso desresponsabilizar o sujeito, ou seja, colocá-lo como um ser sem alternativas diante da estrutura.

investigada, que nos permitem afirmar discordância da consideração feita pela maioria dos entrevistados — colocar em ato os Princípios do Código Profissional no seu cotidiano de trabalho. Qualquer ação profissional que se pretenda rumo à materialização (possibilidade de *realização em ato de finalidade*) dos Princípios Fundamentais do Código — colocando em prática esses Princípios — começa por um processo de profundo desvendamento da realidade social para que possa partir das contradições inerentes a essa realidade, o que demanda investimento em estudo, em capacitação profissional — preocupação que não observamos como tônica no decorrer de nossas entrevistas.

Diante disso, mais uma vez cabe lembrar, parafraseando Vasconcelos (2002), que a superação da miséria teórica pode contribuir para quem visa à superação da miséria econômica, social e política, uma vez que é imprescindível para o desenvolvimento de ações profissionais consistentes. Consideramos que, se não suficiente, isso é imprescindível, inclusive, para avaliação e procedimento(s) em função das condições de trabalho.

Destacamos ainda que, assim como no campo aqui investigado, outros profissionais podem estar avaliando equivocadamente a materialização dos Princípios e/ou do atual Projeto Profissional em seu cotidiano de trabalho.

Os Princípios do Código destoam das diretrizes traçadas pelos ditames econômicos e a ideologia hegemonicamente posta em nossa realidade. É óbvia a amplitude que toma a "questão social" com o atual recrudescimento do imanente processo de mundialização do capital, e as significativas repercussões no plano profissional para uma profissão, como o Serviço Social, que se dirige basicamente ao contingente mais empobrecido da população, em um país de "capitalismo tardio e periférico" como o Brasil. Entretanto, isso não pode se tornar tradução de "imobilismo", "fatalismo" ou de "avaliações profissionais equivocadas", mas sim o entendimento de que essa realidade, por mais árida que possa parecer, não é inquestionável, insuperável, refratária às ações profissionais qualificadas, tampouco representação do "fim da História" e de que o atual Código Profissional é fruto de desdobramentos de um processo de renovação crítica na profissão e produzido em resposta a essa realidade.

A produção capitalista é uma relação social que engendra organização social e sociabilidade próprias, e muitas vezes nos parece algo insuperável, haja vista mostrar-se como um processo amplo e solidificado por reverberar por todas as dimensões da vida. Não obstante os dilemas, os desafios e os limites que isso nos impõe, é na realidade social em que trabalhamos, no campo concreto da vida em sociedade e das relações sociais, que temos nosso âmbito de ação profissional — daí a relevância de estudos nos campos aqui tratados, entre eles: ontologia/Ser Social, ética/economia/política.

No decorrer das entrevistas, houve muitas referências ao trabalho profissional visando aos direitos sociais dos usuários da Instituição. Todavia, pouco se observa de "concreto" nesse sentido. Além das discussões e dos exemplos das Saídas Terapêuticas, raras foram as experiências recorrentes. Os profissionais têm clareza das precárias condições de trabalho,[15] mas não há relato de qualquer movimento organizado no sentido de mudar esse quadro, tampouco parece existir troca de experiência a esse respeito. Não se observam ações profissionais planejadas e "coletivizadas" rumo à ampliação e/ou à garantia das políticas sociais e da democratização das relações institucionais. Não se colocam em questão de maneira substancial — profissional — as condições de trabalho e atendimento, considerando-se a própria lógica legal, ou seja, questionando-se o cumprimento da Lei de Execuções Penais, por exemplo. Dito isso, temos o suficiente para trazermos à baila algumas indagações:

a) Por que o Internado do Hospital de Custódia e Tratamento Psiquiátrico deve se submeter ao tratamento médico (psiquiátrico) sem que tenha tido qualquer possibilidade de interferência na escolha do terapeuta ou consulta prévia com esse profissional?;

---

15. Capacitação profissional é um dos meios necessários para o atendimento qualificado do usuário. Portanto, podemos até considerar a capacitação profissional/aprimoramento intelectual (constante) como parte das condições de trabalho. Daí a sua importância, o que a torna até conteúdo do Código de Ética Profissional, ou seja, parte dos Princípios Fundamentais desse Código.

b) Cabe um tratamento médico-psiquiátrico ser compulsório?;
c) Por que esse Internado não tem o direito à Visita Íntima, uma vez que esta poderia ser favorável ao seu tratamento?;
d) Por que esse Internado não tem o direito ao trabalho e à consequente diminuição do seu período de permanência na Instituição em função dos dias trabalhados, assim como ocorre com outros custodiados que cumprem pena privativa de liberdade e não Medida de Segurança?;
e) Qual é a finalidade de o Internado cumprir Medida de Segurança?;
f) Qual o tipo de tratamento que este Hospital oferece?;
g) Qual é o significado do Serviço Social em face dos aspectos levantados?

Enfim, os aspectos ora levantados, relacionados a outros que foram evidenciados e discutidos ao longo deste livro, em especial na seção que dedicamos à análise das entrevistas, ratificam nossa tese central de que os Princípios Fundamentais do Código de Ética Profissional só se materializam no plano das situações concretas, no trabalho cotidiano profissional. Dessa maneira, quanto à hegemonia do Projeto Profissional, é relevante lembrarmos, ou, melhor, estarmos atentos ao fato de que o discurso não é suficiente para sua efetivação e que esse Projeto necessita, prioritariamente, para ser apreciado, de amplo conhecimento do trabalho profissional cotidiano, pois a abstração no campo ético, além de não se contrapor à desumanização da vida, torna-se funcional a isso, conforme nos esclarece Tonet (2002). Trata-se de uma forma de abstração que favorece a reprodução da ordem do capital, obscurecendo suas contradições internas e permitindo que essa ordem funcione sem perder sua natureza essencial. Sendo assim, destacando a dissonância das diretrizes desse Projeto do Serviço Social com o que vem sendo preconizado e efetivado pelo atual ordenamento econômico, salientamos que o desenvolvimento desse Projeto não se limita às deficiências da lógica do "dever ser", pois tal lógica não nos permitiria ir além do *formalismo*. Ou seja, com ela, desconsideraríamos os elementos materiais, transformando a ética em um conteúdo prescritivo desvinculado da realidade concreta (do ser), como nos permite fundamentar o tema discutido no Capítulo 1 — Ontologia. Ou, ainda, que o desenvolvimento desse Projeto não é compatível com perspectivas idealistas, como bem exemplifica a perspectiva que situa a ética no plano da intencionalidade, aquela que a situa como algo no qual a *intenção do ato* constitui o critério decisivo.

Referências

ABAS. Código de ética profissional do assistente social. *Revista de Cultura Social*, São Paulo, ano VII, n. 48, 1948.

ANDERSON, Perry. Balanço do neoliberalismo. *In*: SADER, Emir *et al.* (org.). *Pós-neoliberalismo*: as políticas sociais e o Estado democrático. Rio de Janeiro: Paz e Terra, 1995. p. 9-24.

ANTUNES, Ricardo. *Os sentidos do trabalho*: ensaios sobre a afirmação e a negação do trabalho. 6. ed. São Paulo: Boitempo, 2002.

ANTUNES, Ricardo. *O privilégio da servidão*: o novo proletariado de serviços na era digital. São Paulo: Boitempo, 2018.

ARCARY, Valério. Por que não poderá existir um capitalismo sem crises cada vez mais severas?. *Revista Crítica Social*, Rio de Janeiro: Adia, n. 3, p. 77-88, dez. 2004.

BARBOSA, Rosângela N. *et al.* A categoria "processo de trabalho" e o trabalho do assistente social. *Serviço Social & Sociedade*, São Paulo: Cortez, n. 58, p. 109-130, nov. 1998.

BARROCO, Maria Lúcia S. *Ética e serviço social*: fundamentos ontológicos. São Paulo: Cortez, 2001.

BASBAUM, Leôncio. *História sincera da República*. São Paulo: Alfa-Ômega, 1981-1983. v. I: Das origens até 1889, 4. ed., 1982; v. II: De 1889 a 1930, 4. ed., 1981; v. III: De 1930 a 1960, 5. ed., 1985; v. IV: De 1961 a 1967, 3. ed., 1983.

BEHRING, Elaine R. *Política social no capitalismo tardio*. 2. ed. São Paulo: Cortez, 2002.

BEHRING, Elaine R. *A contrarreforma do Estado no Brasil*. 2002. Tese (Doutorado em Serviço Social) — Universidade Federal do Rio de Janeiro, Rio de Janeiro, 2002.

BIONDI, Edison J. et al. *Projeto de apoio à reinserção social dos pacientes internados em hospitais de custódia e tratamento psiquiátrico do Rio de Janeiro*. Rio de Janeiro: SEAP/SUPS, 2004.

BONETTI, Dilséa A. et al. (org.). *Serviço Social e ética*: convite a uma nova práxis. São Paulo: Cortez; Brasília: CFESS, 1996.

BORGIANNI, Elisabete. *Jornal Práxis do Conselho Regional de Serviço Social*, Rio de Janeiro: CRESS, 7ª R., n. 39, p. 4, nov./dez. 2006.

BRAGA, Ruy. *A restauração do capital*: um estudo sobre a crise contemporânea. São Paulo: Xamã, 1996.

BRANDÃO, André A. Liberalismo, neoliberalismo e políticas sociais. *Serviço Social & Sociedade*, São Paulo: Cortez, n. 36, p. 84-100, ago. 1991.

BRAVERMAN, Harry. *Trabalho e capital monopolista*: a degradação do trabalho no século XX. 3. ed. Rio de Janeiro: Guanabara, 1987.

BRAVO, Maria Inês et al. (org.). *Política social e democracia*. São Paulo: Cortez; Rio de Janeiro: EdUERJ, 2001.

BRAZ, Marcelo. A hegemonia em xeque: Projeto Ético-Político do Serviço Social e seus elementos constitutivos. *Revista Inscrita*, Brasília: Conselho Federal de Serviço Social (CFESS), n. 10, p. 5-10, nov. 2007.

CARRARA, Sérgio. *Crime e loucura*: o aparecimento do manicômio judiciário na passagem do século. Rio de Janeiro: EdUERJ; São Paulo: Edusp, 1998.

CARVALHO, Jorge Luís da Cunha. *Quando os médicos julgam e os juízes tratam*: psiquiatria e normalização no sistema penal brasileiro. 2002. Dissertação (Mestrado em Medicina Social) — Instituto de Medicina Social, Universidade do Estado Rio de Janeiro, Rio de Janeiro, 2002 (original inédito).

CASTRO, Manuel Manrique de. *História do Serviço Social na América Latina*. 2. ed. São Paulo: Cortez, 1987.

CERQUEIRA FILHO, Gisálio. A "questão social" no Brasil. Rio de Janeiro: Civilização Brasileira, 1982.

CFAS. Códigos de ética profissional do assistente social. Rio de Janeiro: [s. n.]: 1965, 1975, 1986.

CFESS. Código de ética profissional do assistente social. Brasília: [s. n.], 1993.

CHAUI, Marilena. Convite à filosofia. São Paulo: Ática, 1995.

CHAUI, Marilena. Introdução à história da filosofia: dos pré-socráticos a Aristóteles. 2. ed. São Paulo: Companhia das Letras, 2002. v. I.

COIMBRA, Cecília. Operação Rio, o mito das classes perigosas: um estudo sobre a violência urbana, a mídia impressa e os discursos de segurança pública. Rio de Janeiro: Oficina do Autor; Niterói: Intertexto, 2001.

COIMBRA, Cecília; NASCIMENTO, Maria Lívia do. Sobreimplicação: práticas de esvaziamento político? Original inédito, s. d.

COMPARATO, Fábio K. Ética: direito, moral e religião no mundo moderno. São Paulo: Companhia das Letras, 2006.

COUTINHO, Carlos Nelson. O estruturalismo e a miséria da razão. Rio de Janeiro: Paz e Terra, 1972.

COUTINHO, Carlos Nelson. Dualidade de poderes: introdução à teoria marxista de estado e revolução. São Paulo: Brasiliense, 1987.

DELGADO, Pedro Gabriel. As razões da tutela. Rio de Janeiro: Te Corá, 1992.

D'ELIA, Miguel Ângelo. Histórico do Hospital de Custódia e Tratamento Psiquiátrico Henrique Roxo. 2001. Original inédito.

DIAS, Edmundo F. Reestruturação produtiva: forma atual da luta de classes. Revista Outubro, São Paulo: Instituto de Estudos Socialistas, n. 1, p. 45-52, dez. 1998.

DOBB, Maurice H. A evolução de capitalismo. São Paulo: Abril Cultural, 1983. (Coleção Os Economistas).

FALEIROS, Vicente de Paula. Confrontos teóricos do Movimento de Reconceituação do Serviço Social na América Latina. Serviço Social & Sociedade, São Paulo: Cortez, n. 24, p. 49-69, ago. 1987.

FONTES, Virgínia. A lógica do neoliberalismo, o PT e a necessidade de um novo partido de classe. *Revista Crítica Social*, Rio de Janeiro: Adia, n. 3, p. 14-21, dez. 2004.

FORTI, Valeria L. Ética e Serviço Social: um tema, quantos desafios!? *Cadernos do IX CBAS*, Goiânia, v. II, p. 217-220, jul. 1998.

FORTI, Valeria L. Ética e Serviço Social: formalismo, intenção ou ação. *In*: FREIRE, Lúcia Maria *et al*. (org.). *Serviço Social, política social e trabalho*: desafios e perspectivas para o século XXI. São Paulo: Cortez; Rio de Janeiro: UERJ, 2006. p. 45-71.

FORTI, Valeria; BRITES, Cristina (org.). *Direitos humanos e Serviço Social*: polêmicas, debates e embates. 3. ed. Rio de Janeiro: Lumen Juris, 2013.

FREDERICO, Celso. *O jovem Marx*: 1843-44 — as origens da ontologia do ser social. São Paulo: Cortez, 1995.

FREIRE, Lúcia Maria B. *et al*. (org.). *Serviço Social, política social e trabalho*: desafios e perspectivas para o século XXI. São Paulo: Cortez; Rio de Janeiro: EdUERJ, 2006.

GOFFMAN, Erving. *Manicômios, prisões e conventos*. Rio de Janeiro: Graal, 1975.

GOLDMAN, Sara Nigri. *O crime organizado nas prisões*: sua trajetória e o seu rebatimento no Serviço Social do DESIPE. 1989. Dissertação (Mestrado em Serviço Social) — Universidade Federal do Rio de Janeiro, Rio de Janeiro, 1989 (original inédita).

GUERRA, Yolanda. Ontologia do ser social: bases para a formação profissional. *Serviço Social & Sociedade*, São Paulo: Cortez, n. 54, p. 9-25, jul. 1997.

GUERRA, Yolanda. *A instrumentalidade do Serviço Social*. 3. ed. São Paulo: Cortez, 2002.

GUERRA, Yolanda. A força histórico-ontológica e crítico-analítica dos fundamentos. Revista Praia Vermelha: estudos de política e teoria social. Rio de Janeiro: Universidade Federal do Rio de Janeiro: UFRJ. Escola de Serviço Social, n. 10, p. 12-45, 1º sem. 2004.

GUERRA, Yolanda. O projeto profissional crítico: estratégia de enfrentamento das condições contemporâneas da prática profissional. *Serviço Social & Sociedade*, São Paulo: Cortez, n. 91, p. 5-33, set. 2007.

HELLER, Agnes. *O cotidiano e a história*. 3. ed. Rio de Janeiro: Paz e Terra, 1989.

HEGEL, Georg W. F. *Hegel*. 4 ed. São Paulo: Nova Cultural, 1988 (Coleção Os Pensadores).

HOLANDA, Maria Norma A. Brandão. O trabalho em sentido ontológico para Marx e Lukács: algumas considerações sobre trabalho e Serviço Social. *Serviço Social & Sociedade*, São Paulo: Cortez, n. 69, p. 5-29, mar. 2002.

HUBERMAN, Leo. *História da riqueza do homem*. 21. ed. Rio de Janeiro: Ed. LTC, s/d.

IAMAMOTO, Marilda. O debate contemporâneo do Serviço Social e a ética profissional. *In*: BONETTI, Dilséa *et al*. (org.). *Serviço Social e ética*: convite a uma nova práxis. São Paulo: Cortez; Brasília: CFESS, 1996. p. 87-94.

IAMAMOTO, Marilda. *O Serviço Social na contemporaneidade*: trabalho e formação profissional. São Paulo: Cortez, 1998a.

IAMAMOTO, Marilda. O Serviço Social em tempos de globalização. *Revista Inscrita*, Brasília: CFESS, n. 3, p. 13-18, nov. 1998b.

IAMAMOTO, Marilda. *Trabalho e indivíduo social*: um estudo sobre a condição operária na agroindústria canavieira paulista. 2001. Tese (Doutorado em Ciências Sociais) — Pontifícia Universidade Católica, São Paulo, 2001a.

IAMAMOTO, Marilda. *Trabalho e indivíduo social:* um estudo sobre a condição operária na agroindústria canavieira paulista. São Paulo: Cortez, 2001b.

IAMAMOTO, Marilda. Projeto profissional, espaços ocupacionais e trabalho do assistente social na atualidade. Texto-base da palestra proferida sobre o tema "A política nacional de fiscalização do exercício profissional e os espaços ocupacionais: avanços e desafios". *In*: ENCONTRO NACIONAL DO CFESS-CRESS, 30, 2001, Belo Horizonte. *Anais* [...]. Belo Horizonte, set. 2001c.

IAMAMOTO, Marilda. *Serviço Social em tempo de capital fetiche*: capital financeiro, trabalho e questão social. São Paulo: Cortez, 2007.

IAMAMOTO, Marilda V.; CARVALHO, Raul. *Relações sociais e Serviço Social no Brasil*: esboço de uma interpretação histórico-metodológica. 4. ed. São Paulo: Cortez; Lima: CELATS, 1985.

KOSIK, Karel. *Dialética do concreto*. 2. ed. Rio de Janeiro: Paz e Terra, 1976.

LESSA, Sérgio. *Sociabilidade e individuação*. Maceió: EDUFAL, 1995.

LESSA, Sérgio. Para uma ontologia do ser social. *In*: ANTUNES, Ricardo; REGO, Walquiria Leão (org.). *Lukács, um Galileu no século XX*. São Paulo: Boitempo, 1996. p. 62-73.

LESSA, Sérgio. *A ontologia de Lukács*. 2. ed. Maceió: EDUFAL, 1997.

LESSA, Sérgio. *Mundo dos homens*: trabalho e ser social. São Paulo: Boitempo, 2002.

LUKÁCS, Georg. As bases ontológicas da atividade humana. *Temas de Ciências Humanas*, São Paulo: Ciências Humanas, n. 4, p. 1-18, 1978.

LUKÁCS, Georg. *A ontologia do ser social*: os princípios ontológicos fundamentais de Marx. São Paulo: Ciências Humanas, 1979a. p. 11-171.

LUKÁCS, Georg. *Ontologia do ser social*: a falsa e a verdadeira ontologia de Hegel. São Paulo: Ciências Humanas, 1979b.

LUKÁCS, Georg. *Existencialismo ou marxismo*. São Paulo: Ciências Humanas, 1979c.

MANDEL, Ernest. *O capitalismo tardio*. São Paulo: Abril Cultural, 1982. (Coleção Os Economistas).

MARCONSIN, Cleier. *Documentação em Serviço Social*. Rio de Janeiro: Universidade do Estado do Rio de Janeiro (UERJ), 1999. (Trabalho acadêmico — original inédito.)

MARCONSIN, Cleier; FORTI, Valeria L. A reestruturação produtiva e o Serviço Social: discutindo a inserção profissional na área da Segurança Pública. *In*: ENCONTRO NACIONAL DE PESQUISADORES EM SERVIÇO SOCIAL, 7., 2000, Brasília. *Anais* [...]. Brasília, 2000a. v. I, p. 110-116.

MARCONSIN, Cleier; FORTI, Valeria L. Segurança social ou (in)segurança pública?! II Encontro Nacional de Serviço Social e Seguridade, Porto Alegre, 2000. *Caderno de Comunicações do II Encontro Nacional de Serviço Social e Seguridade*, Porto Alegre, p. 22-26, 2000b.

MARCONSIN, Cleier; FORTI, Valeria L. Em tempos neoliberais, o trabalho dos assistentes sociais em cena. *In*: SERRA, Rose (org.). *Trabalho e reprodução*: enfoques e abordagens. São Paulo: Cortez; Rio de Janeiro: PETRES — FSS — UERJ, 2001a. p. 207-224.

MARCONSIN, Cleier; FORTI, Valeria L. Por uma concepção ampliada de segurança pública: o Serviço social discute os direitos humanos e de cidadania. *In*: X Congresso Brasileiro de Assistentes Sociais, Rio de Janeiro, Cadernos de Comunicações: Co 250, 2001b.

MARCONSIN, Cleier; FORTI, Valeria L. *Segurança pública e Serviço Social*: discutindo o (des)respeito aos direitos humanos. Rio de Janeiro: FSS/UERJ, 2002a. (Trabalho acadêmico — original inédito.)

MARCONSIN, Cleier; FORTI, Valeria L. Instituição policial e Serviço Social: interseções e divergências. *In*: ENCONTRO NACIONAL DE PESQUISADORES EM SERVIÇO SOCIAL, 8, 2002, Juiz de Fora. Anais [...]. Juiz de Fora, 2002b.

MARCUSE, Herbert. *A ideologia da sociedade industrial: o homem unidimensional*. 6. ed. Rio de Janeiro: Zahar, 1982.

MARQUES, Maria Celeste S. Considerações sobre os direitos humanos e o direito do trabalho. *In*: JORNADA INTERDISCIPLINAR DE PESQUISAS ACADÊMICAS — IJIPA, 1., 2008, Rio de Janeiro. Anais [...]. Rio de Janeiro: Universidade Federal do Rio de Janeiro, 2008 (original inédito).

MARX, Karl. *A miséria da filosofia*. 2. ed. São Paulo: Global, 1985.

MARX, Karl. *Manuscritos econômico-filosóficos e outros textos escolhidos*. 4. ed. São Paulo: Nova Cultural, 1987a. v. I. (Coleção Os Pensadores).

MARX, Karl. O método da economia política. *In*: MARX, Karl. *Manuscritos econômico-filosóficos e outros textos escolhidos*. 4. ed. São Paulo: Nova Cultural, 1987b. v. I, p. 16-23. (Coleção Os Pensadores).

MARX, Karl. *O capital*: crítica da economia política. 15. ed. Rio de Janeiro: Bertrand Brasil, 1996. v. I e II.

MARX, Karl. *O capital*. São Paulo: Moraes, s.d. cap. VI (inédito).

MARX, Karl; ENGELS, Friedrich. *A ideologia alemã*: teses sobre Feuerbach. São Paulo: Moraes, 1984.

MARX, Karl; ENGELS, Friedrich. *Manifesto comunista (comentado por Chico Alencar)*. Rio de Janeiro: Garamond, 1998.

MATTOSO, Jorge. *A desordem do trabalho*. São Paulo: Scritta, 1995.

MESSIAS, Simone F. *Ética e direitos humanos*: desafios do Serviço Social no manicômio judiciário do estado do Rio Grande do Sul. 2005. Dissertação (Mestrado em Serviço Social) — Pontifícia Universidade Católica, Porto Alegre, 2005 (original inédito).

MÉSZÁROS, István. *O século XXI*: socialismo ou barbárie? São Paulo: Boitempo, 2003.

MONTAÑO, Carlos. Globalização e reestruturação produtiva: duas determinantes para a estratégia neoliberal de Estado e mercado. *Praia Vermelha*: estudos de política social, Rio de Janeiro: Universidade Federal do Rio de Janeiro, Pós-Graduação da Escola de Serviço Social (PPGESS), v. I, n. 2, p. 101-124, 1º sem. 1999.

MONTAÑO, Carlos. *Terceiro setor e questão social*: crítica ao padrão emergente de intervenção. São Paulo: Cortez, 2002.

MOTTA, Ana E. (org.). *A nova fábrica de consensos*. São Paulo: Cortez, 1998.

MOTTA, Vânia Cardoso da; PEREIRA, Larissa D. *Educação e Serviço Social*: subsídios para uma análise crítica. Rio de Janeiro: Lumen Juris, 2017.

NETTO, José P. A crítica conservadora à reconceptualização. *Serviço Social & Sociedade*, São Paulo: Cortez, n. 5, p. 59-75, mar. 1981.

NETTO, José P. O Serviço Social e a tradição marxista. *Serviço Social & Sociedade*, São Paulo: Cortez, n. 30, p. 89-102, mar./ago. 1989.

NETTO, José P. *Ditadura e Serviço Social*: uma análise do Serviço Social no Brasil pós-64. São Paulo: Cortez, 1991.

NETTO, José P. *Crise do socialismo e ofensiva neoliberal*. São Paulo: Cortez, 1993. v. 20. (Coleção Questões da Nossa Época).

NETTO, José P. Transformações societárias e Serviço Social: notas para uma análise prospectiva da profissão no Brasil. *Serviço Social & Sociedade*, São Paulo: Cortez, n. 50, p. 87-132, abr. 1996.

NETTO, José P. A construção do projeto ético-político do Serviço Social frente à crise contemporânea. In: *Capacitação em Serviço Social e política social*. Brasília: ABEPSS/CFESS, 1999. Módulo 1.

NETTO, José P. *Capitalismo monopolista e Serviço Social*. 3. ed. São Paulo: Cortez, 2001.

NETTO, José P. Marx, 1843: o crítico de Hegel. *In*: NETTO, J. P. *Marxismo impenitente*: contribuição à história das ideias marxistas. São Paulo: Cortez, 2004a. p. 13-30.

NETTO, José P. Lênin e a instrumentalidade do Estado. *In*: NETTO, J. P. *Marxismo impenitente*: contribuição à história das ideias marxistas. São Paulo: Cortez, 2004b. p. 109-138.

NETTO, José P. G. Lukács: um exílio na pós-modernidade. *In*: NETTO, José Paulo. *Marxismo impenitente*: contribuição à história das ideias marxistas. São Paulo: Cortez, 2004c.

NETTO, José P. Das ameaças à crise. *Revista Inscrita*, Brasília: Conselho Federal de Serviço Social (CFESS), n. 10, p. 37-40, nov. 2007.

NETTO, José P.; BRAZ, Marcelo. *Economia política*: uma introdução crítica. 2. ed. São Paulo: Cortez, 2007.

OLIVEIRA, Carlos Eduardo B.; MATTOSO, Jorge (org.). *Crise do trabalho no Brasil*: modernidade ou volta ao passado? São Paulo: Scritta, 1996.

OLIVEIRA, Manfredo A. *Ética e economia*. São Paulo: Ática, 1995.

OLIVEIRA, Manfredo A. Os desafios éticos e políticos da sociedade brasileira. *Serviço Social & Sociedade*, São Paulo: Cortez, n. 56, p. 23-33, mar. 1998.

OLIVEIRA, Manfredo A. Ética hoje. *Praia Vermelha*: estudos de política e teoria social, Rio de Janeiro: Universidade Federal do Rio de Janeiro, Programa de Pós-Graduação em Serviço Social, n. 11, p. 18-38, 2º sem. 2004.

PEREIRA, Larissa D. *Educação e Serviço Social*: do confessionalismo ao empresariamento da formação profissional. São Paulo: Xamã, 2009.

PEREIRA, Larissa D.; ALMEIDA, Ney L. T. (org.). *Serviço Social e educação*. 2. ed. Rio de Janeiro: Lumen Juris, 2013.

PEREIRA, Tania Maria D. *O Serviço Social no campo da execução penal*: redimensionando seu lugar na custódia. Rio de Janeiro: Universidade Federal do Rio de Janeiro, Pós-Graduação em Serviço Social, 2004. (Trabalho acadêmico apresentado em disciplina do Doutorado em Serviço Social — original inédito.)

PEREIRA, Tania Maria D. *O guarda espera um tempo bom*: a relação de custódia e o ofício dos inspetores penitenciários. 2006. Tese (Doutorado em Serviço Social) — Universidade Federal do Rio de Janeiro, Rio de Janeiro, 2006 (original inédito).

RAICHELIS, Raquel; VICENTE, Damares; ALBUQUERQUE, Valéria (org.). *A nova morfologia do trabalho no Serviço Social*. São Paulo: Cortez, 2018.

REIS, Marcelo Braz M. Notas sobre o projeto ético-político do Serviço Social. *In*: CRESS 7ª R. *Assistente social*: ética e direitos. 3. ed. Rio de Janeiro: CRESS 7ª R., 2001. p. 384-398.

REZENDE, Ilma *et al.* (org.). *Serviço Social e políticas sociais*. 2. ed. Rio de Janeiro: Editora UFRJ, 2008.

ROSDOLSKY, Roman. *Gênese e estrutura de* O capital *de Karl Marx*. Rio Janeiro: EDUERJ; Contraponto, 2001.

RUIZ, Jefferson Lee de S. *Direitos humanos e concepções contemporâneas*. São Paulo: Cortez, 2014.

SADER, Emir. *A vingança da história*. São Paulo: Boitempo, 2003.

SANTOS, Célia Maria de Abreu. *História da divisão de Serviço Social do sistema penal do estado do Rio de Janeiro*: de sua criação até 1985. 1987. Dissertação (Mestrado em Serviço Social) — Pontifícia Universidade Católica, Rio de Janeiro, 1987 (original inédito).

SIMÕES, Carlos. *Curso de direito do Serviço Social*. 2. ed. São Paulo: Cortez, 2008.

SIMÕES, Pedro. Religião na prática do Serviço Social. *Praia Vermelha*: estudos de política social, Rio de Janeiro: Universidade Federal do Rio de Janeiro, Pós-Graduação da Escola de Serviço Social (PPGESS), n. 10, p. 126-148, 2004.

SOARES, Laura Tavares. *Os custos sociais do ajuste neoliberal na América Latina*. São Paulo: Cortez, 2000. v. 78. (Coleção Questões da Nossa Época).

SODRÉ, Nelson W. *História da burguesia brasileira*. Rio de Janeiro: Civilização Brasileira, 1964.

THOMPSON, Augusto. *Quem são os criminosos?* Rio de Janeiro: Achiamé, 1983.

TONET, Ivo. Ética e capitalismo. *Presença Ética*, Recife: Universidade Federal de Pernambuco, Gepe, ano 2, v. II, p. 13-26, 2002.

VASCONCELOS, Ana Maria de. *A prática do Serviço Social*: cotidiano, formação e alternativas na área da saúde. São Paulo: Cortez, 2002.

VÁZQUEZ, Adolfo S. *Ética*. 2. ed. Rio de Janeiro: Civilização Brasileira, 1975.

VINAGRE, Marlise; PEREIRA, Tania Maria D. *Ética e direitos humanos*: curso de capacitação ética para agentes multiplicadores. 2. ed. Brasília: CFESS, 2008.

WACQUANT, Loïc. *As prisões da miséria*. Rio de Janeiro: Zahar, 2001a.

WACQUANT, Loïc. *Punir os pobres*: a nova gestão da miséria nos Estados Unidos. Rio de Janeiro: Instituto Carioca de Criminologia; Freitas Bastos, 2001b (Coleção Pensamento Criminológico).

WOOD, Ellen M. *Democracia contra capitalismo*: a renovação do materialismo histórico. São Paulo: Boitempo, 2003.

WOLFF, Maria Palma. *Antologia de vidas e histórias na prisão*: emergência e injunção de controle social. Rio de Janeiro: Lumen Juris, 2005. Disponível em: www.memorycmj.br/cnep/palestras/mauriciokuehne.pdf. Acesso em: 20 set. 2008.

LEIA TAMBÉM

ÉTICA: fundamentos sócio-históricos
Coleção Biblioteca Básica de Serviço Social - Vol. 4

Maria Lúcia S. Barroco

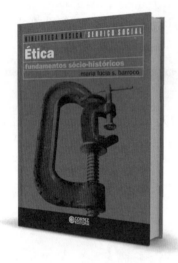

3ª edição - 6ª reimpressão (2018)
248 páginas
ISBN 978-85-249-1426-3

A reflexão sobre a ética foi orientada durante muito tempo por concepções neotomistas, que enfrentavam a questão social sob a perspectiva da moral. Nas últimas décadas, os trabalhadores do Serviço Social inverteram os termos, passando a entender a ética profissional como parte integrante da questão social. Ética! Insistir, persistir, resistir; não deixar de dar tratamento agudo e fundo a tema crucial para existirmos mais juntos e na melhor partilha.

LEIA TAMBÉM

A NOVA MORFOLOGIA DO TRABALHO NO SERVIÇO SOCIAL

Raquel Raichelis
Damares Vicente
Valéria Albuquerque (Orgs.)

1ª edição - 1ª reimpressão (2019)
344 páginas
ISBN 978-85-249-2621-1

Esta coletânea sobre a *nova morfologia do trabalho no Serviço Social* evidencia o trabalho sério, criterioso e crítico de suas organizadoras e coautores/as. Que seja lido e estudado no Serviço Social e também em outras áreas, por todos e todas que se recusam a aceitar essa devastação como sendo natural e inevitável.

GRÁFICA PAYM
Tel. [11] 4392-3344
paym@graficapaym.com.br